日中韓思想家ハンドブック

実心実学を築いた99人

日本東アジア実学研究会会長・東京大学名誉教授――小川晴久
中国実学研究会会長・中国人民大学――張践
韓国実学学会前会長・高麗大学――金彦鍾
編

勉誠出版

巻頭言

本書は、東アジア三国の十七世紀から十九世紀中頃までの、日本の言い方であれば近世の実学思想家九十九人（各国から平等に三十三人）を選んで紹介するハンドブックである。本書は、三国の実学研究会（一九九一～三年頃ほぼ同時に発足）の共同作業として、四半世紀の交流の成果として、三カ国でほぼ同時に刊行される。どうしてこのような本が誕生することになったのか、その意味はどこにあるのかを、簡潔に記して、読者のご理解を得たい。

先ず実学思想家とは何かであるが、東アジア三国の近代以前に、儒学が実学と呼ばれていたことを念頭に置いていただきたい。ここに選ばれた九十九人が皆儒学者であるとは言えないが、当時、東アジアの近世に大きな影響力を持っていた思想が儒学であるので、選ばれた九十九人、書名にいう実学思想家とは、儒学的素養を根底に持っていた思想家と解していただきたい。ただ東アジア三国の実学研究会の実学理解の差によって、各国が選び出した三十三人の中には、いわゆる思想家とは言えない、技術や日用の学で貢献した学者もいる。しかし近現代ではなく、近世の思想家が主題である。今日の日本で実学と言えば、実用の学であり、技術（テクニック）の学である。これは近代以後の実学である。近代以前の儒学をバックボーンにした実学は、近現代の実学が失った実心（自然への畏敬、真実への愛、自己修養など）を大事に持っていた実学、実心実学である（日本の部の私の序文を参照されたい）。ここに選ばれた九十九人は、近世の思想家である以上、皆実心実学者と言ってよい。日本語版の書名の副題でそれを明示した。

東アジア三国が自国の近世の思想家を実学思想家と名づけて研究してきた歴史はそれぞれ違う。その中で歴史が最も長く、しかも国を挙げて研究してきたのは、隣国の朝鮮・韓国である。少なくとも一〇〇年の歴史がある。日本は源了圓先生の研究以後とすれば、六十年、中国は四十年弱（一九八〇年代の改革開放以後）である。東アジア三国の実学研究の交流は、この実績（差）を反映して、一九九〇年五月に韓国の成均館大学大東文化研究院が開催した「東アジア三国における実学思想の展開」という国際シンポジウムに中国と日本の研究者が招かれて始まった。中国の代表が今後隔年に順繰りにこのようなシンポジウムを持とうと提案し、今日まで十二回開催されてきた（三か国の実学研究会で最も組織が小さく、財政基盤のない日本での開催は辛かった。最近は中国も経済力がつき、飛行機代は各自自弁で開催できるようになったので、辛さは減じている）。

一昨年の第十二回は日本の国際基督教大学のアジア文化研究所で開催されたが、大会報告集を刊行する勉誠出版の岡田社長から、近世の実学思想家とは何かと問われて、三国の実学研究会の代表が急遽集まり、岡田社長も交えて協議し、各国三十三人ずつ選び、九十九人の実学思想家ハンドブックを次回大会までに作ることになった。三十三人ずつという平等性が何よりも良いが、一〇〇人に一人欠けるその一人は読者であるというアイデアも中々いい。読者のあなたが一〇〇人目となって、九十九人を束ねて一〇〇人にして欲しい。日本の読者としては、朝鮮・韓国の思想家の多くが未知ではないだろうか。東アジア三国の読者にとって、他の二国の思想家を知る良いチャンスである。この啓蒙性は大きいと思う。三十三人ずつと言う平等性が生きてくる。

このハンドブックは二十五年間の交流の成果である。それぞれの国の研究史の違いがあるため、近世の実学理解では統一が取れているとは言えない。しかし近世の実学思想家を媒介にした三国の学術・思想の交流はとても意味がある。ここに選ばれた九十九人が魅力ある、尊敬に値する人々であるからだ。数の制約からここに選ばれなかった人々を含め、近世の実学思想家（実心実学者）の先達たちから大いに学んで行こう。現代が抱える課題の解決や、三国間の相互理解の促進のために、本書は大きな役割を果たしてくれるものと確信したい。あなたが一〇〇人目となって本書を愛読し、活用してほしい。実心実学とは何かを考え、それを現代に構築するためにも。三国の相互理解のためにも。

二〇一五年　秋

小川晴久

目次

日中韓思想家ハンドブック——実心実学を築いた99人

日本の実学思想家

実学を甦らせる実心実学規定

小川晴久

東アジア三国の十七世紀中頃から十九世紀中頃までの、日本の用法で言えば近世の実学思想家九十九人（各国三十三人）を紹介する事典がこの程初めて、しかも三国でほぼ同時にお目見えすることになった。一九九〇年から始まった全十二回の東アジア三国の実学国際シンポジウムの成果である。東アジア近世の実学思想家とは何か。一見わかるようで、実は現代の日本人には自明でない。実学には近代以前と近代以後で意味に違いがあるからである。

実学とは何かと問われたら、現代の日本人には、役に立つ学、日用の学として自明である。実業の学である。恩恵を被りながら若干低い位置づけで。しかし実心実学とは何かと問われたら、ほとんどの人が答えに窮するであろう。近代以前の実学は実心を持った実学であって、そういう実学が東アジアの近代以前にあったことを、現代の日本人は教わっていないからだ。江戸も遠くになりにけりである。

実は東アジア三国では、儒教が実学を意味した時代があった。出世間を説く仏教や、自然を模範にした老荘思想に比して、実生活を重視する儒教こそ真実の学＝実学であるという自己意識である。儒教は修己治人の学を自認した。己を修めてこそ人を治めることができるという為政者の学である。治人の側面は男尊女卑に基く身分社会の差別意識に根差すから普遍性を持ちえないが、修己の側面は儒教の中で評価できる面である。立派な人間である程修己に努めたからである。仁という思いやりの徳は未来永劫必要である。仁は母のまなざしであって女性原理である。男尊女卑の儒教イデオロギーの根幹に仁という女性原理が入っていることは注目されてよい。陽明学は知行合一を説いた。これも女性原理である。かかる修己の側面を「実心」と捉えると、修己治人の学は実心実学となる。治人の学は今日の言う実学に該当するから。

近代以前の実学が儒教の代名詞であり、それを実心実学と規定できるとしたら、それは孔子の時代からあったことになるが、私たちが注目するのは十七〜十九世紀のそれである。それはなぜかと言えば、イエズス会の宣教師が東アジアに伝えてくれた西学の洗礼を受けている実心実学でなければならないからだ。マテオ・リッチの世界地図で、世界の中心は中国ではないことを知った、世界に開かれた実心実学が十七・八世紀の東アジアに実現した。とりわけ私たちが注目するのは十七・八世紀の自然哲学者、自然学者、百科全書派たちの実心実学である。それは「天人」型実心実学と規定できる。彼らの学は十一世紀の中国の張載（張横渠）の気一元の哲学を哲学基盤に持ちながら、目は広く天（自然、宇宙）に開かれていた。彼らにとって天は人（彼ら）が順うべき師であった。誠者天之道也、誠之者人之道也（『中庸』）。三浦梅園にとって誠とは倫理ではなく、自然の間断なき営みであった（「誠といふの説」）。二十一世紀以降の学問は十八世紀の「天人」型実心実学が模範となり、導きの糸となってくれると確信する。モラルとそのスケールに於いて。

そしてこの時期の実学を発見し、国を挙げて営々と研究を続けてきたのが隣国朝鮮（南北朝鮮）である。

一九一〇年前後から二〇年代、三〇年代にかけて、つまり日本による三十六年の朝鮮統治時代に朝鮮の知識人たちが、近代を志向し、民族意識に目覚めた新しい思潮（実学）として発見したのである。「実事求是の学風」（文一平）を持つ思想を。朝鮮は十六世紀末、秀吉による侵略（「壬辰倭乱」）を受け、十七世紀前半には満州族による侵略（「丙子胡乱」）を受けた。その打撃から立ち直り、疲弊した祖国を再建するために興った学問を二十世紀の知識人たちが、発見し、実学思潮と名づけたのである。民族意識に目覚め、近代を志向した学問とその本質を捉えたので、百年近く国を挙げて研究してきたのは当然である。

振り返って日本を考えると、十七〜十九世紀中頃までの江戸時代の思想を実学思想として国を挙げて研究するという営みはない。近代以降文明開化の道をまっしぐらに走ってきたからである。近代の日本は教育勅語に儒教道徳を活（悪）用したために、敗戦後は日本思想史の研究は奨励されず、江戸時代の儒教研究は蔑《ないがし》ろにされた。源了圓先生の先駆的研究はあるが、私たち（の研究会）が江戸時代の儒教にまともな関心を示すのは、概して朝鮮実学〈韓国実学〉研究の影響を受けてからである。朝鮮実学を媒介にしてわかってきたのは、江戸時代の儒学思想の豊かさであり、同時に近代以前の実学思想の魅力であった。実用の学としての実学と同じ言葉が冠せられているが、そこには実心という要素が大事にされていた。実心実学の発見である。儒教を見直せというのではない。江戸時代の思想にこれからはまともな関心を持とうではないか。近代を用意したという近代化の視点ではなく、近代が失ってしまった大事なものを持ち、且つこれからの学問の模範になるような実心実学の群像がそこにある。実心実学という視点が不可欠である。実心のある実学である。

中江藤樹《なかえとうじゅ》（一六〇八～一六四八）

思ひきや　つらくうかりし世の中を　学びて安く楽しまんとは。

（『倭歌《わか》』）

近江聖人《おうみせいじん》と称された高徳の儒者・中江藤樹の道歌は、他人を教え諭すのではなく、自身の過去の苦い体験を詠み込んでいると思われるものが少なくない。

学び得て　のちのこころにくらぶれば　むかしはよくもまぬかれに鳧《けり》

くやむなよ　ありし昔は是非もなし　ひたすらただせ当下《とうか》一念

何事もあそびなる世の中を　苦と見る人ぞ　はかなき

良知《りょうち》とは　何をいわまのこけむしろ　きげんのよきに如《し》くものはなし

ここには、「学問をする以前、むかしの自分のことを思うとゾッとする。ああ、ほんとうに、学問して良かった」という素直な喜びの気持ちが表出されている。

近江国（滋賀県）小川村に生まれ、九歳の時に家族のもとを離れ、米子藩の武士である祖父の養子となる。翌年、伊予国（愛媛県）大洲に移った。十一歳で、四書の一つ『大学』を読み「天子よりもって庶民に至るまですべて修身をもって本となす」という言葉に出会って感激する。誰もが儒学を学ぶことで「聖人」になれると説く朱子学に従い、ひとり儒学の勉強に邁進する。当時の武士は学問する者を軟弱だと蔑視する風潮が強かったため、同僚が寝入った深夜こっそり起きて書を読んだ。「聖人」の学問に励んでいた二十二歳のある日、藤樹を「孔子殿」と軽い気持ちでからかった同僚に激怒し、「お前は酔っ払っているのか、孔子は二〇〇〇年も前に死んでいるではないか」と声を荒げ、「お前は文盲だ、奴僕だ」と相手が謝るまで口汚く罵った(「藤樹年譜」)。

二十七歳の時、脱藩する。故郷で一人暮しする老母への孝養が、表向きの理由だった。帰郷して酒の小売で生計を営んだ。約二十年ぶりに懐かしい自宅に戻ってからは、夜となく昼となく、暇があれば眠りこけた。大洲にいた時は、神経がつねに逆立ち、床へ入ってもちょっとした足音や小さな人声にも目が覚めた。一晩中眠ることができず、起きたまま横になっているという有様だった。藩内での孤立・同僚との不和などに伴う神経過敏症、不眠症、自己嫌悪が複雑に絡み合った強度なノイローゼである。このような事態を招いたという事実を通して、藤樹は現実の世界・自身の真実とは無関係に、理想を盲目的に追い求めることの危うさと愚かさに気づく。失敗人生のやり直しは、脱藩という命がけの一大モメントを必要としたのだ。いかに立派な理想であり学問であったとしても、それが周囲との疎隔を生み、おのれ自身とも抵牾するのであれば、それは聖人の道ではない。朱子学の方法論への疑問は三十七歳の時に入手し、「良知」哲学を説いた王陽明の全集を読むことによって氷解する。

朱子と王陽明を経由した彼の学問の中核にあるのは、「孝」の実学である。「孝」は、親への孝養という本能的な愛親である。同時にそれは、われの根源的母胎である「太虚《たいきょ》」という宇宙的生命力の発現として、万民を愛敬《あいけい》し「天地万物一体之仁」へと拡大されるものであった。一方で、藤樹は「孝」を、「老」と「子」の合字であると解する（『孝経啓蒙』）。「老」が死に向かう老人の象であるのに対し、「子」は生に向かう幼子に象《かたど》る。「孝」の字に託されているのは、生命の連続性だけでなく天地万象の相対関係であり、同時に、天に向かう「老」と地に向かう「子」、すなわち死と生、天と地、陰と陽という相反する二極・二気による生々活潑のダイナミズムである。儒学の根本原理である修己治人が、内向する「修己」と外向する「治人」という陰陽両極の同時達成であるとするなら、両極間の動的緊張の中に「われ」の円熟と王道楽土の現成を図ることが「孝」の実践となる。

しかし、満四十歳という若さで寿命が尽きた。身分が固定された封建時代の私塾教師という立場では、その実践は遠心的な「治人」の契機をいちじるしく欠き、求心的な「修己」に限定された。高弟の熊沢蕃山《くまざわばんざん》が、藤樹の学問を「未熟」であると形容したのも、それが宗教的な「修己」の一極に閉じていったためである。他方、愛読した『易経』に基づく陰陽二気の「孝」の実学や、対敵勝利を至上とする戦国武士道を否定した文武合一の士道《さむらいどう》（儒教的武士道）の提唱、「礼儀作法は時により所により人によりて、そのままには行われるものではない」（『翁問答《おきなもんどう》』）という「時処位《じしょい》」論や謙虚の徳の強調など、中国儒学を咀嚼した独特の藤樹学は彼の死後、蕃山によって思想的政治的に深化・展開された。

【参考文献】『藤樹先生全集』（全五冊、岩波書店、一九四〇年）、『中江藤樹』（日本思想大系29、岩波書店、一九七四年）、山住正己『中江藤樹』（朝日新聞社、一九七七年）、内村鑑三『代表的日本人』（岩波文庫、一九九五年）、大橋健二『中江藤樹　異形の聖人』（勉誠出版、二〇〇〇年）

（大橋健二）

熊沢蕃山《くまざわばんざん》（一六一九〜一六九一）

いづれの国もといひながら、取《とり》わき日本は奢《おご》れば国亡《ほろび》る事すみやかなことはりあり。

（『三輪物語』巻第一）

高雅な気品・素朴・慎ましさ――この伝統に生きるべき「小国」日本が、身の程も顧みず奢り高ぶる時、国はたちまち滅亡に向かう。一六八五（貞享二）年、こう語った徳川前期の経世家・熊沢蕃山の警告は、二六〇年後、八紘一宇《はっこういちう》とうぬぼれた大日本帝国の敗北で実証された。明治以来の強兵に換え、富国の道に邁進しバブルに踊った戦後の経済大国日本もまた、国力衰退と人口減少で国家的危機に直面している。「日本王道の長久なることとは、礼楽文章《れいがくもんじょう》（礼儀・音楽・文学）を失はずして俗におちざるを以てなり。剛強に過たる者はながゝらず、寛柔なるものは久し」（『源語外《げんごがい》伝《でん》』）。軍事力・経済力など「剛強」的ハード・パワーによる大国化では危うい。公家文化に象徴される「礼楽」という高貴な文化、すなわち「寛柔」的ソフト・パワーこそ、日本長久の道である。

徳川幕府の強権政治によって諸大名が威伏され、誰もがその顔色を窺わざるを得なかった時代に、武士土着や参勤交代批判など忌憚なき幕政批判を行ったスケールの大きな勇気ある思想家だった。個人的にはきわめて謙虚・温和で、顔貌はまるで美婦人のようだった（湯浅常山）と言われる。徳川末期の人物逸話集『想古録』は、「容貌魁偉にして気骨人を圧」するのと「柔和温良を究《きわ》め」たものという正反対の肖像画が存在したと書いている。蕃山の相反する二面性を語っている。

江戸期屈指の大儒だが、儒教の基本書である四書を学んだのは二十二歳、例外的な晩学だった。若き日は武道修行に明け暮れた。「日本の武士」の自負に生きた蕃山にとって、第一に果たすべきは武士として経世の実学たる修己治人の道であった。当時の儒者の多くを、修己治人の実学とは無縁の、字句の詮索と観念論を弄ぶ学者商売「芸者」にすぎないと見た。

十六歳で備前岡山藩・池田光政に仕え、武士＝治者として学問の必要を痛感し、二十歳の時に致仕。独学し師を求め、中江藤樹の門へ。餓死寸前の窮乏生活をへて、二十七歳で再び岡山藩に仕えた。光政に重用され三十二歳で知行三〇〇〇石の番頭として藩政の中枢を担い、仁政の実現に邁進した。一方、藩内の嫉視や藩士世禄改正による軋轢、幕府からの危険人物視もあり、三十九歳で致仕。追放と禁錮処分のため各地を転々とし、最後は茨城・古河城下に幽閉された。幕政批判のみならず、岡山藩を去った後も、儒教の理想主義の立場から養嗣子の池田輝録《てるとし》（光政の三男）を通して藩政批判を繰り返したため、光政とは絶縁状態となった。孔子と同様に「天の戮民《りくみん》」（『荘子』）、すなわち天から罰として儒教理想をどこまでも追求するように科せられた人間として、幽囚のなかに七十三歳の生涯を閉じた。

いかなる絶対性にも固着しない精神の動性と「中和の心法」に基づく自由思想家、バランシング・シンカーとしての彼の主張は、今日にも十分通じるという点で超時代的である。普遍的真理と信ずる中国儒学と王陽明の「良知」説・天地万物一体論を経由し、藤樹に学んだ「時処位《じしょい》」論（水土論→国家的アイデンティティ）、兵農一致論（武士土着・農民救済→食糧自給・地方復活）、商品経済統制論（反貨幣経済→「小さな」政府批判）、参勤交代緩和策（浪人救済→失業のない国家運営）、山林保護論（治山治水→環境立国）、公家文化＝「礼楽」の再興（源氏物語論→君子国・礼楽国家の実現）など、である。

当時の人口急増や貨幣経済・都市建設などに伴う乱開発に「天下の山林、十に八尽《つ》く」と警鐘を鳴らし、森林資源の保全を説いたエコロジスト、生態共生的文明論の先駆者である。また、人間が時（時代）・処（環境）・位（立場）に生きる存在であるという場合、蕃山が語る「時処位」とは、ハイデガーの「世界Welt」あるいはユクスキュルの「環世界Umwelt」と同義である。当時の武士たちの、現実有用性の中に消費される人生を「大津馬《おおつうま》の追い枯《か》らし」（『夜会記』）と慨嘆し、荘子が語る「無用の木」に自身を比した背景にあるのは、所与の「時処位」＝「世界Welt」「環世界Umwelt」への上滑り的な隷属の拒否である。人間は、今・ここに現前する世界でしか、おのれを充実させ実現する手段を持ち得ない。制約と限定の世界に独り立ち、存在の底に滾《たぎ》る「生」の真実まで降りて行き、これをその深みと豊饒さにおいて享受せよ、という透徹した実存的リアリズムがそこにある。なお、蕃山肖像画で、上段は藤樹書院所蔵のもの、下段は蕃山研究の権威・井上通泰の実弟で画家・松岡映丘が蕃山関係史料を参考にして描いたもの。

【参考文献】『増訂蕃山全集』（全七巻、名著出版、一九七八―八〇年）、『熊沢蕃山』（日本思想大系30、岩波書店、一九七一年）、宮崎道生『熊沢蕃山の研究』（思文閣出版、一九九〇年）、吉田俊純『熊沢蕃山　その生涯と思想』（吉川弘文館、二〇〇五年）、大橋健二『反近代の精神 熊沢蕃山』（勉誠出版、二〇〇二年）

（大橋健二）

宮崎安貞《みやざきやすさだ》（一六二三〜一六七九）

天万物を生ずる中に、人より貴きはなし。人の貴き故は則ち天の心をうけ継ぎて、天下の万物をめぐみやしなふ心ををのづからそなはれるを以てなり。…然れば貴賤ともに此の理《ことわ》りを深くかがみて専ら心を農業に留めてなをざりなるべからず。

（『農業全書』農事総論、耕作第一）

時間と空間を越えて、われわれに今も深い農哲学の世界――農の営みを通して「誰でも深く理解するべき道理」――の芳香を漂わせている人物がいる。近世農書を代表する『農業全書』の著者で近世の三大農学者の一人と言われる宮崎安貞（一六二三〜一六九七）である。

『農業全書』はこれまで江戸時代の最高の農書と評価されてきたが、それは主として個々の作物の栽培方法をのべた部分についてであった。だがそういう各論もさることながら、むしろそれ以上に「自序」、「凡例」、「農事総論」などから読み取れる、安貞自身の農業観こそ農哲学の最高峰とも言えるものである。

安貞が生きた時代は元禄期である。安貞も華麗な世相とふれあったはずである。しかし、かれは農村に住みつき、農耕に従事した。安貞の日常は、農民としての暮らしであった。耕作のあい間に、執筆がつづけられただろう。

宮崎安貞の生涯を伝える資料は少く、それもごく断片的なものにすぎない。

宮崎安貞は安芸国広島藩の山林奉行をつとめる二〇〇石取りの武士、宮崎儀右衛門の次男に生まれた。父親は山林奉行の要職についたが、のちにその地位を追われ、禄を失ってしまったといわれる。その間、彼自らも農業に従った可能性がある。安貞は二十五歳のとき、九州へゆき、福岡藩につかえるようになった。しかし、どうした理由か数年後には辞職し、彼は浪人になってしまう。

『農業全書』の巻頭の「凡例」に、次のような記述が見えるだけである。

「立年の後ゆえ有りて致仕し…」すなわち三十歳の後、ゆえあって辞職したという意味である。

失業した武士が巷にあふれている時期に、なぜ彼が辞職してしまったか、その理由はまったく不明である。藩当局（武士）が農村の実情を知らなすぎる上、年貢の取りたてがますます厳しくなっていく現実と、負担の軽減を訴える一般農民との板ばさみになって、不本意に辞職したかもしれない。

『農業全書』の自序には「民間に隠居し、農事を業とせり」という記述が見える。

安貞は訪ね歩いた先進地域の農業技術を実地に移すべく、筑前国志摩郡女原村（現在の福岡市西区周船寺）に居を構え、自ら農業技術の改善に着手した。

『農業全書』には、安貞自身の経験的知識に裏付けられた農民の生活がよく顕れている。彼の眼に映った農民は、その勤勉さにも拘らず収穫がそれに伴わない場合が多かった。

「ただ我土民を友として、農事に習ふ事年あり。又、世の農民の其術、委《くわ》しからざるゆへ、力を尽し農業をいとなむといへども、其の功すくなく、其の利を得がたき事をしる。」

彼は農民が農業技術にうとく労苦にも報いられない生活状態にあることを憂い、農民の一助となる農書の刊行を思い立った。農書は、そうした状態の農民に「義理」（これは人間と自然とのかかわり、つまり人間が自然に働きかける方法という意味）を教える最善の方法だと彼は判断したからである。

そうした安貞の態度は当時、一流の学者といわれた人々のそれとは著しく異なるものであった。すなわち当時、一流の学者といわれた人々の中にも農業や食物に関する書物を書き残した人もいるが、その対象は農民ではなく、食物それぞれにまつわる該博な知識を身につけて、人生を楽しもうとする、上流階級の人々であったからである。

後期封建社会といわれる江戸時代もその初期は全くの農業社会で、農民はきびしい収奪の対象とされていた。『農業全書』出現の前に数種の農書も出されたが、それは主として支配者側が農民統治策をのべた農政書に類するものであった。また寺小屋など庶民教育も盛んに行われたが、農業に関する教育はほとんど行われていない時代であった。本当の意味で『農業全書』は、農民にとって最初の実践的教育書であった。

『農業全書』全十一巻が出版されたのは彼が亡くなる元禄十年（一六九七年）七月であった。

【参考文献】土屋喬雄校訂『農業全書』（岩波書店、一九三六年）、山田竜雄ほか編『日本農書全集』十二、十三巻『農業全書』（農山漁村文化協会、一九七六年）、『日本思想大系』六十二巻『近代科学思想』上、『農業全書』（岩波書店、一九七二年）、古島敏雄編『農書の時代』（農山漁村文化協会、一九八〇年）、飯沼二郎編『近世農書に学ぶ』（日本放送出版協会、一九七六年）、筑波常治『日本の農書』（中央公論社、一九八七年）

（黄用性）

伊《い》藤《とう》仁《じん》斎《さい》（一六二七〜一七〇六）

仁の徳たる大なり。然れども一言以て之を蔽ふ。曰く、愛のみ…蓋し愛は実心に出づ。故に此の五つの者（五倫五常のこと）**、愛よりして出るときは則ち実たり。愛よりして出ざるときは則ち偽りのみ。**

（『童子問』）

「仁」の「徳」は大きく、一言では言い尽くせない。しかし、あえて一言すれば「愛」だ。親子関係における「親」、君臣関係における「義」、夫婦関係における「別」、兄弟関係における「叙」、朋友関係における「信」、これら五つのものも「愛」から出てくるときは「実」であるが、「愛」から出てこなければ「偽り」である。そしてその「愛」は「実心」から発動されるものである。「仁」の根源にあるのは何か、それは「愛」である。ではその「愛」の根源にあるのは何か。それは「実心」である。仁斎は根源を求めて思索する。その行き着いた先が「実心」、すなわち真実の心である。善も「実心」から発動しなければ「偽善」である、と仁斎は言う。

仁斎の著述には「実学有りて、而る後に実徳あり、実徳有れば、則智実材有り」（『童子問』）、「実学有りて、而る後に実智有り」（『中庸発揮』）と、「実心」「実徳」「実学」「実材」等々、「実」という文字が頻出する。「実」に対する概念として仁斎が否定するのは「虚」「偽」「空」「仮」である。そして、「聖人の道は、誠のみ。なほ仏氏空と曰ひ、老子虚といふがごとし。聖人の道は実理にあらずといふことなし」(『語孟字義』)と、「虚」を説く老荘思想や、「空」を説く仏教に対して、儒学は「実」を説くからこそ、「実学」であると主張する。ここで仁斎の言う「実学」とは、近代的な意味での〈実用実学〉ではなく、「誠」とか「愛」といった「実心」を具体的内容とする人間的真実追求の〈実心実学〉である。

「実」なるものを追い求めた仁斎は、その生涯の軌跡そのものが彼の思想の実践であった。仁斎は京都の町家の跡取りとして生まれた。一〇代の時に『大学』に感動した。以来学者となることを志し、朱子学に心酔して二〇代後半には自らの考えを『敬斎記』『心学原論』といった著作に結実させた。しかし、二十九歳から三十七歳まで世間から引き籠もってしまう。この間の消息は明らかではないが、朱子学の理想とする「天理」を体現した本来の自己を求めて(復初説)、思想的に彷徨・苦闘していたに違いない。本来の自己を求めんとすることは血で血を洗うといった抜け道のない精神の堂々めぐりに陥ることがある。自己統一への欲求が激しければ激しいほど、限りなく精神は自己分裂し、その結果自己の自己に対する関係性のみが肥大化して、他者との共感や同調が見失われて、世界の存在が希薄化し、それが反照して更には自己自身の存在感までが希薄化してゆくということが、往々にしてある。後年、仁斎はこの苦い体験について述懐している。

この苦い自己探求の揚げ句の末に、自己を純粋な内的精神として捉えるのではなく、世界や他者との関係性において再規定されてくる存在として捉える視点が獲得される。他者との、世界との関係性が崩壊するとき自己も崩壊することを仁斎は身をもって感じ、〈関係性の中にある私〉を再確認することによって、見事に「俗」世間に帰還する。「俗の外に道無く、道の外に俗無し」（『童子問』）という一節は彼の実体験から発せられた重い言葉である。

では、人はこの「俗」世界にあって具体的にどのように他者と関係を取り結んで行けば良いのか。仁斎の説くところは至極簡単である。他者の身を我が身の如くに思いやり愛すること、すなわち「恕」と「仁」の実践である。朱子学では愛し方に正しいそれと、そうでないそれとを「窮理」弁別し、「理」にかなった「愛」のみを「仁」とする。なぜなら盲目の愛は「人欲」に他ならないと考えるからである。しかし仁斎はそう考えない。「理」に適った愛か否かといった発想以前の他者への溢れ出る「情」を仁斎は重んじる。「仁」とは道理にかなった愛などではなく、心が愛で充満し、「心」と「愛」とが寸分の隙間もなく一つになったことを言う。なぜ仁斎は「理」を嫌うのか。「事専ら理に依りて断決するときは、則ち残忍酷薄の心勝ちて、完裕仁厚の心寡し」（『童子問』）。すなわち「理」によって物事を断じることのうちに、「残忍刻薄の心」を見て取ったのである。仁斎は自問自答する。「問ふ、仁は畢竟愛に止まるか。曰く、畢竟愛に止まる。愛は実徳なり。愛に非ざれば、則ち以て其の徳を見ること無きなり。苟くも一毫も忍酷薄忮害の心有れば、則ち仁たることを得ず。故に学は至りて、便ち実徳たり」（『童子問』）。仁斎は正義による裁きよりは、慈愛による赦しこそが自他の関係において緊要な事と見たのである。

【参考文献】『童子問』（岩波文庫）、源了圓「伊藤仁斎の実学観とその哲学」『心』三十巻二、三、五、八、九、十一号、三十一巻二号（平凡社、一九七八―九年）

（小島康敬）

貝原益軒《かいばらえきけん》（一六三〇～一七一四）

学問の要二つあり。いまだしらざる所をしる、一也。すでにしる所をかたく守りておこなふ、一也。

（『五常訓』巻四）

貝原益軒（篤信）は江戸時代前期の儒者である。彼は儒教を物凄くわかりやすく解説し、日本社会に普及した思想家であるが、特に学ぶ事の重要さを一貫して強調した。冒頭に掲げた指摘は『五常訓』の中の物であるが、注目すべきは二つ目の要である。知っていることを実行するには真に知ることが必要である、学問の必要な所以であると。彼は学行一致を自ら実践し、八十五歳で亡くなるまでに実に沢山の著作を残した。『大和俗訓』（七十九歳）、『大和本草』（八十歳）、『和俗童子訓』、『楽訓』（共に八十一歳）、『五常訓』（八十二歳）、『養生訓』（八十四歳）、『慎思録』、『大疑録』（共に八十五歳）。

彼は福岡の黒田藩に仕えた儒者である。父（黒田藩の祐筆＝文学）と兄の指導で医学や儒学の勉強を始め、十九歳で仕官するが、藩主と合わず、七年間浪人生活を続ける。藩主が代わって文治主義となり、学問に理解のある家老（立花家）にも恵まれ、七十一歳で致仕（辞任）するまで、家臣として命じられた仕事（『黒田家譜』編纂、『筑前国続風土記』編纂）と己の為の学問に専念することができた。

以下数ある作品の中から五篇を取り上げてみたい。

『五常訓』は儒教の五つの徳、仁義礼智信を聖賢の言葉を多数引用して、丁寧に解説したものである。単に五つを並列して解説するのではなく、義礼智は仁に包摂されているものであり、信は仁義礼智が皆真実であることを示す徳であると、構造的にとらえている。仁は天地が万物を生々し育てる慈しみの心が人間に宿ったもので、天地のスケールを持つ大きな徳であることを強調する。人間には公私の私に拘わる所があるので、公そのものである聖人との差が生じてしまい、仁そのものである人は極めて少ない。仁を実践するには「恕《じょ》」という他人を思いやる心を手掛かりにすることを孔子は用意したが、益軒は仁と恕の差に注意させている。義は善悪を判別する態度のことであり、それぞれの状況に正しく応じた対応（宜《よろ》しさ）のことであるという。礼は節度のことであり、智は仁義礼を正しく認識する重要な役割があると言う。正しくしっかり認識しないと実行に行かないからである。『五常訓』は益軒が五常（儒教）を人間の根本条件としていかに大切なものであるかを真剣に考察した作品である。

『養生訓』は日頃自己の健康管理を怠らなかった益軒の養生法を体系的にまとめたものである。中国の医学書を沢山踏まえているが、日本人と大陸の中国人や朝鮮人との体力の差（彼らは脾胃強し）をも考慮している。総論では心を静かにし、身を極力動かすことが養生の鉄則であることが繰り返し説かれる。また楽しむことが養生の基本であることも。当時の薬は生薬《しょう》が主であったので、薬の性質を知るためには『本草』（『神農本草経』）の知識が必要であり、その実践から『大和本草』という作品も生まれた。また兄の楽軒と共に宮崎安貞の『農業全書』の刊行にも力を貸した。毎朝目や歯を塩湯や湯で何度も洗い、八十三歳の時でも細字を読み書くのも不自由せず、虫歯もなかったというのは驚きである。

『大疑録』は朱子学者でありながら、無極（無）を太極（有）の本としたり、性（理）の不滅を説いたりする朱子の思想に仏老の残滓《し》が残っていることを指摘した。

『慎思録』は珍しく全文漢文であり、彼の学問観の結晶である。彼が儒教を学んで大切だと得心したことを漢文で綴っていて、益軒の思想を漢文で知る好著であり、また中国や韓国・朝鮮の人に知ってもらう好著でもある。

最後に『楽《らく》訓』であるが、私は益軒の全作品の中で、この作品が、比較的短い作品であるが、最高傑作であると考える。始めに楽しみを論じた総論がある。楽しみとは「あはれみの心を本にした」仁の心であると言う。この仁即ち楽しみの根源は人に天から賦与されたこの心であるから、どんな人にも内在する。しかし学ばなければ楽しみの根源が仁であること、皆内に持っていることがわからない。外に楽しみの根源があるのではない。このことを学んで自覚し、自らを楽しみ、人に仁を施して人をも楽しませる、これが基本であると（総論）。次に春夏秋冬の自然の景色を楽しむことと読書する楽しみが説かれる。私は『楽訓』こそ二十一世紀の人類のバイブルであると思う。益軒は素晴らしいものを後世に遺《のこ》してくれたものである。

【参考文献】『益軒全集』（益軒全集刊行部、一九一〇年）、『楽訓』の現代語訳は日本の名著（中央公論）『貝原益軒』所収の松田智雄訳。『大疑録』と『五常訓』は岩波思想大系『貝原益軒・室鳩巣』所収。井上忠『貝原益軒』（人物叢書１０３、吉川弘文館）、小川晴久「貝原益軒の『楽訓』の世界」（『実心実学の発見』論創社所収）
（小川晴久）

荻《お》生《ぎゅう》徂徠《そらい》（一六六六〜一七二八）

学の道は、倣傚《ほうこう》を本と為す。

（『徂徠集』）

学びの基本は「倣傚」、即ち模倣にある。独創性を尊ぶあまりに、「模倣」を嫌悪する今の私達の通念に冷や水をかけるがごとき発言である。中国古代の聖人達が天下を統治する為に策定した「道」を明らかにする為の方法としての古文辞学を提唱して、江戸の儒学界を一変させた荻生徂徠の言葉である。

従来、徂徠は「経世済民」の実学者として理解されてきた。徂徠は儒学の本質は道徳（修己）にあるのではなく、天下国家の統治（治人）にあると主張した。確かに、徂徠は凡庸な「道学先生」ではなく、政治のリアリズムを見据えた希有な儒者であった。その意味で、徂徠は「政治の発見者」であり、福澤諭吉に先駆して近代的思惟の出発点に位置する「実学」者に相応しい。だからと言って、徂徠は経世済民の術策のみを追求し、「人」よりも「法」制度を重んじた思想家であったわけではない。冒頭の徂徠の言葉は近代的な意味での「実学」が見失ってしまった、別の意味での実学の真の有り様が語られていよう。

徂徠は言う。「礼楽」は美しい。人は美しいものを真似ようとする。「聖人」はそうした人の模倣衝動を見抜いて、「礼楽」を制作し、その美しい範型の力によって内面を感化せんとした。「礼楽」が指し示す範型をひたすら模倣せよ。そこに理屈はない。習字の手本をなぞるのと同じである。別に贋物を作ろうというわけではない、「礼楽の教え」とは元来そういうものなのだ。故に、学びの始めにおいて「剽窃模擬」といわれようと、それで良い。手本を型どおり真似てゆけば、やがてはその手本の型が「我が身」につく、と。

ここでは学習者の自発性とか個性の尊重とかといった問題は些《いささ》かも顧みられていない。そのようなあやふやな概念に振り回される前に学問の基本はひたすら模倣にあると観念せよ。最初から個性的な絵が描けるわけではない。創造性や個性は地道な模写やデッサンといった技法の習得の過程を通してこそ発揮される。芸道の世界においても然り。師匠の仕草を見様見真似でなぞるだけの修業が続く。独創は伝統的な様式への地味な修錬の果てに開かれてくるのである。徂徠はそういった学びの基本、模倣の意義を誰よりも深いところで捉えた。範型を模倣することを「久しく」すれば、自ずと「化」せられて、「外」の範型が「我と一」となる。「故に模擬を病とする者は、学の道を知らざる者」である。

この点で「徳」の概念についての徂徠の解釈は実にユニークである。朱子は「徳」とは「得」で、「心」に得られたもの解した(『論語集註』)。これは『礼記』の「徳なるものは身に得るなり」を踏まえつつ、「身」を「心」に改めたのである。朱子は「徳」を「身」に得ると解したのでは浅薄と思い、精神の深いレベルで得られたものと解して、「心」に改めたのである。これに対して徂徠は『礼記』の「徳は身に得る」をそのまま採用して、朱子説を批判する。徂徠にとって「徳」とは、あくまでも「身」のレベルで獲得されるべきものであった。つまり、体得とか体認という言葉に象徴されるような身体に深く刻み込まれたものが「徳」であった。「徳」とは我々の外に客観的に存する文化規範を、「学んで」「我に成し」「身に得た」ところのものである。このような次元で語られる「徳」は人格的な概念とは違って、身体に刻み込まれた身体知・暗黙知とも言うべきものであった。

徂徠は外在的な文化規範による人間形成を目指した。それは「身」の構えが「心」の構えを培っていくと考えたからである。徂徠は身心を分離し、肉体としての身体と、精神としての心、といった二項対立関係で捉えることはない。「身」はそのうちに文化を浸透させた具体的意味的存在であった。つまり、人間は純粋に抽象化された精神としての主体としてではなく、文化・風俗に浸された文化的身体の主体として考えられた。だからこそ、徂徠においては、文化のあり方がそこに住まう人間の精神のあり方を規定すると考えられ、礼楽制度や風俗に特別な関心が払われたのである。「先王の礼楽」という文化的範型を模し、それに「習熟」し、それを「身に得て」いくこと、これが徂徠における「学ぶ」ということの真意であった。そして範型が身体に刻印化され、意識的努力が創造的無意識へと昇華し、第二の自然が形成されれば、それがまさに「学」の完成と考えられたのである。

このような徂徠の学びの在り方は、個の意識から出発して、認識し批判する主体として性急に自己を形成するのを目指す余りに、古典文化を通して様々な文化的規範を身体化して自己形成をはかっていくといったことを等閑にしがちな今日の学問・教育状況に再考を促すものがある。

【参考文献】『荻生徂徠全集』(みすず書房)、吉川幸次郎「徂徠学案」『仁斎・徂徠・宣長』(岩波書店 二〇〇四年)

(小島康敬)

雨森芳洲《あめのもりほうしゅう》（一六六八～一七五五）

誠信と申候ハ実意と申事ニて、互ニ不レ欺カ不レ争ハ、真実を以交り候を誠信とは申候。

（『交隣提醒』）

「誠信」とは真意のことであり、互いに欺かず、争わず、真実にもとづいて交わることをこそ「誠信」という。これは江戸時代中期に日朝外交に尽力した対馬藩儒、雨森芳洲が遺した言葉である。

芳洲は近江伊香郡の人、名は誠清《のぶきよ》、字は伯陽、通称は東五郎である。十八歳で木下順庵に入門し、同門の新井白石、室鳩巣、祇園南海らとともに才知をもって聞こえ、二十二歳で師の推挙により対馬藩に出仕した。その後、長崎で唐話を学び、釜山に渡って朝鮮語を学び、日中韓三国の言語に通じた。三熊花顛の『続近世畸人伝』（一七九八年）には、芳洲と言葉を交わした朝鮮人が、「公、三国の音のうちにはことに日本よし」と感心したという逸話が記されており、芳洲が唐話と朝鮮語を母語の日本語とほぼ変わらぬほど自由自在に操っていたことを示す。

芳洲は中国語と朝鮮語を深く研究し、その音韻・構造を日本語と比較して、それぞれの言語が異なる特徴を有するものの、コミュニケーションの手段としての価値は等しいと結論づけた。また文字についても、「もろこしの文字、西域の梵字、韓国《からくに》の諺文、この国のかな、そのほかだったんおらんだの文字、みなく〱その国の言葉に応じ、たれはじむるともなく、女童下々《をうなわらべしもぐ》までこれを用《もち》ゆ。まことに自然の理《ことはり》に出《い》でたり」（『たはれ草』）と、各民族の文字に等しく合理性と意義を認めた。

なお、対馬藩による日朝外交の実務に長年携わった経験から、外交交渉を円滑に進めるためには、相手国の言語に熟達するだけでは不充分であり、その国の風俗や習慣、歴史、文化などについても深く理解する必要があることを痛感した芳洲は、六十一歳の時に対朝外交の心得をまとめた意見書を対馬藩主に提出した。それが冒頭に挙げた言葉を収める『交隣提醒』である。

この書物の中で、芳洲はまず「朝鮮交接之儀ハ、第一人情・事勢を知り候事肝要ニ而候」と説き、朝鮮と日本の外交・貿易の仕組み、民族の気質、礼儀作法や嗜好の違いを挙げ、このような差異に目を配らず、自国の「風義」に沿って他国のことを推察・判断するのは、誤解や摩擦を招きやすく危ういことであると注意を喚起する。また、独善的に自国の文化を誇って、他国の文化を蔑むのは「了簡」無きことであると批判し、このような誤りが生じないようにするためには、外交にあたる役人たちが、相手国の言葉だけでなく、両国における過去の外交記録や相手国の現在の事情についてもよく学ぶべきであり、そうしてはじめて「誠信」の交わりを結ぶことが可能であるという。

『交隣提醒』の最終段に掲げられ、全体の総まとめとも見てとれるこの「誠信」の交わりの主張は、芳洲の外交思想の核心であったといえる。「誠信」という言葉は、それ以前より、日朝間で取り交わされる公文書に常套文句としてよく使われていた。しかし芳洲は、多くの人がこの言葉の意味を明確に理解していないとし、「誠信」の交わりとは、まず互いの真意を知ることであり、相互の力関係に左右される偽りの友好ではなく、真実にもとづく公平な交流であるという。

つまり、芳洲の外交思想の根底にあるのは平等主義であり、その学問と世界観の核を成すのは相対主義であった。ある特定の民族または文化の絶対的優越性を、彼は否定したのである。それは、「中国ありても夷狄なければ、生育の道あまねからず。薬材器用をはじめ、大事小事ともに、たがひにたすくる事多し。国のたふときといやしきとは、君子小人の多きと少なきと、風俗のよしあしとにこそよるべき。中国に生《むま》れたりとて、誇《ほこ》るべきにもあらず。また夷狄に生《むま》れたりとて、恥《は》づべきにしもあらず」（『たはれ草』）という発言にも明白である。フランツ・ボアズとその弟子たちが文化相対主義を提唱する約二〇〇年も前に、芳洲はすでに同様の思想を打ち出していたのである。

そして、国際化が進み、異文化に対する理解と尊重が求められる現代社会において、なお芳洲の学問と思想は普遍性をもつ。民族・宗教・文化の違いに起因する紛争が、いま世界の複数の地域で深刻化している。東アジア諸国の外交もさまざまな難題に直面している。このような時代だからこそ、芳洲の「誠信」の交わりの精神はいっそう輝きを増すのである。

【参考文献】水田紀久校注『たはれ草』（新日本古典文学大系99、岩波書店）、田代和生校注『交隣提醒』（平凡社東洋文庫）、『雨森芳洲全書』一～四（関西大学出版部）、泉澄一『対馬藩儒雨森芳洲の基礎的研究』（同）、上垣外憲一『雨森芳洲――元禄享保の国際人』（中公新書）

（中尾友香梨）

石田梅岩《いしだばいがん》（一六八五〜一七四四）

（神儒ノ法）我心ヲ琢磨種《ミガクトギクサ》ナリ。琢《ミガキ》テ後ニ磨種《トギクサ》ニ泥《ナツム》コソヲカシケレ。（『都鄙問答』巻三）

我が心を会得することが学問の目的であるとした梅岩は、石門心学の創始者として知られる。この石門心学の思想を近世実学思想の系譜に位置づけた源了圓氏は「人間的真実の追究をもとにして、自己の経済的行為を基礎づける実学」であると論じている（『近世初期実学思想の研究』五八八頁）。この石門心学理解をふまえつつ、石田梅岩を実心実学者として位置づけ、「我心」について検討することにしたい。

梅岩が隠遁の学者了雲老師に巡り会い、忽然と心を知り、性を知るに至った嬉しさは「死シタル親ノ蘇生《ヨミガエリ》、再ビ来リ玉フトモ其楽ニモ劣ルマジ」（『都鄙問答』以下『問答』巻三）というほどのものであった。

心ヲ尽シテ性ヲ知《シ》リ、性ヲ知ル時ハ天ヲ知ル。天ヲ知ルヲ学問ノ初《ハジ》メトス。天ヲ知レバ事理《ジ》自《ヲノヅカラ》明白《メイハク》ナリ。此《コレ》ヲ以テ私《ワタクシ》ナク公《ヲヽヤケ》ニシテ、日月ノ普照《アマネクテラ》シ玉フガゴトシ。（『問答』巻三）

冒頭の語は『孟子』尽心上の「孟子曰く、其の心を尽くす者は、其の性を知るべし。其の性を知らば、則ち天を知らん」をふまえている。梅岩は「行ハ心ヨリ出ル」という説に反対する。心から直接、行為にいたるわけではない。心をつくして善なる性を知り、その性を己の師匠とし、これに従う心をもって自ら善のはたらきを実践するのである。性を自覚的行為として「知る」ことによって、その性に従って善を「行う」責任と苦痛を担わなくてはならない。本来善である性は、聖人も我々も異なることはない。聖人には及ばないとしても、ひとりひとりが性に従う心を発憤させなければならない。梅岩が考えた行動とは、具体的には「今日ツトムベキ人事ヲ有リベカヽリニ勤メテ行フ」（『石田先生語録』以下『語録』、巻八）ことである。それぞれが職分として日々なすべき仕事を、あるべきように勤めよという教えである。武士は武士として、商人は商人としての日々の務めがある。梅岩は商の道は、他の士農工の道と同じであるとする。身分にかかわらず、一つの普遍的な道とは、正直からなす倹約であるとした。この行動を支えるのは性であり、性に従う心である。この心を梅岩は我心と称している。

さてこの我心の「我」とは何か。梅岩は「忠」という題の問答において「我ヲ立ヨ」と主張する。その冒頭「我レハ聖人モ仏モ諸道ニモ嫌ヒ不用《モチイザル》人我ヲ以テ忠ノ守トセンカ」（『語録』巻四）と述べ、人我をもって忠の実践を助ける根源と位置づけた。確かに梅岩の説くように、仏教用語には我執、我意、我見などの語があり、「我」は一般的に執着として否定的な意味を持つ。しかし梅岩はあえて我を立てよ、我に確かな位置を占めさせよ、と主張する。梅岩は理解を助けるために、たとえ話をする。登場人物は忠心にたとえた忠太郎、私心にたとえた私二郎、我心にたとえた我三郎の三兄弟である。忠太郎と私二郎の性格は「我と他と間無《へだて》」いために、我心が欠落した忠太郎は柔弱で勇気が少なく、私二郎は善事を妨げることを好む。我三郎は我に執着することがある故に、人に嫌われることも多い性格であった。

我心は自他を隔てる欲心を去ることによって、天地一面我心となるのである。一方、たとえ話の「我と他と間無し」という表現は、私欲がある（私二郎）か、自立的な我心が欠落している（忠太郎）ことを意味している。さて我三郎はたゆまず我を立て、忠太郎を助け続け、最後には我三郎こそが実は忠太郎ではないかと人に言わしめるまでになった。

都《スベ》テ世界ノ善事ヲ我身一ツニ合セ聚《アツ》メント我ヲ立ヨ。マダ且《ソノウエ》天地《ツチ》ト一ツニ成ラント我ヲ立ヨ。最上至極ノ所ニハ我レヲ見亡《ウシ》ナハント我ヲ立テヨ。我ヲ立テ通《トホ》サデハ措マジト信心堅固（ニ）我ヲ立ンコト（ヲ）守リ、我ヲ立ルニ心尽シテ忠トハ為乎《センカ》。（『語録』巻四）

忠とは、固い決意で自覚的にまた継続的に善に向かおうとする我、自我、自己を持ち続けることではないかと問いかける。以上のごとく梅岩は道徳的主体たる自己の確立をめざして、日常の生活や慈善活動においてたゆまぬ努力をすることを主張した。そしてこの我が心があってこそ、他者と接し、他者の心をはかることができると考えたのである。このような生涯を送った梅岩は、実心実学者として位置づけることができよう。

【参考文献】柴田實編『石田梅岩全集』上巻・下巻（改訂再版、清文堂出版、一九七二年）

（古藤友子）

安藤昌益《あんどうしょうえき》（一七〇三〜一七六二）

自然は無始無終、五行・一真・感神の霊活にして、進退に通横逆《つうおうぎゃく》の運回を尽くして、転定・人・物と為る。故に転定《てんち》は自然の進退・退進にして、無始無終・無上無下・無尊無賤、無二にして進退一体なり。故に転定は先後ある者に非ず、惟《こ》れ自然なり。（『統道真伝』）

転定《てんち》は天体の運動性と海の静止性を進退の関係と見る安藤昌益〔確龍堂良中〕の造語である。天地の先とされた「太極」の形而上性を否定し、五行の統一体としての気の全体を意味する「自然」に換えている。進退は進気と退気の対《つい》として陰陽の尊卑観を克服した価値中立的な概念である。進中の退と退中の進を「進退・退進」と表示し、互いに他に根ざし合うその一体性を後期四行論では互性と呼ぶ。

定《ち》は水球の海を表し、球面体の海に浮かぶ陸土は南北で垂直面の幅の厚みが違うので緯度に寒暑の差が生じるとみる。季節の推移で転気《てんき》を降す星座の主りの方位が転じ、時々の気候が発現する。地上に降る転気《てんき》は陸土の下から昇る定《ち》気〔海の気〕と土中で感合し万物が生成する。転定《てんち》も万物も、大小の生命体〔自然〕と見なされ、その統一原理をなす活真《かっしん》を分有して全体《マクロコスモス》と分体《ミクロコスモス》の関係にある。陸土に万物を生ずる転定《てんち》の感合は、万物の生殖の原型と見なされ、この進退二気の対《つい》のはたらきを「互性妙道」と言い、転《てん》↓定《ち》↓央土＝穀↓人↓動物↓植物と運回している気の転化する形態を通《つう》・横《おう》・逆《ぎゃく》と言う。昌益は「男女にして一人の自《ひと》り然《す》る」とみる対等に補完しあう男女観から、当時常態化していた一夫多妻の慣行や「貧家の娘の多女を拘様し」て、「一女に多男之れを追ひ…遊女」と呼んだ性風俗を、「禽獣に異《カワ》ること無」き人間性の堕落と見て厳しく批判した。背景に領有権の世襲的な維持や、身売りという貧困問題があることも指摘しており、前近代での女性解放論として先駆的な位置を占めている。

男女を〈ヒト〉と訓読させた例があり、「直耕《ちょっこう》・直織《ちょくしょく》」する一夫一婦の協同を基礎に、祖父母・父母・吾・子・孫の五世代の「自然の五倫」を維持し、「五倫、多倫に成りて人里・邑村《イフ》・多郷と成」る血縁的色彩の濃い近隣近郷の家々が「門を並べ互ひに親睦、能事《よき》は互ひに譲り、難事は互ひに救ひ」あう地域共同体の相互扶助を基礎にした「邑政《ゆうせい》」と呼ぶ自治の発展を展望した。既存の君臣・父子を優先する儒教的五倫は、為政者が「五倫の上に立たんが為の謀作」だと喝破し、一夫一婦制の家族的万人平等論から「何《なん》の四民有らんや」と、幕藩社会の身分秩序を排撃した。

昌益の京都遊学時代を窺わせる「儒道統の図」では、安藤良中として自らの医統を堯舜から孔子までの道統の流れに位置づけていたが、「自然真営道」を確立した中期の思想以後は、儒医としての立場を否定し、これと真っ向から対決するようになる。稿本百一巻の省略本『統道真伝』本論三巻の内題は「自然真統道の自伝」とある。ここでは伏義・神農・黄帝から孔子まで、十一人の聖人の「道統」が「自然真営道」に立脚する「統道」に顚倒され、宋学が唱えた「道統」は「不耕貪食《どんしょく》」を正当化する統治の思想だとされ、制作者の聖人も「転下・国家を賊《ぬす》む大盗」として指弾されている。「法世物語」では「直耕の衆人」（生産者大衆）から年貢を収奪する機構の上に立つ天皇・公家や将軍・諸侯の幕藩領主階級（支配身分階層）が弱肉強食社会の頂点に位置する存在だと寓意されている。封建的統治機構は武力をもって生産者の「直耕の辛苦」を収奪する体制であるとし、潜在的な「乱」とみなされ、「自然」に照らして「治は与《とも》に乱」と断定する。この収奪の現実を容認し糊塗しようとする儒教的仁政観や、現実から逃避する老荘思想や仏教の出家主義は、搾取や金銭への執着と同様、「自然」に反して家族の情愛を否定する「私欲」と見なされ、その過度な禁欲主義が逆に性的乱脈を招きよせている仏教界の実態を辛辣に批判する。昌益の儒仏批判の根底に単婚家族の一夫一婦的男女観がおかれていた。

地球を俯瞰する視点をとれば、昼夜や四季の推移は運気が定《ち》の上下（海の球体面の表裏）を同じ構成で運回しているだけだとして、『易』の変易論や太極・陰陽・四象などの形而上的観念を気一元の自然の側に転倒した。「太極は即ち五行自《ひと》り然《す》るの異号なり。」「易」の形而上的観念は「自然」を抽象した思考の産物と見ていたからである。昌益の「自然」は気の現象体を即本質と見る生命論である。

【参考文献】『安藤昌益全集』全二十一巻（二十二分冊）別巻一（農山漁村文化協会、一九八七年）、『安藤昌益全集』増補篇全三巻（農山漁村文化協会、二〇〇四年）『近世思想家文集〈日本古典文学大系97〉』（岩波書店、一九六六年）、『安藤昌益・佐藤信淵〈日本思想大系45〉』（岩波書店、一九七七年）、「安藤昌益」（安倍能成編『狩野亨吉遺文集』（岩波書店、一九五八年）、E・ハーバート・ノーマン『忘れられた思想家――安藤昌益のこと』（岩波新書、一九五〇年）、安永寿延・山田福男『増補写真集 人間安藤昌益』（農山漁村文化協会、一九九二年）、若尾政希『安藤昌益から見える日本の近世』（東京大学出版会、二〇〇四年）

（新谷正道）

乳《にゅう》井《い》貢《みつぎ》（一七一二～一七九二）

（『志学幼弁』）

今日唯今ヲ外ニシテ聖学ナシ。聖学今日也。今日聖学ナリ。

乳井貢は家督五十石でありながら弘前（津軽）藩の勘定奉行に抜擢され、藩の行財政改革を断行した武士である。また彼は宝暦五年（一七七五）に東北地方一帯を襲った大飢饉には、果断の処置をもって領内からの餓死者をほとんど出さなかった、という。乳井は有能な実務家であったが、同時に類まれな一貫した哲学をもった思想家でもあった。

目の前にある飢饉の惨状にどう対処するか、これが彼の思索の出発点であった。朱子学では民を治めるに先立って自分の身を修めよ、と説く。よき政治家であるには、先ずよき人格者であるに越したことはない。しかし、だからといって「身が修まるのを待っていたならば、今この目の前にいる飢えた民はどうなるのか」と乳井は「修己」から「治人」への朱子学の修養論を「今日唯今」の用に立たないものとして、その観念性を徹頭徹尾批判する。乳井は時間の流れから「今日唯今」を鮮やかに切り出す。身が修まることを待ってその後で社会の統治に心がけるなどというのは、実は面倒な事を先送りするための逃げ口上にすぎない。明日を待たず、「唯今」、ここの、この事に全力を注げ、と言う。

乳井は時間を連続的に流れる線としてではなく、〈そのつど、今〉の点の無限集合体としてイメージする。それはいわばアナログ的な時間認識というよりはデジタル的な時間認識である。「夫レ常ハ変ヲ積テ顕レ、変ハ微ヲ積テ通ル。故ニ常モ変也、変モ常ニシテ、常変本ト両ヲ云ベカラズ」。常態的な時間のまとまり（「常」）も、微視的に観れば、時々刻々の変化（「変」）の集積体としてあり、またその時々刻々の変化というのも「至微」に分割された、いわば時のアトムともいうべきもの（「至微」）の集積に他ならない。従って「常」も「変」に他ならないが、それを「変」と認識しえないのは「変ニ狎ルヽ」と「其微ヲ知ラザ」ることによる。このように乳井において時間は微小分割された時の原子が絶対の時として感得されているのである。乳井は微小分割された時間の一点を「今日只今」と捉え、その一瞬の「今」にすべてを賭よと言うのである。

彼の主著『志学幼弁』では「今日唯今」と並んで「用」「功」という言葉が頻出し、彼の思想を特徴付ける鍵概念となっている。乳井は物事を絶えず「用」の視点に差し戻して捉える。事物は存在それ自体として自足的な価値を有するわけではなく、何かとの関係において「功用」を発揮したときに始めて価値が認められる。例えば、水。それは用いられてこそ貴重な水となる。いかなる「清水」なりとも、それが用いられなければ「濁水の功用」に劣る。

学問もまた然り。学問は徹頭徹尾「用」に立つべきであり、「用」に立たなければ「聖教」ではない。乳井にとって「聖学」とは四書五経に限られない。事実、彼は自身の陸稲耕作の実験に基づいて、冷害の頻発する津軽のような寒冷地では水稲より陸稲の方が適しているとして、陸稲を奨励し、耕地の規模や形、播種の方法、作付けの方角等々の陸稲栽培技術に関する書、『陸稲記』をも著している。彼にとって実学とは天下国家に実益をもたらすものでなければならなかった。それ故、農業や土木、測量学、実用数学が「聖学」の一環として彼の学問領域の射程に入ってくるのは当然であり、彼はこれらの分野の著述を多く残している。

彼にはプラグマティズムの思想に通ずるものがある。彼は内省よりも実践を重んじた。そしてその実践における真理値は、用に立つか否かによって検証され決定される、と考えた。従って、はじめから固定した原理や絶対的な真理があるわけではない。同じ行為でもその時々の状況によって持つ意味合いがことなってくる。従って「時ノ一字」を知り、旧例になずまず臨機応変に現実への有効性を指標として判断行為していくことが国家経営の任にあたる者には求められる。「士」「学者」とはまさしくその任に与かるものではなかったのか。しかるに「今ノ学者ハ礼経ノ文言文字ノ訓詁ノミヲ学ビ、敢テ治国ノ大用ニ施スコトヲ志サズ」といった、有り様である。「先王孔孟」を学ぶのではなく、「先王孔孟」が求めたところのものを汲み取り、それを「今日唯今」に役立てるのが「学者」の務めである。「死したる孔孟を貴びて国家何の益かある」。大事なのは「孔孟」を「今日」に用立てる「吾」の裁量である。ここには、「古」と「聖人」とを絶対視することなく、「今」の「吾」の主体的要請によって、それらを道具としていかようにも自在に読みこなし使いこなしていこうとする強烈な目的意志が確かにある。

(小島康敬)

【参考文献】『乳井貢全集』四巻(乳井貢顕彰会、一九三五―七年)、小島康敬「弘前藩宝暦改革の主導者乳井貢の思想と実践」(浪川健治・佐々木馨編『北方社会史の視座』清文堂、二〇〇八年)

富永仲基《とみながなかもと》（一七一五〜一七四六）

諸法あひなすといへども、その要は善をなすに帰す。

（『出定後語』）

世の中に存在する「教え」には、途方もない数の教派や、学説がある。例えば、仏教を例にとってみよう。原始仏教、部派仏教、大乗仏教と仏教の歴史は始まるが、そのうち大乗仏教の初期に限っても、『般若経』『華厳経』『法華経』『無量寿経』と代表的なものがあり、さらに『般若経』はいくつかの経典に分かれ……。といった具合に、学問ではなく一般社会の中で生きている人間にとっては、「仏教」という一つの教えに対してどのように近づき、実践していけばよいのか迷ってしまう。江戸時代中期、大坂の思想家・富永仲基は、まさにこのような疑問を抱いていた。

仲基は一七一五年（正徳五年）大坂の有力な商人の家に生まれた。父親は官許学問所である懐徳堂の創設に関わった人物であり、仲基も少年期に懐徳堂で学んでいる。しかし仲基は、儒教を学ぶうちに、その教えに疑問を抱き、十五歳頃の年齢で『説蔽《せっぺい》』という儒教を批判する書を著している。『説蔽』は残念ながら現在残されていないが、後に仲基の主著である『出定後語《しゅつじょうごご》』、和文で書かれた『翁の文』と同じ論理構成であることはわかっている。

『出定後語』は、仲基が『説蔽』を著した後、亡くなるまでの十数年というわずかな期間の仏典研究を通してできた著作である。つまり、『説蔽』は儒教批判書、『出定後語』は仏教批判書と言えるだろう。そして、その批判の仕方に仲基独自の思想がある。

ある学説が主張を行うとき、「そのかこつけて祖とするところありて、我より先にたてたる者の上を出んとする」(『翁の文』)、つまり、より古い教えに学説の正統性を求め、対抗する他の学説の上をいこうとする法則を、仲基は「加上」と名付けた。学問は、歴史の積み重ねの中に存在している。特に儒教や仏教などといった教えにおいて権威を持つものは、時代の流れを生き延びてきた古典、経典である。他の学説と対抗するには、権威付けや正統性の主張が重要になってくるのである。

このような「加上」の法則は、仲基の思想の中軸をなすものであるが、しかし、仲基がこれをただ説明するための法則として扱っていたわけではない。注目すべきは、対象となる学問の系譜を解体する道具として利用していることである。仲基が儒教・仏教を批判したのは、その教えの具体的な内容そのものではなく、「加上」を行い論争をすることによって本来あるべき教えが伝わらなくなってしまう、という決定的な事実なのである。

儒教も仏教(そして神道も)も、独自な各自の用語や概念を用いて教義を説明し、その意味は時代や人物によって変化していく。ここに経典解釈の問題が出てくる。テキストを解釈するとき、常にその解釈の妥当性という問題が出てきて、言語の解釈が経典の原義から逸脱せず、かつ独創的であるかどうかが試される。他の学説の上を行くためには、相手で使われている言語の概念をズラすことが重要になるのである。

仲基が批判したのは、この点であった。論争に勝つことで学説に価値があるわけではない。実践することに繋がらなければ、それは学ぶ者を惑わすだけに過ぎず、もとの意味を枉げてしまう可能性もでてくる。「いたづらに、その派の異あるを争ふ」（『翁の文』）者は、その教義の本来の教えから外れているのである。

では、教えの根幹には何があると仲基は考えたのだろうか。彼は、それを「善」または「誠の道」とした。「君あるものは、よくこれに心をつくし、子あるものは、能これををしへ……」（『翁の文』）という極めて平易な形で説明されている。彼の思想は、その堅実な文献研究とは裏腹に、「誠の道」を「現実にいかに実践していくか」に神経が向けられている。彼の儒教・仏教批判も、教えの本来あるべき「善」が、論争のための論争という形で失われていることを指摘するためであった。仲基は釈迦や孔子を「善」の教えを立てたものとして高く評価したが、彼らを崇めることはしなかった。儒教、仏教、神道のような非実践的な概念を使わず、加上説と言う解体作業を駆使して三教から「善」や「誠の道」を抽出したと言えるだろう。

『出定後語』『翁の文』を刊行後まもなく、仲基は三十一年の生涯を閉じた。長らく病を患っていた彼は、この二著を世に出すときには死期を悟っていただろう。「誠の道」という言葉も、そのような彼の境遇から出た概念なのである。

（港就太）

【参考文献】富永仲基『出定後語』（『富永仲基・山片蟠桃　日本思想大系四十三』所収、岩波書店、一九七三年）、宮川康子『富永仲基と懐徳堂』（ぺりかん社、一九九八年）

三浦梅園《みうらばいえん》（一七二三〜一七八九）

うたがひあやしむべきは変にあらずして常の事也。

（「多賀墨卿君にこたふる書」）

疑ってみるべきは変わったことではなく、当たり前としている事だというこの態度は、哲学の精神である。ものごとの根底を疑うこの精神を自力で培《つちか》い実践した学者が、十八世紀の日本にいた。三浦梅園である。

彼は小さい頃から見るもの、手で触れるもの、全てが不思議でならなかった。このような現象はどうして生ずるのかと。大人に聞いても納得のいく答えをしてくれる人はいなかった。

二十三歳の時大地は球体であることを『天経或問』（イエズス会系宣教師の伝えた天文学。漢文）で知るが、西洋は天地の形態を捉えるには精密だが、天地の仕組みの把握は不十分として、なお観察と思索を続け、三十歳の時に「気に観るあり、天地に条理あるを知る」として、「一即一一、一一則一」という条理を発見した。一元気と陰陽の間にこのような関係を見出すことは、東アジア世界ですでになされていたが、梅園の貢献は一一という鋭い規定に在り、陰陽の同一性、対立性、同等性を明らかにし、陰陽から阝偏を取って、侌昜と表記した。一と一一の関係を性体気物、混粲食吐と構造的に解明した。認識法としては、「反して観、合はせて観る」反観合一法を以てした。一元気自体がダイナミックな存在であるので、それに肉薄せんとした条理の哲学は、必然的に弁証法的なものにならざるを得なかった。

彼は十八世紀の百科全書派（アンシクロペディスト）にふさわしく、その業績は多方面にわたった。経済、社会制度、道徳、文学、医学、天文学、教育……。国際的にも高い評価を受けているのは、貨幣の本質を解明した『価原』である。フランスのボアギュベールに遅れること半世紀であるが、貨幣は流通の手段であって、富の源泉ではないとして、その蓄積を戒めた。

人間の能動性も「人造則理先、天造則気先」の命題で見事に規定した。人が物を造るとき、その物の仕組み（理＝設計図）がわかっていないといけないという認識である。

上記の哲学的精神やこのような人間の能動性の把握は、ヨーロッパコンプレックスから私たちを救ってくれるが、梅園の優れた所は、それでも人間は天道（自然の道）に順《したが》わなければその優秀性も活きないと把握した所にある。梅園は人間を「人道を以て人と為る」と「天道に順って人と成る」の統一と捉えた（『贅語』善悪帙、誠偽第六）。前者は現代人に自明である。学ぶ、教える、作る、このような営みで人間は出来ている。しかし天道に順って人と成る後者は、現代人にはわかりにくいものとなっている。これは「誠者天之道也、誠之者人之道也」（『中庸』）という中国古代の命題を踏まえているが、梅園の「誠といふの説」（随筆）が天道としての誠をよく説明している。誠とは偽りがないという意味であり、偽りを言わない「信」より巨大であると。誠は真実その物であり、自然や植物のような陰日向《かげひなた》のない間断なき営みそのものであると説明されている。梅園は「人、智恵謀慮ありといえども、天には争ひ勝つべからず」（『養生訓』）と言っている。意識のある（「有意」な）「人」は意識のない「無意」なる「天」（自然）より偉大であるように見えても、意識あるゆえに間断さができ、間断のない「天」の営みの誠実さには勝てないという、自然の偉大さの認識である。三浦梅園が天に肉薄する人間の能動性の認識を十二分に持っていただけに、人の限界の認識は、福島原発事故に苦しむ現代から見るとき、非凡である。否それよりも天道という自然の営み（植物の営みの誠実さ）に倣うことこそ生存の根本条件である地球の生態系の維持に不可欠であることを見抜いていたともいえ、より非凡であると言えよう。

三浦梅園は大分県国東《くにさき》半島の山中に生まれ、六十七歳の生涯を自然界の仕組みの探究に費した哲学者であった。代表作は他人の引用の一切ない『玄語』という哲学書であり、その注に当る『贅語』という百科全書であり、『敢語』という政治・道徳書である。世に梅園三語という。代々医者でもあり、塾生をもつ教育者でもあった。同時代の安藤昌益に比べてその社会観は保守的に見えるが、天境（天の造化を賛ける職分意識）と人境（上下の身分意識）を区別する視点があり、天（自然）の前での平等意識は徹底していて、正《まさ》に天の人であった。

【参考文献】『梅園全集』上下二巻、『三浦梅園自然哲学論集』（岩波文庫）、『養生訓』（『梅園学会報』特別号）。一九七五年に発足した研究組織「梅園学会」が存在しており、毎年発行する『梅園学会報』は梅園研究のバロメーターである。

（小川晴久）

前野《まえの》良沢《りょうたく》（一七二三〜一八〇三）

経営は漫《おおい》に人間《じんかん》の力を費す、大業は全く造化の功に依る。

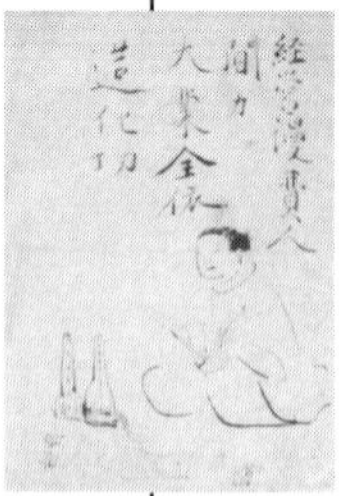

（『前野良沢先生自畫贊』）

蘭化《らんか》と号した良沢の自画像に添えられたこの自筆自賛の言葉には、人間の力（経営）と大なる自然（造化）のはたらきが対比されている。自分が蘭学研究で大きな仕事を成し遂げることができたのは、「造化」の力に負うという謙遜の言葉とされている。同時にそれは、造化（造物主・自然）の大きなはたらきと同じくらい、人間社会の営みは人々の大変な努力のうえに成り立つ、と自身のひたむきな学問刻苦の回顧と大いなる自負を語った言葉でもあろう。

生前は著書を出版することを拒否したと伝えられる良沢の著訳書は　すべて写本である。筆名のあるものは約四十部、その大半は翻訳と語学書だが、彼の思想を知る唯一のものが、『管蠡秘言《かんれいひげん》』（一七七七年）である。以下、この著書によって良沢の「実心実学」がいかなるものであったかを見てみよう。

当時、田沼時代の賄賂政治で政治は腐敗し人心は乱れ、世相は混乱をきわめた。九州大地震（一七六九年）、全国的旱魃・農民一揆（一七七〇〜七一年）、江戸大火・洪水・旱魃（一七七二年）、疫病大流行（一七七三年）と天変地異が頻発した。良沢は「天地運行に過不及あることは、其原《そのもと》、人為にあり」と断じ、次のように言っている。

人力を用いて山林を伐り尽くせば、旱魃烈風が起こる。多くの軍勢が山や谷に駐屯すれば、激しい雷鳴が轟く。地方や都で火事があれば、暴雨地震が発生する。「民を使うに時を以てする」（人民を使役に使うときは、農耕や民衆の仕事に差し支えのない時期を選べ。論語・学而）ことをしなければ、イナゴの大発生で飢饉になる。「人為」によって、このように「天地運行」（大自然の働き）が狂うことは、数えることが出来ないほど多い。「国人道に由《よ》らざれば、責《せめ》一人に帰す。君たること、豈《あに》難きに非《あら》ずや」。国家もまた、「人道」を基本に置かないとき、天変地異の発生は必然である。人民がこうむる不幸・苦難の責任は、君主ひとりが負わなければならない。君主であることは、なんとも難しいことなのだ、と。

鎖国のもと、和蘭《オランダ》語の翻訳を通して世界の事情に通じていた良沢が、キリスト教（天主教・和蘭国教）やユダヤ教（如徳亜《シュデア》の教）を、孟子を援用して「鰥寡《かんか》・孤独・廃疾・貧困の人を救ひ養ふて、以て教政を立るの根本となす者なり」と理解していたことは、当時の社会体制に対する鋭い批判が含まれていた。

良沢は二十歳の頃、和蘭書の断片を見たのを機に、盟友・杉田玄白によれば「国異《くにこと》に言殊《ことごと》なるといへども、同じく人のなすところにして、なすべからざるところのものあらんや」（『蘭学事始』）と発憤し、和蘭語に志した。青木昆陽の門に入り、さらに長崎に遊学して必死に学んだ和蘭語の勉強が、玄白らと行った日本初のオランダ解剖書訳本『解体新書』（一七七四年）の偉業に結実した。この偉業は日本思想史上、中国文化秩序から「西欧モデル」への転換という重大事件とも言われる。

翻訳作業を通して知った洋学（西洋学術）への高い評価の一方で、東洋の学術、とくに儒教に対する評価は厳しい。付録「戯論五行《たわむれにごぎょうをろんず》」で、儒教の自然観である五行説（物質の木・火・土・金・水を、天地の事物や人間の仁義礼智信に当てはめる世界観）を荒唐無稽な「戯言」に過ぎないと厳しい批判を加えた。このことは儒教を〝実理・実用〟を欠落させた「虚学」であると徹底批判した福沢諭吉に先駆する。儒学の「実学」概念に対し、近代「実学」概念の祖である福沢は、大分・中津藩の藩医であった良沢の没後三十一年に、同藩の下級武士の家に生まれている。日本洋学史は、青木昆陽を嚆矢として、良沢と杉田玄白に継承され、両氏の名前から一字ずつもらって「玄沢」と名乗った大槻磐水《ばんすい》を経て宇田川玄真─坪井信道─緒方洪庵と引き継がれ、福沢で大輪の華を咲かせた。福沢は良沢を「洋学の始祖」（『福翁百話』）と称え、顕彰活動を熱心に行い江戸の中津藩屋敷跡に良沢の記念館「蘭化堂」を設立しようと計画したが、実現しなかった。

ヨーロッパ語における句読法の確立者としての良沢を「言語学者」とする評価もあるが、福沢と同じく儒教を徹底批判した近代「実学」者であると同時に、冒頭の「自畫賛《じがさん》」にある自己認識や『管蠡秘言』で天道思想（天譴《てんけん》説）や「人道」を説き、東洋的な王道政治を語った良沢を、西洋と東洋のはざまで独自の「実学」を語った実学者として捉え直す試みが今後求められるだろう。

【参考文献】岩崎克己『前野蘭化』（全三巻、平凡社・東洋文庫、一九九六～九七年）、杉本つとむ編『前野蘭化集』（早稲田大学出版部、一九九四年）、日本思想大系64『洋学（上）』（岩波書店、一九七六年、良沢の著書『管蠡秘言』『和蘭訳文略』『和蘭訳筌』を収録）、富士川游「前野蘭化先生」（富士川遊著作集8、思文閣出版、一九八一年）

（大橋健二）

山片蟠桃《やまがたばんとう》（一七四八～一八二一）

死スレバ智ナシ、神ナシ、血気ナク、…然レバ何《いず》クンゾ鬼アラン。又神アラン。生テ働ク処、コレヲ神トスベキ也。

（『夢ノ代』無鬼下）

山片蟠桃は大作『夢ノ代』を遺したが、その中でも特に有名なのは無鬼論である。『夢ノ代』の跋文は死後の自分を詠んだ二首で結んでいる。「地獄なし極楽もなし我もなし、ただ有るものは　人と万物、神仏化物もなし世の中に　奇妙ふしぎの　ことは猶なし」

彼の無鬼論（＝無神論）の趣旨は、この二首の歌によく示されている。今日ではこのように考える人は多いが、二百余年前の東アジア世界ではとても勇気のいる発言であった。『夢ノ代』自身が写本でしか世に伝わらず、その中に収められた無鬼上篇が活字として世に出たのは明治二十五年（一八九二年）、全本の翻刻は大正五年（一九一六年）〔滝本誠一編『日本経済叢書』所収〕であった。特に仏教が地獄・極楽説で庶民からも寄進をさせ、沢山の仏閣を作ってきたことを痛烈に批判し（同、異端篇）、孔子のいう「如在《いますがごとし》」、「敬鬼神而遠之」の態度でよしとした。彼は徹底した無神論者であった。人情を考えて、孔子の教えを生かせと強調したのである。彼のこのような合理主義の基盤は、彼が学んだ大阪の懐徳堂の中井竹山・履軒兄弟の儒学（朱子学系）、麻田剛立の天文学、大名貸「升屋」の番頭として藩（特に仙台藩）の財政建て直しに見せた経済的手腕であった。

蟠桃は播州（今の兵庫県）印南郡神爪《かづめ》村の百姓長谷川小兵衛の次男として生まれたが、播州木綿の取引を行う在郷商人の家庭環境に育ったと思われる。父の兄弟の一人が升屋に勤め、その別屋初代九兵衛となっていた関係もあり、蟠桃も升屋に勤めることになり、のちに升屋の苦境を救う名番頭になっていく。升屋は初代が堂島米相場で多大な成功を収めていた。『夢ノ代』経済篇で、人の知を取って用いた「舜」がなぜ「大知」と称せられたかを説明した所で、大坂の米相場が登場する。

「天下ノ知ヲアツメ、血液ヲカヨハシ、大成スルモノハ、大坂ノ米相場ナリ。大舜ハ、心ヲ用ヒテ天下ノ知ヲアツム。コノ相場ハ自然天然トアツマリ、大成シテ、天下ノ血液コレヨリ通ジ、知ノ達セザルナク、仁ノ及バザルハナシ。」「故ニ今天下ニカシコキモノハ米相場ニシクハナシ。」「然ルニ大知ノ大阪ニアツマルモノハ何ユヘゾト云ニ、切手ト張合米トアルヲ以テ也。」

切手とは米切手のことで、切手で正米と交換する。切手で持っていれば、損傷、火災の憂いもない。蟠桃は仙台藩の窮状、莫大な借金財政をたびたび救った。その手腕の一つが米切手の一種である「米札」（仙台藩の中だけで通用する藩札）。藩の上から出す金はみな米札で出し、藩の手元に残る金を大阪で利息を生ませるという妙案で、海保青陵は『稽古談』や『升小談』でそれを称賛している。

蟠桃は当代随一の天文学者麻田剛立の下で天文学を収めたことも幸いした。

その成果は『夢ノ代』の天文篇で縦横に披露されている。地動説が図入りで解説されていて、当時としてはこれが一番の功績であるが、太陽と同様なものが宇宙に無数にあるという大宇宙論が、今日では注目に値する。そしてヨーロッパの天文学が実地実測に基づいていることを絶賛する。「欧羅巴ノ天学ニ精シキコト、古今万国ニ類ナシ。殊ニ万国ヲ廻視シテ、ミナ実見ヲ以テ発明スルコトニシテ、誰カコレニ敵セン。」

この天文学の発達が「通商ノ為《タメ》」から生まれたことも、キチンと指摘されている。

蟠桃の合理主義は当代随一の実測天文学者麻田剛立や、『暦象考成』正後編、『暦象新書』(志筑忠雄)から学んだ天文学とそれを貫く数学や物理学(重力・引力)、升屋の番頭として発揮した米相場や藩財政建て直しに欠かせない計算力、総じて数学の力が、それを鍛えたといえよう。

特に死後には地獄も極楽(耶蘇では天国)もないことを丁寧に論じて、貧乏な民を金銭的にも精神的にも救おうとした無鬼論や、商人でありながら、国富は一人でも農民を増やし、商人を減じることにあると主張した農本主義に、彼の実心実学の実心を見て取ることができる。

また、蟠桃は神話と歴史を峻別し、日本の神代史を否定し、文字の伝来以後の応神朝から信頼性があるとした(『夢ノ代』神代篇)。最晩年は盲目になりながらも口述で『夢ノ代』を完成させた。

【参考文献】『夢ノ代』(岩波日本思想大系43、『富永仲基・山片蟠桃』所収)、有坂隆道「山片蟠桃と『夢ノ代』」(同上、「体系43」所収、一九七三年)、亀田次郎『山片蟠桃』(全国書房、一九四三年)、末中哲夫『山片蟠桃の研究「夢乃代」篇』(清文堂、一九七一年)、有坂隆道「山片蟠桃」(『世界伝記大事典』〈日本・朝鮮・中国編〉第五巻所収、ほるぷ出版、一九七八年)

(小川晴久)

海保青陵《かいほせいりょう》（一七五五〜一八一七）

書は死物なり、文字も死物なり、書にのべてある意が活きておるなり、文字にふくみておる意が活ておるなり。

（『洪範談』）

海保青陵は生涯の大部分を諸国遊歴に費やし、絶えず自己を自由な境界に置いてユニークな言説を展開した経世思想家である。彼は経済競争社会の現実を直視し、武士階級が積極的に商業活動に参加すべきことを主張した。『稽古談』『前識談』『善中談』等々、多くの談義形式の著作を残している。それらはこれまでの「儒者」とはまるで異なったいきいきとした仮名文体で綴られており、その小気味よい独特の語り口調は読む者を彼の世界に引きずり込む。彼の著作には古典をやたらと引用した従来の漢文体とは正反対の、自由で独創的な発想が躍動している。冒頭の一文に続いて、彼は言う。

「死物をかたく守りておるを学者とおぼゆるゆへに、儒者には用にたたぬ人多きなり。活きたる意をとる人をば、かへつて好智の、佞人のといふて、聖人の道にそむく人なりといふは、おかしきことなり。かたく書と字とをまもりて、活きたる意にかまわぬ人こそ、聖人にそむきておるなり」と。

儒者は経典の字句の註釈に拘泥するが、註疏の解釈だけで一生は終ってしまう。そもそも、「流行の世に合する政を覚る為の論・孟」ではなかったのか。「政の世話をやく」事ができればすでに論孟は読めているのである。「国がよう治りても、書がよめねば役に立ぬとは何事ぞや、国を治めて治れば、聖賢も何事もいらぬなり」。このことがわからぬとすれば、それこそ「儒ほど用に立ぬものは無い。このように青陵は俗儒の経典墨守的な学問態度を鋭く批判して、現実の諸問題を克服することにこそ学問の意味があると説く。「今日唯今のことにくわしきがよき学問といふものなり。凡そ今の時にくらきはむだ学問と云ものなり」(『稽古談』)。

青陵は「古人の智」に代わって「己が智」を働かすべきだと説いたが、「己が智」が自己の独断偏向に陥ることなく、普遍妥当性を有する根鈍はどこにあるのであろうか。彼はそれを「(天)理」に求める。「理」にのっとる限りにおいて「自己流」ではない「天理ごころ」としての「己が智」が成立するのである。では彼の説く「(天)理」とは何か。彼の説く理は社会・経済事象に内在する法則(「サナケレバナラヌ筋」)という意味合いが強い。社会・経済対象世界に内在する理(「筋」)を見抜き、対象世界に能動的に働きかける事ができるのが青陵の言う「智者」である。「筋さえあれば何でも出来るを智者といふなり」。青陵にとって「智」とは形而上的実体を認識する能力でもなく、古典・歴史に対する該博な教養知でもなく、外的対象世界を人間の体系の中に果敢に組み入れんとするきわめてプラグマティックな智である。彼はそれを「活智」と呼ぶ。そして彼は智の所有ではなく、智の使用をこそ重視する。「智のけつこふなる生れつきの人にても、つかわずにおけばあほふになる」(『稽古談』)と言う。彼は「活智」を働かす方法として「定位」(「実位」)・「空位」(「活位」・「虚位」)という概念をもって非常にユニークな議論を展開している。

青陵の合理的思惟を貫いた経世済民の実学思想は、それが儒教的思惟の枠組を突破しただけに、反面儒教的ヒューマニズムを欠いた経世済民の実学思想がいかなるものであるかを示す。「民を孝悌忠信にせんといふは無理なること也。唯上の命に従はぬ人を刑すると云より外仕方なし」（『海保儀平書』）と、青陵は厳刑主義の立場をとる。荻生徂徠も太宰春台も心の内的自律に期待を寄せず、外的制度の方から社会的秩序の安定を考えた。青陵も思考の基本形式としてはこれに従う。しかし、そこから導出されてきたものは、徂徠・春台の場合は先王の「礼楽」政治であったが、青陵の場合は法家的な「刑政」政治であった。彼は「刑せずに民の風をなほさんとするは、蚊に富士山を背負はす」程に不可能であるとして、道徳や礼楽による統治を切り捨てる。その結果、「人の命にはかまふ可からず、法のゆがまぬ様にと心がくべきこと也」といった極端な法至上主義が全面的に説かれることとなる。

また青陵の行き過ぎた経済的合理主義は人間のみならず器物の有する多様な質的価値をも数量化して止まない。「扶持米をも、反物をも、茶の湯、茶碗をも、皆金と見る也、皆金と算用する也、なんぼ金が家へ入たりと算用する也」（『待豪談』）という彼の発言は、現代の経済至上主義の価値観を先取りしたものと言えよう。青陵の経世済民論では手段が目的化し、その目的遂行に関する方法の合理性のみが追究される。青陵にとって営利活動は自明の遂行命題であって、その命題がいかなる意味を持つかといった問いは不問に付される。一体、何の為の営利か、それへの問いは彼にはない。

【参考文献】 蔵並省自編『海保青陵全集』（八千代出版、一九七六年）、徳盛誠『海保青陵 江戸の自由を生きた儒者』（朝日新聞社、二〇一三年）

（小島康敬）

只野真葛《ただのまくず》（一七六三～一八二五）

されば女たりとも、などか心を起こさざらめや。

（『独考』）

只野真葛は『赤蝦夷風説考』の著書で名高い仙台藩医工藤平助の長女として生まれたが、親兄弟のための自己犠牲的な結婚だったから、その家庭生活は〝飼ひ鳥〟のような不自由さがつきまとった。その上、工藤家七人の兄弟姉妹のうち五人がすでに没し、残る一人の妹が尼になるという不幸が続いたことから「聖《ひじり》の道を守れば不幸になる」と感じ、これまで漠然と尊いものと考えていた〝聖人の道〟そのものへの懐疑へと突き進んだ。真葛は「世の人の苦しめるはそのもといかなる故ぞ」と孤独な思索に没頭し、その思索の果てにふとしたきっかけで多年鬱積した胸中の思いを一気呵成に書き上げたのが、真葛五十五歳の著作『独考《ひとりかんがへ》』であった。

真葛は四十五六歳のころ本居宣長の『古事記伝』を読み、神代巻の国産み神話にヒントを得て、『人の心といふ物は陰所を根として身体へはへわたる物なりけり』と断言するに至った。すなわち、人の心は〝性器〟を根拠にしてつくられ、身体中に住み着いて現れる物であり、男女が相逢うのはその〝性器〟に基づく心をすり合わせて勝負を決することである、という主張である。したがって、男女の愛欲の場面では、我欲を押し通す女が勝ちで、他人への義理を思う素直な男が負けとなることもあると説明している。人間の欲望を肯定し、人間自然の感情のままに生きることが道にかなった生き方であると説く真葛は、儒教道徳に縛られないで、国学に基づく実心実学、女性の立場からの経世済民を目ざしていたと言えよう。

長い思想的な彷徨の果てに真葛が究極の真理として発見したのは、「この天地の間には何か脈打つ拍子《ひょうし》があり、それは仏教や儒教などの道徳的規範とは無関係に運行する天地自然の法則やリズム、さらには時代の空気のようなものである。人間の世間的な成功や失敗は、この〝天地の拍子〟への適合のいかんに関わっている。聖人の教えを正しく守る者が〝天地の拍子〟にはずれるのは、聖人の教えの内実が〝人の心は規制があれば制御しやすいから、まず心に縛り縄をかけるべし〟という導き方であるためである。したがって聖人の教えに縛られた人間は、それを鼻にもかけず勝手に行動する不道徳な者どもとの争いに押し負けることになる。学者の愚人に勝ちがたい理由もそこにある」と真葛は考えたのである。この観点から真葛は、「多くの学者たちが一種の悟りの境地に立ち、自分の学問を〝天地の拍子〟に乗せるように努めれば、自分一人の利益だけでなく、〝国の益（日本全体の利益）〟が増進するであろう」と力説している。

その上で真葛は孔子聖堂（江戸の湯島聖堂や各藩の藩校）を、国の浪費を憂う学者たちの集会所につくり替え、相互に意見を交換して〝天地の拍子〟に合致するよう考究すること、聖堂の門前に投書箱をすえて「貴賤をえらまず」広く諸人の意見を汲み上げることなどを提案している。そうすれば諸々の学問が学者本人の一代限りで消滅することはなくなり、〝国の益〟の増進にも役立つものだと示唆し、その実施を呼びかけている。

他方で真葛は、多年にわたる家庭人としての悲痛な体験と彼女特有の〝勝負の論理〟に基づいて、女性の従属性を強調する儒教思想の欺瞞と不合理を告発した。彼女の〝勝負の論理〟によれば、幕藩制社会において現実の勝負を決するのは、道徳的な善悪ではなく本人の持てる力の強弱であるから、「無学む法」「下愚の人」と位置づけられた女たちが、聖人君子の法を説く男たちにうち勝つこともあり得ると訴えたのである。また真葛は『独考』中巻抄録の箇所で、天照大神《あまてらすおおみかみ》・神功《じんぐう》皇后・紫式部など女でも歴史の主役をつとめた事例のあることを紹介し、「されば女たりとも、などか心を起さざらめや」と女性の自立的思考の必要性を呼びかけている。

真葛は当時の社会的弱者である女性の利害安危をわが事のように受けとめ、その境遇改善と自立を訴えた。その実心実学的な思索は、あまりにも時代に先駆けたものだったことから、『独考』の稿本を江戸小説界の重鎮だった滝沢馬琴に届けたものの、徳川日本を脅かす危険思想として排撃され死蔵された。そのために近代日本の女性解放思想の先駆としての真葛の著作は、世に知られることなく今日に及んだのである。

【参考文献】鈴木よね子校訂『叢書江戸文庫　三〇　只野真葛集』（国書刊行会、一九九四年）、関民子『江戸後期の女性たち』（亜紀書房、一九八〇年）、門玲子『わが真葛物語』（藤原書店、二〇〇六年）

（別所興一）

大蔵永常《おおくらながつね》（一七六八〜一八六〇）

金銀を閉塞して子孫に譲らんより山野に良材を植ゑて譲ることを心がくるは、万全の計なるべし。

（『広益国産考』）

この言葉は、産業を振興し域内や他国に販売することを通して得た収益を蓄財するのではなく、例えば、材用を域内に満たさんとして良材を得る林業に投資するなど、多角的な投資に振り向けることにより、貨幣循環をもって域内の資源循環を活発にし、産業の持続維持可能な発展を探求することこそ、民富形成の万全の計であるとする永常の基本思想をよく表現している。

世代を超えた時間軸で経済の持続可能性を考慮する彼の視点を確認することなくしては、他国から取り入れた金銀を以って自国の発展と考える重商的な観念と対照的な彼の志向性を見誤ることになる。

永常は江戸三大農学者に数えられる。農家の四男に生まれるが、一〇代にして儒者を志すも父の反対にあい、農学の研究に向かう。二〇代で家を出て、各地を転々としながら働き、農業や産業の実際を見聞する。貨幣経済の発展に対応した農業経営を勧告した農政家として知られ、農家の貨幣収入を増すために商品作物の栽培や各地の特産品の製造・加工を推奨し農業の多角経営を主張したとされる。

しかし、その議論のうちには、こうした歴史的性格づけに留まらない現代性が光る。永常を一言で評するならば、徹底した下からの民富形成の勧告者であった。一見、貨幣経済に対応した農家経営の提言に見える議論に、豊かで自己完結度の高い地域経済形成への視点が貫かれているからである。

彼が考える民富は藩富や国家の富を官の高みから問題にする経世家のそれとは異なっている。「国を富ましむるの経済は、まづ下民を賑《にぎ》はし、而て後に領主の益となるべき事をはかる成るべし。第一成すは下にあり」というように、彼の営為は産業の実際から出発して、なによりも民衆の豊かさを問題にすることから始まる。そして「百姓の主人は田畑にあたり、町人の主人は得意なれども、種々に手段を廻らし、金銀を儲くるが主人なり」と町人や百姓が貨幣上の利をあげることの必要性を述べる。しかしこれは、「領主の利分になるべきやう町人同様の御目論見あらせらるゝ」と述べて、領主が藩富を町人同様に貨幣上の豊かさで考えてしまうことを戒めつつ、田畑における労働が利を産み、多角的な産物の展開が国を富ますことになる産業の意義を確認する文脈での言葉でもある。

彼の農家の実事に益する実践的知識の普及に務めたその生涯は、当初、農家の益となる「農家益」から始まり広く社会の益となる「広益」へと次第にその視界を拡大していく。

永常はまず農家経営を本作を多種の余作で補う多角経営によって持続的で、自足的な営農の持続性確保の視点でみる。しかしその農家に益する勧告はひとり農家のみを富ませればよいというものではない。彼は農家経営の安定と豊かさの実現を藩という域内経済の益、つまり広益という視点で捉え返していく。

その基本は、域内で自己完結しうる産品は必需のものほど、その域内で生産し配分されるべきであるという点にある。これは永常の概念で国用という。それは域内の需要物を他国に頼り、金銀を他国に流出させるのではなく、域内での生産・調達に努めながら、いわば資金が他国へと出るのを制する観念である。そうして、域内需要に応える産物を作り、競争力のある産物に育て、他国に販売することで域内経済の振興を図らんとする。これを国産という。

つまり、民富は域内に広く益となる形で成立しなければならない。広益は金銀の流出を制する国用と、入るを図る国産の形成との両面で統一的に把握されている。こうした国用国産による振興策は、拡大していく貨幣経済の支配力に対して域内産業の自立性と発展を確保しようとするものである。

永常はまた官製の経済振興策の失敗例をあげ、「利にのみ委しくして、法をしらず」と評し、反対に事業に詳しい民に任せれば、成功例が人の利欲という動機付けを得て発展をもたらすとしている。国産の基を興すにつき、民の力と主導性に対する堅固な信頼を見て取れる。

貨幣上の利益に囚われ過ぎた万全の計なき近代において、経済社会の持続可能性が課題になるとき、永常の現代性が常に甦る。

【参考文献】『広益国産考』（岩波文庫）、『除蝗録・農具便利論・他』（農山漁村文化協会）、早川孝太郎『大蔵永常』（山岡書店、一九四三年）、筑波常治『大蔵永常』（国土社、一九六九年）

（森野榮一）

頼山陽《らいさんよう》（一七八〇～一八三二）

学の実用に適はざるは、後世の通疾なり。

（「仁寿山書院席上。対問」）

学問とは、それを学ぶ人が将来統治に携わった時に役立つものでなければならない。頼山陽のこの学問観は、現代の「実学」観に通ずるものがある。実際山陽は、己の学問を「実用の学」と称していた。冒頭の言葉は、姫路藩の学問所で行った講演に於けるものである。この「後世」とはまさしく、徳川日本を指す。科挙のある中国では、「経を研めて史を究めることは、它日の施為と期せざること莫い。それ故に、学問と統治は分割していなかった。日本でも律令時代は、「士を第づるの典」があり、一部の家に限定されていたとはいえ、三善清行のような有能な官僚も排出した。しかし、彼等も、摂関家の走狗に成り下がり、戦乱の世で学問は坊主に担われるものにすぎなくなった

徳川日本では家康が学問を統治に役立てようとしたが、当時の儒者にそれに応える能力が無く、そこで儒者が武士の子弟に教える学問とは、まさしく「章を尋ね句を摘み、藻を摛べ詞を綴るの流」であった。学問と統治は分割されてしまい、藩校ではその実務と無縁の学問をするに過ぎなくなってしまった。だからこそ、山陽は学問自体の刷新をはかる。「子弟を表率するに足る」人格の陶冶と、「治乱得失、

其の世を論じて、又た変に通じ用に適ふに足る」見識の育成こそが、「学」の目的なのである。山陽の主著である『日本外史』『日本政記』そしてなにより『通議』は、こうした学問の教科書として著された。

山陽の学問に於いて、歴史・状況を解釈する最も重要な概念は「勢」である。歴史・政治はこの「勢」の変化によって様々な変動をしてきた。郡県が封建に代わり、天皇から将軍へと支配の実権は変わった。こうした変化は、さまざまな切っ掛けにより誕生した「勢」が、山中の小川が河口では大河と成るように、極まり、成ることで生じてきた。しかし、人間はただ「勢」に翻弄される存在ではない。その「勢」を生みだすのは人間であり、発生した「勢」も、ある程度は制御することができる。山陽の関心は、まさしくその「勢」を、人がいかに制御するか、に注がれる。

「勢」の制御とは、政治がはたすものであり、それは君主の決定によって行われる。つまり、山陽の政治学の根幹は、「天下」や政局・議論の場に於ける「勢」を、君主がどのようにして統御するか、にある。君主が君主である理由とは、「権」を握っていることである。それはまた、君主がその場の「勢」を操るには、そこでの「権」を握ることが重要だからである。「決断」及び「決定権」が、その政治学の中心にあった。

山陽は『通議』で、どのようにして家康が「天下の大勢」を制御し、それ以降戦乱としないためにいかに巧妙に制度を設計したかを分析する。そして、山陽は徳川の平和を言祝ぎ、家康の功績を賛美する。山陽の狙いは徳川政権の立て直しにあり、君権の確立による強固な政治体制の再構成であった。同書は、逼迫する財政の立て直しの指針も示す。体制の革命的な変革ではなく、漸次的な改善を是とする。山陽は世の中の急激な変化を肯定しない。明治維新は、彼の政治思想には相容れないものであった。それは、朱子学的「理」の政治から、選択決定の「権」の政治に変化したことに関連する。山陽は、政治的状況に於いて正解がアプリオリにあるとは考えない。取捨選択による判断しか政治にはありえないと認め、君主の決定による政治へと新しい理論を構築した。それは、「理」であるからこうあるべきだ、という原理主義的な主張への訣別でもある。経書にある政策であっても、現状に適用できないものは否定する。「民」のためにならないからである。統治とは、まず「民」が平穏に暮らすために必要とされたものであった。

ただし、これは統治の正統性を現在の平和に帰着させてしまう。それ故に、その政権の正統性は、民が現状を安泰ととるか危機ととるかに左右される危険性をもつものであった。

頼山陽は日本で恐らくは初めて、一貫した政治理論を構築した政治学者である。その理論は儒学に留まらず、法家・兵家など幅広い「漢学」に基づき生み出されたものであった。同時に、本人はそれを「余技」としていたが、詩や書画でも著名であり、文人としての評価も高い。その詠史詩や『日本外史』にもみられる文学性は、楠木正成等の称揚と相まって、「尊王」「倒幕」のイメージを山陽に与えてしまった。

【参考文献】『頼山陽全書』（頼山陽先生遺跡顕彰会、一九三一年）『頼山陽書翰集』（民友社、一九二九年）。伝記は『全書』に入っている木崎好尚『頼山陽全伝』が最も委しい。思想・政治理論については、濱野靖一郎『頼山陽の思想　日本における政治学の誕生』（東京大学出版会、二〇一四年）を参照。

（濱野靖一郎）

二宮尊徳《にのみやそんとく》（一七八七～一八五六）

我が道は至誠と実行のみ。故に鳥獣蟲魚草木にも皆及ぼすべし。況んや人に於けるをや。故に才智弁舌を尊まず。才智弁舌は、人には説くべしといへども、鳥獣草木を説く可からず。（中略）故に才智弁説を尊まず、至誠と実行を尊ぶなり。

（『二宮翁夜話』巻四）

二宮尊徳が生涯を通じて貫いた信条は、人道としての至誠と実行である。人道とは『中庸』の「誠は天の道なり、之を誠にするは、人の道なり」に基づくものであり、この句について尊徳は「之を誠にするとは、私を去るを云、則ち己に克つなり。」（『二宮翁夜話』以下『夜話』巻四）と述べている。尊徳は全ての人びとが怠惰と欲望に打ち勝って勤労し、分度（倹約）と推譲（余りを他に譲る）を実践することを提唱した実心実学者である。

尊徳が生きた江戸時代後期には、大飢饉が二度あった。天明二年（一七八二）から七年（一七八七）まで続いた天明大飢饉では、多くの餓死者がでた。尊徳が生まれたのは飢饉最後の年であった。尊徳は十四歳で父と、十六歳で母と死に別れ、所有していた田畑も洪水で残らず流された。このような境遇で育ったことが後に尊徳をして天保飢饉救済に邁進せしめたのである。

天保の二度の飢饉とは、天保四年(一八三三)と七年(一八三六)の凶年をさすが、実際には天保四年から十年の間、冷害と風水害により大飢饉が発生、死亡者数は奥羽地方全体で十万人にものぼったという。以下に、尊徳が天保七年の大飢饉に際して、烏山藩(栃木県那須町那須烏町)において展開した仕法をみていきたい。

尊徳の災害に対する認識は、六十年に一度ぐらいは周期的にやってくるというものであった。それ故、日頃から災害に備えて、農民も官吏も金銭と穀物を蓄えなければならないとする。それは「天道は自然なり。人道は天道に従ふといへ共、又人為なり。人道を尽くして天道に任すべし。人為を忽《ゆるが》せにして天道を恨むる事勿れ。」(『夜話』巻四)とのことばにあらわされているように、自然の災害に対しては人道として対処すべきであるとの考えにたっている。具体的に飢饉を予測したのは、土用に食した新茄子が秋茄子の味がしたことによってであった。人びとに豊かな恵みを与える自然は、また時として人びとを欺き、うちのめす。この自然の力を熟知し、畏敬した尊徳にしてなしえた予見であろう。

飢饉の到来を前に、尊徳は荒れ地、廃地を起こして、蕎麦、大根、かぶ、人参、じゃがいも等を蒔き付け、稗、大豆など食糧になるものを作らせた。また稲を刈り取った乾田に大麦をまき、畑に蒔いた菜種の苗を田に移して食糧の助けとした(『夜話』巻五)。尊徳は桜町において、天保五年より三年間、畑の年貢を免除する代わりに稗を植え、生きるために備えよと農民に告げた。天保七年にははたしてひどい飢饉にみまわれたが、桜町では一人の飢渇の苦しみを味わうことはなかった(富田高慶『報徳記』巻二)。

同じく天保七年十一月、烏山家老菅谷八郎右衛門と天性寺住職円応の要請を受けた尊徳は烏山藩救済に尽力することとなった。尊徳は早速、緊急救援米一〇〇俵を送り、二〇〇〇両に相当する米穀を貸し与えた（『二宮尊徳全集』以下『全集』、巻二十四）。これを受けた住職円応は、天性寺に御救い小屋十一棟を建設、救援米を一日一人二合ずつ給付した。炊き出しは天保七年十二月一日以降、翌五月五日まで行われた。この救済策が実施されて以降最後まで、一人の餓死者もださなかった（『報徳記』巻三）。

尊徳は健康で働くことのできる者に対しても策を用意した。まず六〇〇両を用いて開発および勧農のために無利息年賦金貸し出しを行った（『全集』巻二十四）。開発とは、多少蓄財のある健康な農民に対して、荒れ地開発をさせ、一反歩の開発に月一両一分を与えるという施策である。勧農とは、村のために尽力する心がけの良い者を投票で選び、無利息五年年賦で貸しつける仕法である。具体的な仕事の内容は、昼は道や橋を修理し、用水の堀をさらう等であった。また夜には、縄をない、草履をつくる。これらも通常より高い値段で買い上げられた。この方法は、民が自らの仕事を覚えて自活する道筋をつけるという点において、大いに効果のあるものであった。

烏山仕法は三年という短い期間の実践であったが、尊徳の生涯にわたる信念は「富と貧とは、遠き隔てあるにあらず、明日助らむ事のみを思ひて今日までの恩を思わざると、明日助らむ事を思ふては、昨日までの恩をも忘れざるとの、二つのみ、」（『夜話』巻五）というものであり、昨日までの恩を未来に繋ぐことに命を懸けた人物であったといえよう。

（古藤友子）

【参考文献】二宮尊徳偉業宣揚編『二宮尊徳全集』全三十六巻（復刻、龍渓書舎、一九九七年）

大塩平八郎《おおしおへいはちろう》（一七九三〜一八三五）

嗚《あ》呼《あ》、人七尺の軀《からだ》にして、而《しか》も天地と斉《ひと》しきこと乃《すなわ》ち此《かく》の如し。三才の称は、豈《あ》に徒《と》然《ぜん》ならんや。宜《よろ》しく気質を変化して以て太虚《たいきょ》の体に復《かえ》るべきなり。

（『洗心洞箚記《せんしんどうさっき》』上）

眼を開いて天を仰ぎ地を見ると、土石はわが骨肉、草木はわが毛髪、雨水河川はわが体液、雲煙風音はわが呼吸、日月星辰の光はわが両眼の光、春夏秋冬はわが倫理的実践である。人間の身体が天地と一体であるのは、ここに見る通りである。天・地・人は一体共働（三才《さんさい》）の存在である。人は深くわが身を省みて、宇宙生成の本源・宇宙的生命である「太虚」という本来のあり方に回帰しなければならない。大塩平八郎が語っているのは、マクロコスモス（大宇宙）に対するミクロコスモス（人体）という中国の天人合一思想である。

中斎と号した大塩の「朝は常に八つ《午前二時》に起きて天象を観《み》、門人を召して講論す。冬日と雖《いえど》も戸を開けて坐す。門人皆堪《た》へず、而《しか》も中斎は依然として意となさず。その気魄の人を圧する、門人敢て仰ぎ観《み》ず」（池田草庵）という日常も、天人一体の実践、結果である。大坂町与力でありながら、一八三五（天保八）年二月、窮民救済をスローガンにわずか数百人で幕政批判の兵を挙げた。死者が続出した天保の飢饉に際し「天より被下候《くだされ》」と上書きし「四海困窮いたし候はば天禄永く絶たん、小人に国家を治めしめば災害並至《さいがいならびいたる》」と始まる挙兵檄文は、天人合一思想の政治バージョン、すなわち悪政を天が警告するという中国古来の天道《てんとう》思想（天人相関説・天譴《てんけん》説）で一貫している。

祖先は今川義元につながり、徳川家康とも縁故の深い由緒ある一族に生まれた。プライドの高かった大塩は日常生活で接するのは罪人か同僚のつまらぬ小役人ばかりなのに絶望し、二十歳の時、功名栄達の野心を棄て、儒学に志した。王陽明の哲学を奉じたが、孔孟（孔子と孟子）学を自称し、家塾「洗心洞」で、太虚・致良知《ちりょうち》・気質変化・死生一如・去虚偽《きょぎをさる》を講じた。

大塩実学の特徴は、崇拝する陽明「良知」哲学と中江藤樹の「孝」の哲学を、一直線に「太虚」に集約した点にある。「孝」がもつ易経的二元論は捨象される。「心、太虚に帰すれば、則《すなわ》ち非常の事、みな亦《ま》た道なるを知る」（『洗心洞箚記』上）。わが身心が太虚に帰入・一体化するところに真我・真実在が現成し、全ては肯定されるという唯心論は、自己中心的な英雄主義と表裏する。太虚思想を核に、王陽明に学んだ〈共悲〉の哲学「天地万物一体の仁」と蹶起主義的「知行合一」に押され、天道思想の「天誅」を原理主義的に実行したのが「大塩の乱」である。

幕兵との交戦で大塩軍は一日も持たず潰滅した。彼らが放った大砲・火矢は強風に煽られて大坂・天満一帯を焼き払い、多くの人が住む家を失った。四十日後、大塩親子は隠れ家に火を放って自刃。死骸は塩漬けのまま、磔刑にされた。救民の英雄と称える声がある一方で、当時から今に至るまで、蟷螂《とうろう》の無謀、市中大火と争乱でかえって民衆に苦痛を与えた愚か者として嘲弄され、日本史上屈指のドン・キホーテと揶揄されることも少なくない。ミゲル・デ・ウナムーノのドン・キホーテ擁護論は言う。「ある人間の行為をその外的な結果や、それによって苦しむ人が受ける一時的な害によって審くというようなお粗末な法的基準に固執してはならない。まずは内的な意味に到達せよ。そしてよこしまな意図によってもたらされた恩恵よりも、聖なる意図によって与えられた害の方により価値があるという真理に含まれている感情、思想、そして愛がいかに深遠なものであるかを理解せよ」(『ドン・キホーテとサンチョの生涯』一九〇五年、佐々木孝ほか訳)。ここにはきわめて危険な、恐るべき思想が含まれている。大塩は、惨めな敗北を予期し「我等《われら》の所業終る処を爾等《なんじら》眼を開て看《みよ》」と檄文の最後に記した。ウナムーノの夢想は、現実に実行されたのである。

世上一般に大塩の肖像画として知られるのは、江戸下谷生まれの絵師・菊池容斎(一七八八－一八七六)の作画で、渾天儀を前にでっぷりと猫背で正座する垂れ眼の鈍重そうな老人像である。しかし、乱後の人相手配書では「顔ほそ長く色白、眼細くつり上がり、耳は普通の大きさで中肉中背」と記されている。門人疋田竹翁の「なかなかの美男で、少し痩せぎすだが凛とした風采」との証言なども、菊池の肖像画とは大きく異なる。この人ではあの乱は起こせない。掲出した肖像画は、藤田東湖『浪華騒擾紀事』(大阪城天守閣蔵)中にある人相書きで、「殺身成仁の禍患もまた只これ快活なり」(『洗心洞箚記』上)と語った大塩平八郎の実像に近いと思われる。

【参考文献】『佐藤一斎 大塩中斎』(日本思想大系46、岩波書店、一九八〇年)、宮城公子『大塩平八郎』(朝日新聞社、一九七七年)、相蘇一弘『大塩平八郎書簡の研究』(全三冊、清文堂出版、二〇〇三年)、大橋健二『神話の壊滅――大塩平八郎と天道思想』(勉誠出版、二〇〇五年)

(大橋健二)

渡辺崋山《わたなべかざん》（一七九三〜一八四一）

西洋諸国の道とする所、わが道とする所、道理において一ありて二なし。

（『慎機論』）

一八三七年のモリソン号事件の情報に触発され書いた『慎機論』で渡辺崋山（通称は登《のぼり》）は、右記のように説き、道徳の世界普遍性を明らかにし、儒学を世界の五つの教学の一つとして相対化している。また交易を求めるイギリスが、漂流や飲料水不足で救助を求めてきたのに旧来の鎖国政策で門前払いした場合どんな事態が起こるかを説明している。イギリス側は、一国の事情だけで地球諸国の守るべき〝人の道〟を無視し他国の迷惑を顧みないのはあまりにも横暴ではないか、日本人は野獣のような性行なのかと理解し、かえって侵略の口実を与えることになる、と崋山は警告したのである。

崋山は「一掃百態」「鷹見泉石像」などの文人画家として有名であるが、他方、三河田原藩の家老・海防担当の立場から、儒学だけでなく蘭学も学ぶようになった。やがてナショナルな危機意識に目覚め、それを主な動機として海外事情の研究を進めた結果、一国の祖法（三代将軍徳川家光以来の鎖国政策）を超えた〝世界普遍の道理〟の存在を自覚するようになった。日本といえども地球諸国の人類の大道ともいうべき〝世界普遍の道理〟というものに従わないといけないと考えたのである。

こうした経過から崋山の考え方には、グローバルな思想の萌芽が見られると言えるであろう。

こうした考え方に崋山がどうして到達できたかといえば、蘭学による西洋の知識の関与は否定できないものの、それ以上に儒学思想そのものからグローバルな思想の萌芽を得たことによると推定される。すなわち崋山は、年若い頃から儒学を学んで教養の基本にし、自分の学んだことを天下国家の政治に役立たせたい、役立たせないといけないという経世論的思考を持ち続けていたのである。その結果、蘭学によってもたらされた新知識を儒学的な認識の枠組みにそって受容し、自分の儒学的な世界観に取り込もうとしていたように考えられる。換言すれば、崋山はヨーロッパ世界というものを、儒学の聖人の教えを知らないにも関わらず、それなりに独自の〝道〟を実現した世界として理解し評価したのである。同時代の多くの儒学者がヨーロッパ世界を聖人の教えを知らない未開の状態にある、という受けとめ方をしていたのと対照的である。他方、ヨーロッパに関する学識という面では、高野長英や小関三英など職業的蘭学者の方が崋山よりエキスパートだったが、彼らはあくまでも医学や地理学という個別領域の枠内にとどまって、総合的に西洋社会の全体を見渡すこと、正確なパースペクティブを持つことができなかった。これに対して崋山は、個々の学問に関する専門知識はあまりなかったものの、断片的な知識を手がかりにして個別領域の認識の枠を超えた西洋社会の全体像をとらえて、それに総合的な見地からの考察を加えていたのである。

崋山は『鴃舌或問《げきぜつわくもん》』という著書の中で、西洋諸国の学芸の進歩の要因につき、次のように説明している。「西洋諸国では人材養成に政治の重点をおいているため学校教育が完備しており、各人が自分の個性に応じて進路を選び、その才能が発揮できるように配慮されている。優れた研究に対してはそれが完成するまで政府から奨励金が支給されるため、研究者は生活に窮することなく研究に専念することができる。しかも研究成果は一部の人に秘蔵されることなく大学の審査を経て出版され、多くの人々に普及することになる。このように学問の公開性が重んじられ、学問研究に多大な政府援助金が支給される結果、西洋諸国では実学が盛んになり向学心を持つ者が増えている」

他方、崋山は雷を恐れないでその正体を見極めようとする〝窮理〟の精神や〝万事議論〟の慣行こそ、西洋の科学技術の進歩の原動力であり、日本にはそれが決定的に欠落していると指摘している。要するに崋山は西洋の学問にこそ実理があり国政にも役立つという確信を持つようになり、日本の学問のあり方を根本的に修正する必要のあることに思い至ったのである。その反面崋山は、人命最優先の優れた内政を実施する西洋諸国が、対外政策では侵略・植民地化という非道・不徳な行動に及ぶことに〝自然ノ理〟とはとても割り切れない気持を抱いていたようである。儒教的徳治主義を信奉する立場から、西洋列強のように〝権略の政〟を使って領土を拡張する動きには決して同調することができなかった。幕藩体制や鎖国政策の矛盾を自覚し、西洋の近代社会制度の導入を思い描きながらも、当の西洋諸国による侵略の脅威に備えなければならなかったところに崋山の苦悩があったのである。しかし、そんな崋山は一八三九年の蛮社の獄により闇に葬られたのである。

【参考文献】 小沢耕一・芳賀登監修『渡辺崋山集　全七巻』（日本図書センター、一九九九年）、佐藤昌介校註『崋山・長英論集』（岩波文庫、一九七八年）、別所興一訳註『渡辺崋山の手紙』（平凡社・東洋文庫、二〇一六年）（別所興一）

高《たか》野《の》長《ちょう》英《えい》（一八〇四〜一八五〇）

余不敏にして得ること少なしと雖ども、刻苦して書を攻《おさむ》るの労と、十余年の久を積んで、遂に西文の端緒を窺ひ、略々《ほぼ》語脈の条理を弁《わきま》へ、凡そ観る所の西書、今に至て、大半は解することを得て、宿昔の微志を伸べ、蛍雪の勤労を償ふに幾《ちか》し。

（『西説医原枢要』題言）

高野長英はオランダ語（蘭語）を解する力が抜群であったことと文章を書く力も兼ね備えていたことで、蘭書医学書をたくさん読み、二十八歳の時に『西説医原枢要』というわが国最初の西洋医学書（人体生理学書）を世に出すことが出来たが、ここに掲げた彼の言葉はそれがなぜ実現したかを語っている。意味が取りにくいのは、「書を攻《おさむ》る」の意味であるが、攻は学ぶの意である。問題は「書」の意味である。この書を蘭語と蘭書と解すると凄味が出る。

高野長英（譲）は陸奥の国（岩手県）水沢の生れである。幼い頃父を失い、母方の叔父高野玄斎の養子になる。高野家は医者であり、養父は杉田玄白の門人であったので、彼が後に蘭学に志すのは養父の影響であった。十七歳の時養父の反対を押し切り江戸に出て、吉田長叔の下で医術と蘭学を学ぶが、二十歳の時長叔が急死するので、長崎の医師今村甫庵の勧めで、翌年長崎のシーボルトの鳴滝塾に入る。

シーボルトは長英の語学力と行動力を評価し、塾長に据える。彼は熱心に学んだ。しかし三年後にシーボルト事件が起き、その二年後に江戸に戻り、麴町貝坂に医院（大観堂）を開く。二十六歳の時である。二十八歳の時『西説医原枢要』内篇五冊、外編七冊を著述し、内篇の第一冊を刊行する。西洋医学を学びたいと言う医生たちが集まってきたので、貝坂の大観堂はにぎわった。小関三英や渡辺崋山らとの交際もこの時期のものである。しかし当時の目付で林大学頭（林述斎）の次男でもあった鳥居耀蔵に憎まれ、三十五歳の時蛮社の獄で永牢の身になる。長英の作品『夢物語』が命取りになったのである。

しかし長英は獄中で空しく死を待ったのではなかった。牢名主となった彼は、牢内雑役夫の栄蔵に放火させ、脱獄して潜伏する。硝石精で顔を焼き、面貌を変え、約六年間逃亡を続ける。この間四国の宇和島でシーボルトの門下二宮敬作の計らいで一年間宇和島藩の庇護を受ける。その後江戸に出て沢三伯の名で医業の傍ら兵学所の翻訳にも従事した。子供を二人も設けた。しかし翻訳が出来過ぎているのを疑われて、司直の目に留まり、遂に家に踏み込まれ、自刃して果てた。四十七歳の最期であった。

長英の本領は卓越したオランダ語の語学力を駆使した医業と訳業にあった。訳業として「西洋学師の説」（西洋自然学史）と『西説医原枢要』の二つを取り上げてみよう。

前者は長英の自筆メモ帳『聞見漫録』所収のもので、原典は不明である。タレスから始まりアリストテレスの四元説が支配した中世までを叙述した後、世は次第に「実測真理を以て事物を考究すること」を主とするようになり、ポーランドにコペルニクスが出て、地動説を唱え、ガリレオが新たな実測をしてその説を拡充し、デカルトが出てまたその説を補益したとのべたあと、「世人千古の学風を棄てて、実学の真理に入るは、此人の力なり」とデカルトを高く評価する。その魁《さきがけ》としてイギリスのベーコンの事も忘れていなかった。ベーコンを中興の祖とし、その基礎の上にニュートン、ライプニッツ、ロックの三大家も出現したと指摘する。特徴的なのは実測の重視であって、その中でも数学の力が強調されていることだ。

『西説医原枢要』では人身は次のように説明されている。人身は凝体(個体のこと)と流体からなり、活力(生命力のこと)と神力(感覚のこと)を発揮している。凝体は線質、膠、水、揮発質の四質からなり、流体は補液、血、化液の三質から成ると。血液についての説明は詳しい。血液は、活気、勿乙(血清のこと)、膠質(線質)、赤球の四質から成ると。膠質は「破管を閉じ、傷骨を復し、瘡口《きずぐち》を癒す」はたらきがあり、赤球は顕微鏡によって確認されている。

西洋医学がここまで進んでいたことがわかる。彼は訳語にえらく苦労したであろう。人身は分解すると「炭質、窒質、水質、酸質、燐質、鉄揮発塩、灰汁塩等の諸原質」になるというが、これらの訳語は、炭素、窒素、水素、酸素、(リン)、血清鉄、酸化カリウムに該当する(岩波日本思想大系の頭注)。

高野長英は西洋医学に通じた当代随一の医学者(科学者)であった。四十七歳で彼を死に追いやったことは大変な損失であったことがわかる。

【参考文献】高野長運編『高野長英全集』全四巻(高野長英全集刊行会、昭和五~六年)、「西洋学師の説」『西説医原枢要』は岩波日本思想大系55所収。高野長運『高野長英伝』(岩波書店)、佐藤昌介「渡辺崋山と高野長英」(岩波日本思想大系55所収)。

(小川晴久)

山田方谷《やまだほうこく》（一八〇五〜一八七七）

王子《おうし》は気学にて、気の自然に働けば自然（に）條理が立ち、物《もの》其筋に当り、何も窮理するに及ばぬことゝとなる。……王子は気学である故に、知行を合一す。

（「孟子養気章講義」）

幕末に活躍した陽明学派の儒者・山田方谷は、終生にわたって心酔した王陽明（王子）の学問を「気学」（気の哲学）と形容する。「気、理を生ずるなり。理、気を制するにあらざるなり。故に人、克《よ》く一気の自然に従へば、すなわち仁となり、義となり、礼となり、智となり、万変の条理随つて生ず。これはこれ聖門の真血脈なり」（「孟子養気章或問図解序」）「人生百般の作用、心気活発によりて、その功を成す。一分の活発を欠けば、すなわち一分の作用を欠く」（「贈岡本子」）と語ったように、方谷の哲学もまた「気学」であった。

朱子の「理」の哲学＝「理学」に対抗して誕生した王陽明の哲学は理気一体的な「心学」というより、性善説を基本とする気一元論的な「気学」である。方谷は「孔孟之学」（儒学）もまた、天地万物を一体とする「気学」であり、これを真に理解し実践したのは王陽明と熊沢蕃山の両人だけだとした

（『集義和書抄』）。「気学」を基軸とする儒者・政治家としての方谷の偉大さは、実務家として衣服や米、ナスやキュウリの値段などを熟知し、世間の実情・庶民の実態に深く通じた「実学」にある。それは「気学」の現実展開、陽明が情熱を以て説いた「至誠惻怛《しせいそくだつ》」という人間愛に支えられた当然の政治的営為であった。経済中心ではなく人間原理に立つことを強調した方谷は領民からその学徳を慕われて神のごとき尊敬を受け「百姓みな山田の生祠《せいし》を建るほどに悦服す」（南摩綱紀『負笈管見』）という。

方谷の気学は「収斂」と「自然」という二つの要素から成る。禅理にも通じる「収斂」する気は同時に、没我的な無心＝「自然」において、生々不息・活潑々地に転ずる。この「収斂」は、王陽明の「精神・道徳・言動は、おおむね収斂を主と為す。発散は已《や》むを得ざるなり。天地人物みな然《しか》り」（『伝習録』）に基づく。私淑した蕃山と同じく、方谷もまた朱子学を尊重し初学者には陽明学を講じることはなかった。しかし、朱子学の「窮理」を否定的に見たのは、一般に「理」とされるものは、無意識下のご都合主義や立場的な私心私欲のバイアスがかかっていることも多いからだった。それは虚飾・偏執・独善・競争・覇術・異端・郷原・激徒・浮華といった種々の弊害を招き寄せて、世道人心を惑わし破壊する。没我的無心に徹した「自然の誠」に基づき判断し行動することが大切なのだ（『師門問弁録』）。ここには孟子から王陽明に継承された性善説への全幅の信頼が示されている。陽明の「内に専《もっぱ》らにして、約《つづめる》に一《いつ》なり」という「収斂」的実学が、現実の場で正しく運用された場合には瞠目すべき切れ味を示すことを語った（『伝習録抜萃序』）。

備中松山（岡山県高梁《たかはし》市）に製油業を営む農民の子として生まれた。学問に志し、藩校有終館の教授となる。三十歳のとき江戸に遊学して佐藤一斎に師事した。三十一歳で一斎塾の塾頭を務めていたとき、塾友の佐久間象山が「今日、世を治めるには泰西《たいせい》の学を用いる以外にない」と論じたのに対し、方谷は「世を治める学問は、われらが学んでいる儒学の学問で十分足りる」と反論し、夜を徹して激論となった（高瀬代次郎『佐藤一斎と其門人』）。帰国後、藩主の板倉勝静《いたくらかつきよ》から元締役兼吟味役に抜擢され、上下節約・負債整理・産業振興・紙幣刷新・軍制改革・教学振興・西洋近代的教育刑制度の導入（「獄政改革意見書」）など大胆な藩政改革を断行。これらをいずれも成功させて藩治に大きな功績をあげ、十万両の負債を償却し逆に十万両の余財を残すなど傑出した財政家であった。同時に、幕末の動乱期に幕府老中となった板倉勝静の政治顧問として藩政を補佐・主導した。病床にあってその死を覚った方谷は案上に香を焚き、藩主から賜った短刀・小銃とともに『王陽明全集』を安置して悠然と逝った。

国・地方ともに深刻な財政危機に直面している中、財政再建にすぐれた手腕を発揮した財政家として方谷の評価は近年ますます高くなっている。一方で、内政矛盾の外攻転換策という粗略な征韓論を唱え、後の東アジア侵略論に具体化された負の一面もある。門人に二松学舎大学を創設し大正天皇の侍講も務めた三島中洲、方谷を「神の如く尊信し一室に先生の書幅を掲げ、毎朝礼拝し」ていた河井継之助（幕末の越後長岡藩家老、北越戊辰戦争を指揮し敗死）らがいる。

【参考文献】山田準編『山田方谷全集（全三冊）』（一九九六年）、矢吹邦彦『炎の陽明学　山田方谷伝』（同）、濱久雄『山田方谷の文　方谷遺文訳解』（一九九九年）、山田琢『山田方谷』（二〇〇一年、以上全て明徳出版社）、大橋健二『新生の気学』（勉誠出版、二〇一二年）

（大橋健二）

横《よこ》井《い》小《しょう》楠《なん》（一八〇九～一八六九）

道に於ては尭舜孔子の道の外、世界にこれなき弥《いよいよ》以て甚だしく相成申すべく候。…我輩此の道を信じ候は日本・唐土の儒者の学とは雲泥の相違なれば、今日日本に我丈《わがたけ》を尽し事業の行れざるは天命也。

〔「甥左平太・大平へ」慶應三年（一八六七）六月二十六日〕

これは明治維新前年の横井小楠の言葉である。熊本藩士の横井小楠（名は平四郎）は佐幕派の立場から、西洋列強の開国通商の要求に儒教で対応した儒者であるが、その儒学は本場中国や日本在来の儒学ではないという強い自覚を持っていた。それは「尭舜三代の道」と規定され、その内実は六府三事の学＝実学であった。唯これだけでは中国の儒学との差は明らかでない。六府三事の学で西洋の学問や政治制度を理解し、ワシントン（華盛頓）を近世最高の人物と評価し、君臣の義を廃した共和制を理解したところに、小楠の儒教の独自性がある。しかし二年後の明治二年六十一歳で京都で暗殺され、その思想が実現しなかったのは、返す返すも惜しまれる。

小楠は陽明学的な感じがするが、実は陽明学を評価せず、朱子学から出発した。熊本には朝鮮の朱子学と仰がれた李退渓の朱子学を評価した大塚退野がいて、彼は李退渓や大塚退野を尊敬していた。彼の読書ぶりは徹底していた。後に彼が単に知ることと合点を区別したように、納得に行くまで知る努力を止めなかった。西洋列強の力を見せつけられるにつれ、なぜ中国は列強と大きな差が生じてしまったのかを考えるようになり、朱子学の格物窮理が尭舜三代の格物と違うことに気が付き、それを批判するようになった。「宋の大儒、天人一体の理を発明し其説論を持す。然ども専ら性・命・道理の上を説て、天人現在の形体上に就て思惟を欠に似たり。…全く三代治道の格物と宋儒の格物とは意味合の至らざる処有る可し。」(『沼山閑話』)

逆に「近世西洋」の「経綸の道」の方が「尭舜三代の工夫」にぴったりで、その実践であるとすら見る。「学問を致すに知ると合点との異なる処ござ候。天下の理、万事万変なるものに候に、徒《いたずら》に知るものは、如何に多く知たりとも皆形に滞《とどこお》りて却て応用の活用をなすことあたはざるものに候。合点と申すは、此の書を読て此の理を心に合点いたし候えば、理は我物になりて其書は直ちに糟粕となり候。其我物になりたる以上は別事別物に応ずるにも、此の理よく彼に通じて活用致すものに候。」(『沼山対話』)

合点認識の典型例を二つ挙げよう。一つは「交易」理解である。「通商交易」は幕末の列強の強要から始まったように当時一般に考えられていたが、小楠は為政者(労心者)と民衆(労力者)関係も、「政事」(「六府を修め三事を治る事」)も皆交易であるという。「尭舜三代の道」は「交易」を大原則にしていたと(『国是三論』富国論)。いま一つの例はその合点認識でアメリカのワシントンを近世第一の人物と評価しえたことである。

「真実公平の心にて天理を法り此割拠見を抜け候は、近世にてはアメリカのワシントン一人なるべし。」（「沼山対話」）

ワシントンはアメリカで三代方針を建てたとした。①戦争廃止、②智識を世界万国に取りて治教にいかす、③「大統領の権柄を賢に譲て子に伝えず、君臣の義を廃して一向公共和平を以て務と」す。イギリス、ロシアも含め西洋の「政教」は「悉《ことごと》く倫理によって生民の為にするに急」であり、「殆《ほとんど》三代の治教に符合するに至る」とまで評価した（同）。

しかし小楠は「西洋の学は唯事業の上の学にて心徳上の学に非ず」と敢て断言する。現に戦争をしているからである。戦争を止めさせるには事業の学のみならず、心徳の学が必要なのである。心徳の学は「人情を知る」学であるからだと。此の形こそ正徳・利用・厚生の三事の学であり、「三代の道」である。今の日本に不足しているのは西洋の事業の学を採用することであり、「人情を知る」心徳の学（正徳）の実践によって「世界人情に通じて」、当代に見合った三代の道を実現することは可能である、その道は「本朝に興るべし」というのが小楠の確信であった（「沼山閑話」）。彼は福井藩に招かれ、このような見解を披瀝し、福井藩主松平慶永（春嶽）を介して幕政に反映させようとするが、明治二年に暗殺され、その非凡な思想は実現されなかった。その一部は弟子の由利公正によって五箇条の御誓文に反映するが、君臣の義を廃する共和政は実現しなかった。

（小川晴久）

【参考文献】 山崎正董『横井小楠』上巻伝記篇、下巻遺稿篇（明治書院、一九三八年）、松浦玲『横井小楠』（朝日評伝選、一九七六年）、山崎益吉『横井小楠と道徳哲学』（高文堂出版社、二〇〇三年）

勝海舟《かつかいしゅう》（一八二三～一八九九）

文明といふのはよく理を考へて、民の害とならぬ事をするのではないか、夫《そ》れだから文明流になさいと言ふのだ。

（『勝海舟語録』）

この言葉は、幕末維新期に活躍した政治家である勝海舟（通称は鱗《りん》太郎）が、日清戦争後、足尾銅山の鉱毒問題が深刻化した際に現地住民の生命や暮しを粗末に扱う明治政府の要人（伊藤博文ら）に警告を発したもので、文明開化のあるべき道を明示している。

アヘン戦争の情報に接して日本が西欧列強に植民地化される危険性を自覚した海舟は、ペリー来航時（一八五三）に蘭学的知見に基づく「海防建言」書を幕府に提出したところ、その内容が注目されて幕府の蘭書翻訳担当の役職に推挙された。海舟の建言が採用されて一八五五年には長崎海軍伝習所が設立され、海舟自身が伝習生百余名の生徒監として長崎に赴任することになった。海舟が三年数ヶ月の伝習所生活で習得したのは、単にオランダ式海軍の理論・実技やそのベースになる諸科学だけでなく、幕臣の立場を越えた日本人としての自覚であった。海舟はここでの教育や開明的な薩摩藩主島津斉彬との出会いを通じてネーションとしての自覚を呼びさまされ、旧弊にとらわれた幕府政治に対する批判の眼と、幕政改革の構想を持つに至ったのである。さらに一八六〇年には咸臨丸《かんりん》の船長として太平洋を横断し、アメリカに二ヶ月ほど滞在した。

帰国後の海舟は、一国中心主義から離脱した世界認識に基づいて神戸海軍操練所を設立して日本海軍の人材育成に当たった。そこには幕臣だけでなく、反幕府的な動きを示す薩摩・長州藩士や土佐脱藩浪人の坂本龍馬《りょうま》らも出入りするようになり、海舟自身も世界の形勢を知らない幕閣を見限るような発言をしたことから幕閣の逆鱗《げきりん》にふれ、一八六四年には免職され、操練所は閉鎖となった。しかし、一八六六年には幕府首脳から乞われて復職し、第二次長州征討の後始末をやらされた。その後、幕府の〝私政〟を許さず、薩摩・長州藩の〝私政〟も許さず、という立場から内戦を停止し挙国一致体制を確立することにより、欧米列強に対峙し国家の独立を保持することをめざして、幕末維新期の政局をリードすることになったのである。

幕末期の海舟は政治的に孤立し、いつも刺客に命を狙われていたが、横井小楠らから啓示された公議政体論を忘れることなく、その実現の意欲を相変らず持ち続けていた。〝堯舜《ぎょうしゅん》の政治〟に通底するアメリカ風の共和政治を実現するためにも、幕閣に「私心を去って公平の諒察《りょうさつ》」を求めたのである。他方、海舟は徳川家の命運もさることながら、勤王を表看板にした薩長藩閥の〝大私〟が、民衆を戦乱の巻き添えにしてインドや中国のように西欧列強の植民地支配を招きよせることを憂慮し、明治新政府の重役らに英断を迫る政治工作の必要を痛感した。こうした時局認識を持ち、「安民治平」を何よりも重視したからこそ、海舟は〝官軍〟の江戸城総攻撃の直前に、その参謀を勤める旧知の西郷隆盛に直談判して、江戸の市街戦を回避させることができたのである。

明治維新後、特に晩年の海舟は、枢密顧問官の役職を得て明治新政府の顧問格の処遇を受けていたが、もっぱら旧幕府の歴史の編著と薩長藩閥政権への批評家としての時事放談に明け暮れた。明治の十年代後半から福沢諭吉の「脱亜論」など、日本国内において朝鮮を文明開化の遅れた国として劣等視する言説がはびこっていたが、日清戦争前夜の明治二十七年(一八九四)四月に海舟は、次のような談話を発表している。

「朝鮮といへば、半亡国だとか貧弱国だとか軽蔑するけれども、俺は朝鮮も既に蘇生の時機が来て居ると思ふのだ。……これが朝鮮に対する俺の診断だ。しかし朝鮮を馬鹿にするのも、ただ近来の事だヨ。昔は日本文明の種子はみな朝鮮から輸入したのだからノー。特に土木事業などは尽《ことごと》く朝鮮人に教はったのだ。……数百年も前には朝鮮人も日本人のお師匠様だったのサ。」

海舟は世の通説に抗して日本文明の源流が朝鮮に発し、日本人は久しい間、朝鮮人をお師匠様として尊敬してきた歴史経過を明らかにした。そして、朝鮮人の持つ底力を評価し、朝鮮の将来に大きな期待を寄せていることを表明したのである。また、日清戦争に関しては、海舟は大義名分のない戦争として戦前・戦中・戦後一貫して痛烈な批判をあびせ、欧米列強が東洋市場に割り込む前に近隣国のよしみで相互の商工業を発展させる方が得策であることを力説している。

【参考文献】松浦玲『明治の海舟とアジア』(岩波書店、一九八七年)、松浦玲・江藤淳他編著『勝海舟全集』全二十二巻(講談社、一九九四年)、別所興一「勝海舟の東アジア認識と〝文明開化〟観」(『自然と実学』第四号、二〇一三年)

(別所興一)

西郷隆盛《さいごうたかもり》（一八二七～一八七七）

文明とは道の普《あまね》く行《おこな》はるゝを賛称せる言にして、宮室の荘厳、衣服の美麗、外観の浮華を言ふには非《あら》ず。

（『西郷南洲遺訓』）

「文明」とは、永遠普遍の人道・正義が広く行われることを言う。立派な邸宅を誇り、高価な洋服を着るといった外面的な華やかさを言うのではない。社会が欲望とエゴイズムに染まる時、そこには「驕《きょう》奢《しゃ》」＝「野蛮」だけがあって、真の「文明」はない。維新の元勲功臣たちを見ると、当初の理想精神を忘れ、西洋の「野蛮」にすっかり染まって立派な屋敷、美服、美妾を抱え、蓄財に走る輩もいる。ほんとうに面目ない。こう言って、西郷は落涙したという。

英明進取で熱心な開国論者だった薩摩藩主・島津斉彬に見出された西郷は、勝海舟と江戸城無血開城を実現し、徳川幕府を倒した明治維新最大の功労者である。一方で、征韓論争を機に下野し、一八七七（明治十）年、不平士族の反乱「西南戦争」で逆賊として敗死した。維新革命の体現者、恬淡無欲・至誠大度の東洋的英雄、近代日本の建設者といった絶大な人気と尊敬を受ける半面、右翼反動のシンボル、ウルトラ・ナショナリズムの源流、太平洋戦争を到達点とする大陸侵略思想の鼓吹者と生理的嫌悪感をもって語られる。日本の著名な偉人中、西郷ほど評価と好き嫌いとが両極端に分かれる存在は皆無である。

その人生に一大転機をもたらした西郷の征韓論とは、一体何だったのか。

近世以来の華夷秩序に属し鎖国主義の朝鮮は、維新政府が徳川幕府の儒教主義から西洋の覇道主義に転じたとして、国交樹立要請を拒否。明治以前の隣好関係から一転、排日主義をとる。一八七三（明治六）年、政府内に沸騰した朝鮮征伐論に対し、西郷は使節を派遣し正理公道をもって朝鮮政府を説くべきことを提案、遣韓使節を拝命した。使節「暴殺」の後に出兵すれば大義名分が立つというものだった。これは平和交渉に借名した謀略的「使節暴殺論」＝「内乱を冀《ねが》う心を外に移して国を興すの遠略《えんりゃく》」というのが、通説である。若き日の入水死未遂以来の自殺願望から、死ぬ場所を求めて「暴殺」されることを望んだという「死処説」も根強い。これに対し、西郷は「征韓論」者ではない、平和主義者だったと毛利敏彦『明治六年政変の研究』（一九七八年）は主張するが批判も多い。ただ、通説の謀略的武力侵略論では、「事《こと》大小と無く、正道を踏み至誠を推し、一事の詐謀を用ふべからず」「作略を用て一旦その指支《しし》を通せば……事必ず敗るゝものぞ」「人に推すに公平至誠を以てせよ。公平ならざれば英雄の心は決して攬《と》られぬもの也」（『遺訓』）と語っている西郷は、モットーとした「敬天愛人」にも違背し、天を畏れぬ言行不一致の嘘つきということになる。

倒幕の数々の大舞台で困難な交渉を成功裡に収めてきた絶大の自信、これに加え朝鮮国王の父として政権を握っていたのは、西郷と同じく「西洋の衝撃《ウエスタン・インパクト》」の脅威と儒教的精神を共有し、海舟とは肝胆相照らした大院君《たいいんくん》である。西郷が意気投合による国交樹立の可能性を信じていたとしても無理はない。三年前、政府批判と「征韓」反対を建白して切腹した薩摩藩士・横山安武とはごく親しい関係にあったこと、明治政府の強引な威嚇外交「江華島事件」（明治八年）を道議外交論から強く非難したのを見ても、西郷の対朝鮮外交を謀略「征韓」論や死処説などに矮小化してはならない。

西郷の対朝鮮外交の背景にあったのは、儒教的仁政主義の新国家建設という倒幕の際の「王政復古の理念」を、島津斉彬の衣鉢を継ぐ「日清連合」論と、知己・勝海舟の「日清韓三国同盟論」等によって貫徹しようとする強い意志である。西洋列強の砲艦外交・植民地主義と南下を図るロシアによる東アジア侵略「西力東漸」に対抗すべく、強引にでも韓国と国交を結ぶことが東アジア（日中韓）三国同盟に展開されることを期待した和戦・硬軟両構えの「開韓」論である。西洋文明に対する東洋文明という「文明の衝突」の中で、そこに遠望されていたは、自国中心主義的な独善外交との厳しい批難を免れ得ないとしても、今日の「東アジア共同体」構想に通じる非西洋近代的な〈第三の道〉である。日中韓三カ国の連携共働を軸に、西洋「覇道」への前駆である明治政府や福沢諭吉らの欧化路線「脱亜」とは別の、西洋近代の「野蛮」とは違う、東亜の伝統に根ざした堯舜三代的な「王道」国家の建設である。西郷が征韓論争においても貫徹しようとした「名分条理」＝「王政復古の理念」とは、明治から戦前に続く軍事大国・官尊民卑の「皇国」日本や西洋的な経済大国・工業立国などの、富国強兵の道ではない。「敬天愛人」すなわち「民」が尊重され、「天皇」ではなく儒教的な「天」の思想に基づく、正道仁義の真の「文明」国日本の実現ではなかったか。

【参考文献】『西郷南洲全集』（全六巻、大和書房、一九七六―八〇年）、『西郷南洲遺訓』（岩波文庫、一九三九年）、橋川文三『西郷隆盛紀行』（朝日新聞社、一九八一年）、吉野誠『明治維新と征韓論』（明石書店、二〇〇二年）（大橋健二）

吉田松陰《よしだしょういん》（一八三〇～一八五九）

かくすれば かくなるものと知りながら已《や》むに已まれぬ大和魂

（『回顧録』）

至誠の真心が伝わるこの名句を残したのは、「安政の大獄」で幕府に処刑され、僅か三十歳の生涯を閉じた幕末の志士、革命家吉田松陰である。内憂外患の幕末において、松陰にとって、時代的課題は言うまでもなく、いかにして日本を植民地の危機から救い、日本を保全するか、また、その実現のために、いかに挙国体制を構築し、対応していくか、であった。

長州藩に生まれた兵学者出身の吉田松陰はこの時代的課題を背負いながら、生涯をかけて思索し、行動した。彼は中国のアヘン戦争での敗北から、世界情勢への開眼、洋式兵学が和式に勝ること、君主の失政、政治の衰頽、漢奸の存在がアヘン戦争の敗因だと決め、民衆重視の重要性、などを学んだ。

ペリー来航により、日本は空前の危機状態に陥った。松陰は速やかに天皇を中心とする新たな挙国体制の構築を考案、「尊皇攘夷」思想を打ち出す。それだけでなく、自ら万国情勢の把握を目的に、ペリー艦隊に潜《もぐ》り込み、密出国を企てたが、拒否され、国禁に触れる罪で拘禁された。あの有名な「下田事件」（一八五四年、安政元年）であった。

長州萩藩の野山獄に移送され、囚禁された松陰は、国内外の情勢から一刻も目を離さなかった。海外情勢について、彼がまず目をつけたのは中国で起きた太平天国の乱という事件であった。「吾れの宜しく以て則と為すべき所のものは、清国に若《し》くはなし。」（『清国咸豊乱記』序文、安政二年春成立）「故に其の国の治乱往々我に関係するに至る」（『清国咸豊乱記』例言）という発想で中国のこの変乱に注目し、速やかでしかも丁寧に研究した。早速、太平天国の乱についての詳細な記録である『満清紀事』（清・羅森著、一八五五年、安政二年）を『清国咸豊乱記』と題して訳注した。海防のための西洋の先進的軍事技術と装備（軍艦や大砲など）の導入に伴う農民への収奪、それによる日本国内の反乱（一揆）が和親条約締結後の最大の危機であったと認識し、太平天国の乱から学んで、彼が西洋の軍事技術と装備の無闇な導入に反対し、「民政・内治」を優先にせよ、という主張と対策を呼びかけたのがこの頃のことであった。ほぼ時を同じくして、松陰は中国の儒家の代表者孟子の民本思想や革命思想に新たな光を当てることになる。松陰のこの頃の思想営為を記録したのがあの有名な『講孟余話』（一八五六年、安政三年）であった。『講孟余話』では、松陰は「民政論」、「人間論」、「天皇論」などの論でみずからの体制批判や変革思想を展開する。彼が幕末時に提出した「民政論」は仁徳政治の要請、安民の実現、減税、生産の発展、富民富国、弱者保護、教育重視など具体的施策や豊富な内容を含んでおり、鋭い幕政批判の政治的含意を持っている。また、松陰の「人間論」には、人間の道徳心への信頼、「人間の差等・不善を認める」朱子学の「気質の性」・「性即理」やその実践法としての「居敬窮理」への批判、為政者の「悪政」・用人政策への批判、天皇の「仁政」への期待等の特徴が見受けられ、「倒幕革命」や「草莽崛起」思想の形成を生み出す基《もと》になった。更に、一見「民本思想」と矛盾するような松陰の「天皇観」では、「君権神授」という伝統思想の外に、天皇がまさに政治主体となって「仁政」や「安民」を実現する存在、のちには、自ら挺身して倒幕・攘夷の大任を担う存在でなければならない、と規定され、「王道政治」という儒教の「合理的」政治思想も松陰の「天皇観」にも見受けられる。

幕末の情勢は松陰をより衝《つ》き動かした。彼はその後、藩主の参勤交代阻止、幕府老中間部詮勝《まなべあきかつ》暗殺などを企てたが、いずれも失敗に終わる。松陰が自ら告白した間部暗殺計画がその死罪認定の証拠となり、悲願のまま刑場へ赴いた。死刑執行直前に、彼は弟子たちへの遺書の中で次の句を遺した。

「身はたとひ 武蔵の野辺に朽ちぬとも 留め置かまし 大和魂」（『留魂録』）

このような「不忠不義」の「反逆行為」はいずれも日本保全、植民地の危機から脱出させようとする純粋な真心、すなわち日本という国への忠誠心に基づくものであった。松陰の思想的達成はもし「尊皇攘夷」、「倒幕」、「草莽崛起」、「一君万民」などのキーワードで例えることができるならば、その根本にあるのは正に彼がよく口にする孟子の「至誠にして動かざる者は、未だ之れ有らざるなり」という言葉で表現された実心であった。

その至誠の実心に感銘した高杉晋作をはじめとする松下村塾の弟子たちは彼の遺志を受け継ぎ、奇兵隊を作ったりして、幕末維新の第一声を発し、回天運動に身を投じた。

【参考文献】『吉田松陰全集』（全十二巻、普及版、岩波書店）、郭連友著『吉田松陰與近代中国』（中国社会科学出版社）、郭連友「梁啓超と吉田松陰」（ぺりかん社『季刊日本思想史』第六十号）

（郭連友）

中村敬宇《なかむらけいう》（一八三二～一八九一）

それ西国の強きは、人民の篤く天道を信ずるに因《よ》る。人民に自主の権あるに由《よ》る。……スマイルズいわく、国の強弱は人民の品行に関かると。

（『西国立志編』）

三十一歳の若さで幕府儒官に抜擢された中村敬宇（本名は正直）は、幕末期のイギリス留学を経て明治初期に英訳書『西国立志編』『自由之理』などを出版した。人間や政治の使命は道理の達成であるという儒教思想の伝統を守りながら、西洋の近代思想を紹介する仕事に従事したのである。敬宇は西欧諸国の富強の要因は軍事力ではなく、そのすぐれた「風俗（生活習慣、政治意識など）」と「品行（人格、ふるまい）」にあると考え、さらにその源泉はキリスト教であることを発見したのである。

『西国立志編』の後記で敬于は、イギリスでは政府役人や議員の品行が高潔で、万事において十分の九は人民が主導的に動いて決め、残りの十分の一だけ政府が決定権を持っているが、その政府もただ人民のために設立された機関に過ぎないことを指摘している。

中村敬宇は国家防衛の中心を〝力〟ではなく〝道理〟であると説くとともに、この〝道理〟を世界に対して押し広げようとする積極的な国際平和主義を提唱した。近年の国家間の「兵力ヲ以テ競フ」

状態と世人の互いに「温情ヲ欠ク」状態を「妖気《ようき》」と批判し、高い道徳を基盤にした国際平和を実現するためには、「愛敬ヲ学ビ、愛敬ヲ行」わねばならないと力説したのである。当時は「腕力世界」「優勝劣敗」「競争社会」と呼ばれる帝国主義的な植民地争奪が激化する国際環境だったけれども、その中で敬宇は、日本の富国強兵は日本がどれだけ〝道理〟を達成できるかに関わっている、と強く主張したのである。敬宇にとって世界平和とは、人々がその下で単に豊かな生活を享受するだけでなく、知性や徳性をさらに向上させていく状態を意味していた。人民の経済的繁栄は、人民の「品行」によって支えられなければならないから、今後の教育の最大の課題は、「人民ノ性質ヲ改良スル」ことにあると訴えたのである。

一八七三年の「米利堅志序《メリケンシ》」では、世界の諸国が土地と人民とを返上し、万国公法の下に一大国会が設立され、〝世界連邦〟が形成されるような日がいつか到来する、という世界平和実現の壮大な構想を思い描いていた。また、「支那不可侮論」において、明治日本の「自国ノ開明ヲ自慢シ、清国ノ委靡《きび》不振ヲ軽侮スル風潮」を、「人ノ美服ヲ借リ着テ悪衣ノ人ヲ卑シムガ如シ」と批判した。敬宇は中国や朝鮮への蔑視感情をまったく持たず、日・清・韓三国の関係を同文同種ととらえ、西洋列強の弱肉強食的なアジア侵略に対しては連帯して抵抗すべし、とも説いていた。しかしながら、敬宇のこうした言説に対して、明治国家の指導者たちは共感や理解の姿勢を示すことはなく、逆に無意味な空想的言説として嘲笑・黙殺したのである。

一八八七年の「漢学者不可廃論」で敬宇は、儒学の経典だけを唯一絶対視する旧時代の儒学者を批判し、「物理学にても力学にても、経験により比較により推測に因って実証を得たるもの、皆真理なり」と解説している。それらによって旧来の儒学の盲点を補強する必要を説明しながらも、天地人のすべてに通底する普遍的な学問として儒学を学ぶべし、と訴えたかったようである。また、一八八九年の「古今東西一致道徳の説」では、「自由の主義は、人民の知識発達し道徳を身に備え、自治を立派に能するにあらずしてこれを盲用すれば、福とならずして反って禍いと為るべし」「西洋の自由の正義は、シナにて言えば、道心（天理）主となりて自由を得るなり。人心（人欲）の奴隷とならぬことなり。この自由なるもの、実に修身すなわち自治の根本なり」と訴えている。こうした実学精神に基づく敬宇の提言は、天理よりも天皇への絶対的忠義を優先する明治国家の政治路線（大日本帝国憲法・教育勅語）と決定的に異なるもので、明治前期の青年たちに軍国日本とは違うもう一つの将来像を与えるものでもあった。

しかしながら敬宇は儒教文明と西洋文明を共通面でとらえ、その異質性を十分に認識しなかったため、旧来の儒教の通弊に対する批判が甘くなり、伝統文化の無条件的肯定につながる要素を持ったことである。その結果、敬宇の信仰の自由をはじめとする内面的自由の主張は、結局のところ皇国思想を体現した明治国家の国民教化政策に取り込まれることになったのである。

【参考文献】 高橋昌郎『人物叢書　中村敬宇』（吉川弘文館、一九六六年）、大久保利謙編『明治文学全集3　明治啓蒙思想集』（筑摩書房、一九六七年）、源了圓「幕末維新期における中村敬宇の儒教思想」（『季刊日本思想史』二十六号、一九八六年）

（別所興一）

橋本左内《はしもとさない》（一八三四～一八五九）

たとへ小臣たりとも罰を御施しなされ候はんとなれば、鄭重に当否御察しなさるべく候。然らざれば、必ず人心を失ひ民怒を犯し候なり。

（『為政大要』）

一八五七年六月ごろ橋本左内は、藩当局に対して『為政大要』と題する意見書を提出した。その中で左内は、賢明な為政者は賞と罰を的確に行使することにより家臣の信望を得て、政府は清廉で睦まじいまとまりを持つことができるが、罰が賞に先行して乱発されると悲惨な結果を招くと力説している。一年四ヶ月後に安政の大獄で禁獄の身になった時、左内は改めてこの一文を想起し、左内らの弁明にいっさい耳を傾けない大老・井伊直弼ら幕閣の政治姿勢に悲しい怒りを覚えたであろう。井伊ら幕閣には下からの新しい意見を慎重に検討して、良いものを賞讃しようとする姿勢は全く見られない。こうした幕府の偏狭な政治姿勢は遠からず民心の離反を招き、その怒りにみちた反対運動を引き起こすことを、左内は時代に先駆けて予見していたのである。

福井藩医の家に生まれた左内は、八歳から漢籍を学び始め、十二歳からは漢方医学を学び、十五歳の時には岳飛を慕って景岳と号し、自省のための書『啓発録』を著わした。十六歳で大坂に出て緒方洪庵主宰の適塾に入門し、二年三ヶ月ほど蘭方医学を原書に基づいて学んだ。十八歳で父の死去により藩医に列し、二十一歳の春には江戸に遊学し、杉田成卿《せいけい》ら蘭方医、藤田東湖ら憂国の志士、岩瀬忠震《ただなり》ら開明派幕臣と交わり、幕末の海外情勢や政局に関心を持ち始めたようである。この江戸遊学中に執筆した『西洋事情書』によれば、西洋諸国では国家の大事を改めたりする場合には、政府の各部署で反復討論させたりして衆議一決の上実施に踏みきることを指摘している。「よって国王とても一人にてわが意に任せ、ほしいままに大事を作《な》すこと能《あた》はざる由」と特記し、西洋諸国の政治の民主的な性格を明らかにしている。

福井に呼び戻された二十四歳の左内は、藩校明道館の学監心得に推挙され、空理空論を排した実学精神に基づいて藩政刷新の有為な人材づくりに取り組むことになった。先ず経学を習得させた上で、兵法・器械術・算術・物産などの洋学を学ばせるというもので、「東洋の道徳、西洋の芸術」を提唱した佐久間象山に似通っているが、左内には洋学を〝芸術〟に封じ込め、〝道徳〟から切り離そうという発想は見られない。左内は医学など正統派の洋学を本格的に学んでいたから、象山のように〝易〟や〝占い〟にこだわる非合理な傾向は皆無だったと言えよう。また、左内は収益性の高い国産物（福井藩の場合、呉服・紙など）の増産や外国貿易を藩営により積極的に進めるべしと力説していたが、単なる利害打算の基づく商取引と考えず、精神的な相互理解と連帯に基づくべきものと考えていたようである。

一八五七年八月から左内は、藩主松平慶永《よしなが》の側近の政治顧問となり、藩政改革の指導者としてよりも慶永の意を受けて、幕府政治の改革――日本国全体の政治改革に主力を注ぐことになった。そして欧米列強に対抗し積極的な開国政策を実現するためには、英明な一橋慶喜《よしのぶ》を将軍に擁立し、松平慶永・島津斉彬《なりあきら》らを国内事務宰相に専任し、その下に岩瀬忠震ら開明派幕臣を配置するとともに、諸藩士・民間人を問わず有名達識の人物を挙用するという挙国一致体制を確立することが必要だと力説するようになったのである。他方、左内にとって天皇は神聖不可侵な存在ではなく、天皇は天下国家のために現状にそぐわない攘夷論を撤回すべきである、と左内は考えていた。この左内の天皇観は、同時代の尊王攘夷を唱える志士たちの天皇観とは決定的に異なっていた。現実に左内は開国と公武合体の立場から、尊王攘夷派の言動に対してははっきり反対の態度を表明していた。それにもかかわらず左内は井伊大老の強行した安政の大獄において、公儀（幕府）を憚《はばか》らず朝廷工作したとの理由で尊王攘夷派とともに死刑に処された。井伊大老が左内を一橋派の首謀者と見て、附札をして死罪を命じたためという。左内刑死後の政局は、尊王を表看板にしながら、神格化した天皇を新たな国民統合のシンボルとして政治的に利用する方向に展開することになったのである。

【参考文献】 景岳会編『橋本景岳全集』上・下巻（景岳会、一九三九年）、山口宗之他校註『日本思想体系55　橋本左内他』（岩波書店、一九七一年）、別所興一「橋本左内の学問観と貨幣経済認識」（『自然と実学』第三号、二〇〇三年）

（別所興一）

福沢《ふくざわ》諭吉《ゆきち》（一八三四～一九〇一）

……我輩が多年來唱ふる所は實學一偏にして古風なる漢學に非ず、少小の時より苦學勉強して成業の後に至り、その勉強中に得たる知識見聞を實地に施して獨立の生計を爲し、心身の安きを得て以て人生の目的を達せんと欲するものにして、即ち實學の本色なれども、如何せん、尚凡俗の情を滿足せしむるに足らざる是亦止むを得ざる次第なり。如何となれば、文明の實學誠に實なりと云ふも唯事物の眞理原則を明にして其應用の法を説くのみ。（『福翁百話』）

福沢諭吉は「實學」（実学）を唱えた。今日、実学は安易な実効性や実用性のノウハウを習得する学問であると誤解されがちであるが、「心身の安きを得て」「事物の眞理原則を明に」するのであり、むしろ学問そのものの在り方を表現している。つまり、福沢は、本来は翻訳不能と考えられていた近代西欧の基礎を構築する「サイエンス」や「フィロソフィー」などを正確に把握していた。「…今の文明學を文明として之を和漢の古學に比較し、兩者相互に異なる所の要點を求れば、單に物理學の根本に據ると據らざるとの差違あるのみ。宇宙自然の眞理原則に基づき、物の數と形と性質とを詳にして其働を知り、遂に其物を將て人事に利用するもの、之を物理學と云ふ」（『福翁百餘話』）として、かつて緒方塾を震動せしめたファラデーの電気説の事例を挙げている。ファラデーは言うまでもなく「科学史上最高の実験主義者」であり、福沢は近代西欧の基層にあるその根源的意義を見誤らなかった。すでに明治元年には日本で最初の科学入門書『訓蒙 窮理圖解』を出版した福沢は、すべて世の中の物事はその大小にかかわらず、よく心に留めてこれを吟味すれば、塵芥一片、木葉一枚のことであってもその理由のないものはけしてない、といわば「科学する心」の重要性を説いた（丸山は福沢のそうした「實學」に学問観の真の革命性を観ている）。

この「科学」という言葉も基本的には福沢の翻訳語である。それが登場するのは「脱亜論」（丸山の指摘するよう、「脱亜」は福沢の「自由」「人権」「文明」「国権」「独立の気象」といった言葉と並ぶようなキーワードではない）において、「支那、朝鮮の士人が惑溺深くして科学の何ものたるを知らざれば」と使われている箇所である。

天保五年十二月十二日（一八三五年一月十日）大阪玉江橋北詰中津藩蔵屋敷に生まれた福沢は、二十一歳の時長崎で蘭学を学び、翌年江戸へ行く途中の大阪で緒方洪庵の適塾に入門し、二十四歳の時塾長となるが、翌年藩命を受け江戸に出る。この頃から独学で英学に転じ、万延元年二十七歳の時浦賀から咸臨丸に乗り太平洋を往復、帰国後幕府翻訳方に雇われ幕臣となり、翌文久元年二十八歳の時欧州派遣幕府使節随員を勤め約一年後に帰国。明治元年三十五歳の時幕臣を辞め、明治政府の出仕要請も固辞して帰農。明治四年三十八歳の頃慶應義塾を三田に移し、明治十二年四十六歳の時東京学士院設立にともないその初代会長、翌年交詢社を起こし、明治十五年『時事新報』発刊、明治二十三年慶應義塾大学部設置（大学部は福沢の深い思い入れのある事業であり、晩年財政上の問題からその廃止の動きが塾内にあったのを大学部一期生でそのまま教員として残った林毅陸など若手とも連携して存続に奔走した）。「瘦我慢の説」をこの頃脱稿しているが、それが公表されるのは明治三十四年六十八歳で亡くなる直前であった。

「瘦我慢の説」は、旧幕臣でありながら維新後新政府に出仕して栄達を遂げた勝海舟と榎本武揚の出処進退を厳しく批判したものとして知られているが、その冒頭には「立國は私なり、公に非ざるなり。地球面の人類その數億のみならず、山海天然の境界に隔てられて、各處に群を成し各處に相分るるは止むを得ずと雖も、各處におのおの衣食の富源あれば之に依て生活を遂ぐ可し…何ぞ必ずしも區々たる人為の國を分て人為の境界を定むることを須ひんや。況や其國を分て隣國と境界を争ふに於いてをや。……」として、国家そのものの人為性を実に見事に喝破している。つまり、擬制としての国家そしてそのフィクショナルな性格の中で展開される紛争は本質的には幻想に過ぎず、「……陰陽表裏共に自家の利益榮譽を主張して殆んど至らざる所なく、其これを主張することいよいよ盛なる者に附するに忠君愛國等の名を以てして、國民最上の美徳と稱するこそ不思議なれ」、とリベラリスト福沢は国家主義の虚妄を穿《うが》つのである。

【参考文献】『福澤諭吉著作集』全十二巻（慶應義塾出版会、二〇〇二～〇三年）、丸山眞男『福沢諭吉の哲学 他六篇』（岩波書店、二〇〇一年）、井田進也『歴史とテクスト――西鶴から諭吉まで』光芒社、二〇〇一年）、桜井邦朋『福沢諭吉の「科學のススメ」／「訓蒙窮理図解」を読む』（祥伝社、二〇〇五年）、「デジタルで読む福沢諭吉」http://project.lib.keio.ac.jp/dg_kul/fukuzawa_about.html

（鈴木規夫）

渋沢栄一《しぶさわえいいち》（一八四〇～一九三一）

然し私は商人にも猶且信念が無ければ駄目なものであると考へたので、算盤の基礎を論語の上に置くことにしたのであるが、（中略）恰もマホメットが片手に剣片手に経文を振って世界に臨んだ如くに、片手に論語、片手に算盤を振って今日に至ったのである。斯《かか》る次第であるから、私は六ヶしく言へば、経済道徳説とでも称するやうなものがあるのである。この経済道徳説を論語算盤説とも私は称して居る。

（『実験論語処世談』）

渋沢の、士ばかりではなく、農工商も仁義道徳、学問をもたなければならないとの主張は、直接的には、学問道徳によって民間の実業家が政府の官僚と対等の地位を確保することを意図したものであった。では、なぜ算盤（経済活動）の基礎を『論語』に置くとしたのか。『論語』は「悉く是れ日常処世の実際に応用し得る教とでも申すべきもので、朝に之を聞けば夕べに直ぐ実行し得らるる道を説いてある。」（『実験論語処世談』）と、その理由を語っている。そして、『論語』の説き方は、弟子の性格や境遇を見て教訓を垂れる「応病与薬の道」（『論語講義』以下『講義』、第五巻）であるので、一層各人の実生活に即して実践しやすいとしている。そしてこのような『論語』は空論を説く書ではなく、

「実学」の教えであると主張する。

「かくのごとくなればこれ人道を実際上に学得せるなり。これを実学という。実学すでに我が身に備われば、人の人たる道に適うを以て、この外に求むることなきに似たり。」(『講義』第一巻)

孔子の教えは日常の実際において人道を実践する「実学」であるとする主張は、「孔子の教えは実際学」「履践的実学」「孔子の教は学問と実行とが伴随するを貴ぶ」のごとく『論語講義』に散見される。

渋沢は自らの道徳経済合一説について、「公利公益を図ろうとする心が道徳というものである。私利私益ばかりを図るのが不道徳というものである。」(『青淵修養百話』以下『百話』)とする。では、渋沢が否定した私利私益を謀るとは、どのような行動であるのか。たとえばそれは経済活動における投機であるとする。『論語』里仁篇の「君子は義に喩《さと》り、小人は利に喩る」の解説において、渋沢は騰貴確実な鉄道債券を自身では買い入れなかった体験談を説き、「投機は絶対にせぬという余の操守」を力説している。

一方、公利公益とは何であろうか。ひとり私利を謀るのではなく、売る者、買う者の両者がともに利を共有することであると解釈する。さらに渋沢は、実業に従事する者の利益に限らず、社会、国家、世界、人類全体の利益が公利公益であるとする。「国民全体、社会全体、世界全体の利益が公利公益というもの、しかも公利公益は一時のものばかりでなくて永遠のものでなくてはならない。この人類全体の利益、永遠の利益をはかるのが義であって、強者が弱者の利益を図るのが仁であるから、仁義を行なへば利は其の中に含まれて居る。」(『百話』)

さらに渋沢は、国家を富裕に導く実業家こそが新時代の「士」であり、武士道精神をもって経済活動に邁進すべきであると主張した。「想ふに此の武士道は啻に儒者とか武士とかいふ側の人々に於てのみ行はるるものでなく、文明圏に於ける商工業者の據りて以て立つ可き道も茲に存在することと考へる。」（『百話』）と述べ、実業家の道徳は武士道にあるとする。この主張を道徳経済合一説と結びつけたのが「士魂商才」論である。これについて「人間の世の中に立つには武士道精神の必要であることは無論であるが、しかし武士道精神のみに偏して商才というものがなければ、経済の上からも自滅を招くようになる、ゆえに士魂にして商才がなければならぬ、その士魂を養うには、書物という上からはたくさんあるけれども、やはり論語は最も士魂養成の根底となるものと思う、それならば商才はどうかというに、商才も論語において充分養えるというのである。」（『論語と算盤』）と説いている。

渋沢栄一は六十年の長きにわたって道徳経済合一説を説き続けた。晩年の昭和四年（一九二九）には、第一銀行株主総会の席上で「義理何時能両全」と題する演説を行っている。そこには道徳と経済の合一が未だ実現していないという認識があらわれている。しかしながら、渋沢が私利をはかる投機活動にたいして厳しく禁欲的であったこと、社会の信頼を得る実業家を育成しようとしたこと、これらの試みの中から現代に生きるわれわれが実際を変革していく方向性を見出すこともできるのではないだろうか。

【参考文献】 渋沢栄一述『論語講義』全七巻（講談社、一九七七年）、渋沢栄一『実験論語処世談』（実業之世界社、一九二二年）

（古藤友子）

新井奥邃《あらいおうすい》（一八四六〜一九二二）

夫れ謙は善美の首子也。善は美と偕《とも》にして高く天の上に在り、而して謙は深く其下に位して善美に奉ず。深く其下に立ち、二者の間に周旋して之を人に体せしむ。

〔奥邃語録、謙、一九〇六年（明治三十九）十一月、『新井奥邃著作集』第二巻〕

新井奥邃（本名常之進）は幕末に生まれ、大正年間に亡くなった仙台藩出身のクリスチャンである。儒教的教養を持ってキリスト者になった人は多いが、奥邃のキリスト教理解はユニークであり、厳しい。冒頭に掲げた一文は、謙の徳一つでキリスト者の役割を説明した命題であるが、彼は神を父と母の両性から成るものとし（天父天母、ちちはは神）、美は天父、善は天母、またはその逆、首子はキリストを意味し、クリスチャンを意味する。クリスチャンは謙の態度をもって両親（天父天母、善美）に仕え、その徳、善美を自らのものにすべく生涯努力するとした。

ユニークさはまず彼の経歴に根ざしている。仙台藩は佐幕派であった。彼ら青年たちは藩主の降伏に納得せず、榎本武揚らについて函館で戦うが（戊辰戦争）、ニコライ（ロシア正教）や聖書との出会いのあった常之進は、戊辰戦争後森有礼に認められ、一八七一年（明治三）米国に渡り、森が留学の時に師事したT・L・ハリス主宰の新生同胞教団（The Brotherhood of The New Life）で三十年も農業を主とした労働と冥想の日々を送った。五十三歳のとき英語の自著"Inward Prayer and Fragments"を携えて帰国する。その後の日本での思想（信仰）表明はこの英文自著をほとんど出ていないので、彼の思想形成は三十数年の米国でなされたと見てよい。日本語で表現された彼の思想（信仰）の内容（特徴）は以下五点。

一、神はちちははにして善美である。二にして一、一にして二である。「夫れ神は惟一全能。有体真霊。其の人に接するや、クライスト耶蘇となり、以て全世を救贖す。我儕《わがせい》之を奉称して貴神と曰ふは、即ちクライスト我が父を謂ふ。」

ここまでは普通のキリスト教の教義である。しかし「而して父や母を兼ぬ。二にして一、一にして二たり。」と言うに至って独自さが出る。〔信感第二、一九〇四年（明治三十七）、『著作集』第二巻一六〇頁〕「夫れ永生命は天のちちははの両然一性、一乎両性なる、永生命に於てのみ存す。……互に自我を抱擁するは、両一なる永生命より隔離するの実にして、乃ち死に陥るの道也。」（『新井奥邃著作集』第二巻五二七頁）「善美は天の父母也、而して謙は首子也。」「美は或は力を表して父に象り、善は或は愛を蘊して母に象る。象は時と相変ず。高く天色を成して、美は亦母の如し、主聖なる生命としては、二神偕に共にせらる。然りと雖も、二神に非ざる也、一也。」（同上、三七四頁）

二而一、一而二は、天の父母の関係のみならず、天の父母と子としてのキリスト、我々人類否万物も二而一、一而二であるとされる。二而一は和合である。和合、一体となるためには自我は阻害要因である。

二、自我の徹底した否定　自分の中身を一切神を意味する善や美と入れ換えるのであるから、自意識や自我を一切捨てねばならないと説く。しかし五官の機能や考えるという思考機能を一切否定したのではなく、神に従って感覚し、神に従って思考するのだと言う。

三、神は真人であり、全き人である　神の前で人間は徹底して否定される。しかし神の姿は人間として表象される。

「神はもとより聖にして、而して実体あり。実体とは真人の体なり。故に神には真に情もあり、感じもあり、常に永遠に全き人なり。」（同上、二五〇頁）　（同上、五三〇頁）

四、愛は食也　愛は愛する人を生かすことである。生かすにはその人を食わせなければならない。

五、この営みは実学であり、その方法は謙である　自分の中身を神と入れ換える営みは大変な営みである。「千万年と雖も戦はざるべからず」と表現されている。人生五十年否八十年の単位ではない。その方法は謙であるという。

「人は謙譲卑下して、大謙（キリスト――引用者）に由るに非ざれば、善美を其身に体する能はざる也。」

「謙　常に位を其最下に定む。其最下は、汚下に非ざる也、之を霊界の大磐根と謂ふ、神人体の中枢也。」

彼は謙を列挙する。「勇を包む」「智を生ず」「愛を受く」「人を容る」「己に克つ」「人を上進す」「希望を生ず」「偏視せず」「和を成す」「善く戦ふ」「大徳を成す」と。（同上、三七五～三九〇頁）

新井奥邃は謙の思想を人間改造の根幹にしたキリスト者で、日本が生んだ優れた実心実学者である。

【参考文献】『新井奥邃著作集』全九巻、別巻一（春風社、二〇〇〇年）

（小川晴久）

中江兆民《なかえちょうみん》（一八四七〜一九〇一）

我日本古より今に至るまで哲學無し……哲學無き人民は、何事を爲すも深遠の意無くして、淺薄を免れず。……而して其浮躁輕薄の大病根も、亦正に此に在り、其薄志弱行の大病根も、亦正に此に在り、其獨造の哲學無く、政治に於て主義無く、黨爭に於て繼續無き、其因實に此に在り……。

（『一年有半』）

中江兆民にとって、「考える」ことは社会変革にとってなによりも重要であった。「一國文明の進不進はその國人の考えると考えざるとに由る」（『一年有半』）からであり、「考える」主体の形成こそが世界変革の核心なのである。この「考える」行為が、西洋列強の帝国主義の支配する世界において、「哲學」を必要とすることを兆民は熟知していた。「我日本古より今に至るまで哲學無し」という認識は、近代西欧の革命と学問システムとの関係のコモンセンスからすれば自明の理であり、晩年のジャック・デリダが「中国に哲学はない」と言ったのと軌を一にしている。もっとも、それはフィロソフィーが西欧文明に独自の文脈をもつという自覚が近代西欧を構築したという厳然たる事実の認識に他ならない。「古来東洋にも哲学がある」と反論しても意味はない。兆民にとって、「其獨造の哲

學」とはあくまで主体的に構築されるべきものであり、西周など西欧諸語からの「翻訳」だけで「考え」ずに用語の置換で幻想を振り撒く人々を嫌った。

兆民は、明治の民権運動の理論的指導者であり、自由・平等・友愛の思想的原理の上に立って民権を昂揚し、日本の専制政治の打倒にその生涯を注いだ。予め「考える」ことを封じ込められたアジアにおいて、真の実践的変革の基礎に「考える」ことを据え、それを根源的に日本の変革主体と接合しようとした兆民の原理的先見性を、われわれは今日もっと高く評価すべきであろう。それは、兆民とその師である土佐陽明学派の奥宮慥斎との関係を辿っていくことによってさらによく理解されるかもしれない。

この「考える」人兆民は、学ぶことにおいても主体的で貪欲であった。弘化四（一八四七）年十一月一日土佐高知に生まれ、幼名を竹馬、のちに篤助または篤介と称した（明治二十年以降兆民と号した）。藩校文武館開校と同時に入学し漢学とともに英学、蘭学を学び、その後、長崎にて英学を、二十一歳の時江戸遊学の志を立て、村上英俊の塾達理堂でフランス学を学び、横浜のカトリック司祭（おそらくパリ外宣教会フランス語学校）から仏語を学んで、兵庫開港の際にはフランス公使レオン・ロッシュ、領事レックの通訳として兵庫に赴き、明治四（一八七一）年二十五歳の時外国留学を志望して大久保利通に直談判し（師の奥宮が友人の大久保に事前依頼との説あり）、その斡旋で、岩倉使節団一行とともに出発しフランスへ留学。

二十八歳で帰国するまでフランスで学ぶが、滞在中の足跡は詳しく分かっていない。だが、兆民がフランスで何をどのように吸収してきたのかについては、帰国して間もなく麴町の自宅に開いた「佛蘭西學舎」（後に佛學塾と改称）の「開塾願」とそこで使用されていた、フランスの一般的な初級教科書の類と最先端の主題を論じた哲学・政治思想叢書の混在した教科書一覧の有り様に垣間見ることができる。「…文法書地誌史類等ヲ課シ兼テ彼邦千七百八百両年代ノ大家集中ニ就テ其学校生徒ノ文科ニ従事スル者ノ為ニ撰用セル所ノ諸書ヲ取リ之ヲ購読一過スルヲ要ス…」

帰国後十数年のうちに、『民約論』『民約訳解』『非開化論』『維氏美学』『理学沿革史』『理学鉤玄』『革命前法朗西二世紀事』『民主国ノ道徳』『三酔人経綸問答』等翻訳著作を発表し、「東洋のルソー」とも呼ばれるが、兆民は単なる共和思想の媒介者ではない。その政治的実践者でありかつ実践せる思想家であった。『理学鉤玄』では、「フィロゾフィー」はギリシア語であるが訳して「哲學」とすることはもともと不可能であるので、と、その肝心要の「翻訳不可能性」をよく認識した上で、兆民は「余ハ則チ易經窮理ノ語ニ據リ更ニ譯シテ理學ト爲ス」としつつ「理學ノ諸説」が多岐にわたるため「余茲ニ諸説ヲ網羅シテ之ヲ若干派ノ中ニ列シ史家系譜ノ圖ニ倣ヒ之を圖スル」といった手法を駆使し、さまざまな「知の分類」により同時代西欧の知の状況を端的に叙述した。「分類」による「組織的」な知の秩序化は近代西欧の要であり、晩年さらに「ナカエニスム」と称する組織的理学を構築する本懐を持っていた。完成していたなら、その後のアジア思想界の混沌状況も、上海でのデリダの発言もその様相を大いに異にしていたかもしれない。

（鈴木規夫）

【参考文献】『中江兆民全集』全十七巻・別巻一巻（岩波書店、一九八三〜八六年）、井田進也『中江兆民のフランス』（岩波書店、一九八七年）、宮村治男『理学者　兆民』（みすず書房、一九八九年）

中国の実学思想家

東アジアの実学思想家たち

張践

まず初めに読者に説明しなければならぬのは、〝実学〟とは何かである。中国思想史上に在って、儒学、仏教学、道家の学の知名度は大変高い。これらの大学術流派内部に、また大変多くの具体的な学術流派と思潮がある。〝実学〟は儒学内部に存在した一つの重要な学術思潮である。まさしく中国実学研究会の開拓者で名誉会長である葛栄晋教授の説かれる如く、「実学は一つの比較的多様な意味を持つ概念である。それは先ず元気実体哲学、道徳実践の学を意味するが、その上に経世実学と実測実学があり、また考証実学と啓蒙実学などを包含する。その中の経世実学が中国実学の主流であり、核心である(1)」

儒学の創始者孔子は、中国実学思想の最も早い提唱者である。実際の宇宙、人生、社会発展法則を探求する過程で、孔子は一つの「実事求是」の精神を提唱した。彼は言う、「これを知るをこれを知るとなし、知らざるを知らずとなす、これ知るなり」と(2)。孔子は次のように考えた。学ぶということは、知識のための知識ではなく、一つの智者の楽しみであり、救国救民の憂患意識から出た者でなければならないと。それ故孔子は「学は用を果す」(学以致用)を一貫して強調した。彼は言う、「詩三百を誦し、之に授くるに政を以てすれども、達せず、四方に使いするも、専対する能はざれば、多しと雖も、また何を以て為さん」[3]と。孔子は中国実学思潮の濫觴（始まり）を開いたということができよう。

儒学の発展に従って、中国実学は「崇実黜虚」（実を崇び、虚を黜＝しりぞける）、「実事求是」（事実の中で是＝正しさを求める）、「経世致用」（世を治めて用を実現する）を以て主要な特徴とする実学文化を徐々に形成していった。実学の「実」は自然に「虚」に対して言う。秦漢以後、社会で虚玄の学が盛行を極めた時には、実学思潮が出現して、虚玄の学の進行に対しそれを糾《ただ》す役割を果した。特に魏晋南北朝と隋唐の玄学、仏教、道教の大発展を経て、社会上、空談玄虚、実効に務めない風潮が甚だ盛んになったので、実学思潮の発展を激発せしめた。宋代より始まって、漸次、張載、王廷相、王夫之の「実気実学」、二程、朱熹の「実理実学」、陸九渕、王陽明の「実心実学」、陳亮、葉適の「事功実学」、方以智の「実測実学」、乾嘉学派の「考証実学」、魏源、康有為の「啓蒙実学」等を形成した。十七―十九世紀は中国実学発展の最高峰である。中国思想史の中で、実学思潮は巨大な存在になった。中華文化の主流の価値観念となり、中国文化が実効を尊び、玄談を重んじない基本路線を決定した。中国の近現代及び現下の社会では、伝統的虚玄の学、欧米やソ連・ロシアから伝わった虚玄の学を問わず、皆中国主流文化のボイコットや是正を受けている。それにより、中国社会が基本的に歴史発展の法則に符合する方向に沿って発展していることが確保されている。

中国実学は儒学の一つの重要な思潮になり、また儒学の伝統に従って東アジア各国、特に韓国と日本に入った。韓国と日本の実学およびその社会への影響に関しては、韓国と日本の研究者自身が紹介するので、我々はここでは特に中国の読者に現下の中・韓・日三国の研究者の実学研究とその応用の情況を紹介しよう。韓国の十七―十九世紀に出現した実学は、封建統治に反対し、現代指向を持った学術思潮であり、韓国社会を率いて現代化に向かわせる思想的武器となった。但し現代現下の韓国の研究者の実学研究には、一種の「西欧近代主義に抵抗するニュアンス」が表れており、彼らは「漢字文明（儒教文明）の思想伝統を放棄しない限りにおいて」、始めて東アジア三国を西欧中心主義の精神伝統の軌跡から解放することができると考えている。[4] 日本は三国中現代に最も早く到達した国である。日本の研究者は以下のように考える。近代以来、日本の実学は二つの意味を持っている、一つは近代以後の「実用の学」、もう一つは近代以前の実学である。現下の社会は技術中心主義が既に社会の主流となり、しかも過度に発展している傾向がある。これにより近代以前の実学は「誠」を重んじるという意味で「実心実学」と定義することができるが、社会を価値喪失から救済するに当って、それを補う働きを持たせなければならないと。韓国、日本社会に比べて、中国社会の発展程度は、相対的に遅れている。現代化の推進の必要と現代化の病弊を是正する必要が、同時に中国学術界の前に並んでいる。これにより、現下の中国新実学の構築は、換言すれば、実学の現下の中国に持つ思想的価値は、多方面の内容を具有していなければならない。「実事求是」、「求真務実」、「真抓実干」（真実をつかんで実行する）の作風の提唱が必要な上に、なお「実心実徳」、「誠意実修」の実践の提唱が必要である。かくして中国の各項目の社会目標の実現を促進することが出来る。

中韓日三国の実学研究会が共同して本書を出版した。三国各国の社会問題を解決するためであるが、更に三国人民の文化交流を促進し、一つの東アジアの特色を持つ東方現代化の文化モデルを構築するためでもある。このような東アジア文化の共通認識の構築は、また私たち三国の実学研究会が三国の平和的発展のために努力する一つの試みでもある。

（小川晴久訳）

注

（1）葛栄晋『中国実学文化導論』（中共中央党校出版社、二〇〇三年）九頁。

（2）『論語』為政篇。

（3）『論語』子路篇。

（4）林熒沢「新実学の現実可能性と発展方向」（中国実学研究会主編『実学研究』第一輯、十七～十九頁）

羅欽順《らきんじゅん》（一四六五～一五四七）

思うに天地を通じ、古今に亘《わた》り、一気に非ざるはなきのみ。（『困知記』）

羅欽順は明中期の著名な気の思想家であり、中国前近代の「気学」の代表的人物の一人である。彼は江西泰和県西岡村の人。朝廷の宦官劉瑾の怒りをかい、職を剥奪されて民に落とされた。劉瑾が誅殺されたのち、朝廷に返されて官となった。六十三歳の時老いを告げて帰郷し、居家二十年、研究に専念した。『困知記』四続まで出す。

気は天地万物の根本である。自然界の各種の変化や万物の生長法則、万民の生活準則、人事の成敗得失は、全て気の運行の結果である。気は運動している。往来、昇降、開闔などは、全て気の運動形態である。理はこの気の理であり、「理気は一物である」とした。気は秩序をもって運転しているが、それが理である。理を気を主宰する理と見なすことは出来ない（理は気上にある）。彼は自然界、人間社会、人間関係から理を万事万物の中に、人の性の知情欲の中に、還元回帰させた。程朱理学の虚とは正反対に、羅欽順は理に実という基礎を与えた。

人と物は一理である。人は万物の一物である。故に万物の理は皆我に具わっている。人心は虚霊の本体をなしていて、全てのものに対応する。「我の私」や「物の蔽」に由って、近きには明るいが、遠きには暗い。故に「格物」を通して、その蔽を開き、その私を取り去り、心体を通明に、内外を一貫させる必要がある。

「存心」を始めとし、「尽心」「窮理」を目標とする。人と天地万物は皆同じく一つの本体から生まれている。人と物は皆「同一の陰陽の気が形を作り、同一の陰陽の理がその性を作っている。知ある者も知なき者も、同一の本から生まれている」。気の理は一つである。性の来源は気の理である。人と物の形成以後は、千差万別、万殊不一である。これが「理一分殊」の道理であると。

心学隆盛の世にあって、羅欽順は心底、慨嘆して言った、「古人の実学は今誰が講じているか」と。この発言自体が彼の実学への志向性を示している。彼は「政失して妖興る」「虐政が災を招く」の著名な理論と善政のための種々の主張を提起した。経済面では「寛征裕民」、「平賦薄賦」を要求し、政治面では「官徳」の説を打ち出し、官員の道徳修養を強化した。彼は「安静の吏」を非常に称えた。安静の吏は、仕事を増やさず、民を擾《みだ》さず、長遠の眼光を持ち、久遠の利益を考慮することができる。徳治の鍵は「君心を格正」すること。帝王が徳を修めれば、政治は清明となり、徳治はよく推行される。士は更に厳しく己に要求し、自分の徳行修養を高める。随時に省察し、日々存養することは、人生修養の必須であり、それは終身の事業である（「参（省）養（性）は学者の終身の事」）。富貴貧賤、功名利禄のしがらみから脱却しなければならない。「道に志す者は、必ず富貴功名の二つの囲いを突き抜けて、始めて（道の世界に）入ることができる」と。

羅欽順は若くして都で官吏であった時、一人の老僧に出会った。「どうしたら仏になれますか」と尋ねた。老僧は禅語で「仏は庭前の柏の樹に在り」と答えた。後日彼は儒家の経典を繰り返し読んで、仏家の根本的誤ちが、霊覚を至道であると見ようとした所にあることがわかった。「心に見る有るも、性に見るなし」、ただ心の作用だけを見て、性の実在性を見ようとせず、天地万物、人倫社会の存在を否定したと。彼は宋以来の「心学」が仏禅とよく似ていて、全て「内に局して外を遺《のこ》し」、外在する事物の理の追求をないがしろにしたと考えた。

羅欽順は仏学と陽明心学を批判した。程朱理学に革新と修正を施し、正統理学を維持した。心学が席捲する中で、彼は中流に柱を立てるがごとく、程朱理学を堅守した。彼は時人に「宋学中興」の人と目された。

羅欽順の哲学思想は当時に在って多大な影響を及ぼした。当時頗る著名な学者であった黄佐はその著『原理』に、羅欽順の言葉を大量に引用した。ある学者たちは、廟堂を建て、供奉する必要があるとまで叫んだ。彼の『困知記』は朝鮮に伝わって、朝鮮王朝に流伝し、朝鮮から日本の徳川時代に伝わり、朝鮮王朝と徳川時代の朱子学に深い影響を与えた。徳川時代の藤原惺窩、林羅山、貝原益軒の三人の朱子学者が羅欽順の思想を受容して羅欽順の「理気は一物」を顕示したことが、また日本の朱子学者たちに大きな影響を生み出した。

【参考文献】 羅欽順『困知記』（閻韜点校、中華書局、一九九〇年）、林月恵「羅欽順と日本朱子学」（『湖南大学学報』二〇一二年第一期）

（朱康有・董曄／小川晴久訳）

王陽明《おうようめい》（一四七二～一五二八）

心は即ち理なり。天下に又た心外の事、心外の理有らんや。

（『伝習録』）

王守仁《おうしゅじん》は心学を集大成した人物である。陽明洞に家を建てたことから「陽明」と号した。浙江省紹興府余姚《よよう》県（現在の寧波市余姚市）の人。官は両広総督までに就き、南京兵部尚書（陸軍大臣）を務め、新建伯に封ぜられた。諡《おくりな》は文成。全著作は『王文成公全書』（『王陽明全集』）に納められている。

陽明は三十七歳の時、龍場流謫のある日、突然夜中に、儒学の「格物致知」（『大学』）の旨を大悟した。まるで、寝ている最中に、自分に語りかけてきた者がいたようだった。思わず、叫んで寝床から飛び起きた。「聖人の道はわが心のうちに完全にそなわっている。理を（外部の）事物に求めていてきたのは間違っていた」。これが陽明の聖学の端緒となった。

この龍場大悟以降、陽明学の宗旨は、「良知」の二字に集約することができる。陽明みずからが「我がこの良知の二字は実に千古生々相伝の一滴骨血なり」と語っているように、良知は心の普通の能力ではなく、心の本体、先天的な天然の「知」である。「心は身の主なり、しかして心の虚霊明覚は、すなわちいわゆる天然の良知なり」。晩年に息子に書いた手紙の中で、「我が生涯の学問は、ただ

『致良知《ちりょうち》』の三文字のみである。」と強調した。

良知という言葉は、孟子に淵源しているが、その哲学的な意味は陽明によってさらに深められた。その一つは、「現成良知」である。この言葉は高弟の王龍溪が初めて唱えたもので、良知の最奥の秘義とされるものである。また、良知は孟子が語る「良心」あるいは「本心」であり、一般的な是非善悪、価値判断の標準である。その二は、「本体良知」、また「良知本体」とも言われる。それは現成良知を基礎とし、証悟の工夫によって得られたものであり、形而上学の明慧の本体である。その三は、「発用良知」である。本体良知が磨かれた後、外側の各方面へ放射（発用流行）し、そこにおいて社会の道徳観念、是非善悪及び価値判断の客観的な標準が構築される。

良知哲学思想の形成は四段階に分けられている。第一段階は龍場での「良知の悟り」である。ここで形而上的な霊昭の本体を悟る。第二段階は「存省良知」である。陽明が「知行合一」、「事上磨錬」等の方法論を提唱したのは、「動静合一」の境界に達するためであった。心性の本体は「静」の中では体得しやすいが、「動」の中では体得しがたい。その強い精神力で陽明は三十七歳の「見道」後、十三年間にわたって「天理を存し人欲を去る」という省察克治の工夫をしたのは、ここに基因する。第三段階は「応用良知」である。「動静合一」をさらに進めれば、「体用合一」あるいは「体用一源」になる。それは、「即体摂用」あるいは「即用摂体」とも称され、本体良知の「体」から、発用良知の「用」を表わしている。体用一源である。第四段階は、「完成良知」である。本体を実際の人生に応用し、さらにそれを極め広げることである。以上の段階から、陽明学は内面的な工夫の方面から、着実な一歩一歩の「実証」的な方法と段階を持つことが明らかとなる。

良知は個人的（自家的）であり、すべての人が持ち、人の内的な道徳判断と道徳評価の基礎である。「愚夫や愚婦と同調するものを同徳と呼び、愚夫や愚婦と相異するものを異端という」。良知とは、皆生まれつき持っているものであり、また同じものである。弟子が「街中の人がすべて聖人である」と言ったのに対し、陽明は「それは普通のことだ。何もおかしくない。」と答えている。「良知は即ちこれ、天理」の言葉にあるように、良知は内在的な道徳意識と天理を内容としており、道徳の法則の理、昭明霊覚な天理の別称である。

良知と「物」との関係で、陽明は「物」を人の行為と客観的物事の二種類に分ける。「物とは事なり。およそ意の発する所、必ずその事有り。意の在る所の事、これを物と謂う。意が事親（親につかえる）にあれば、事親が一つの物だ。意が事君（君につかえる）にあれば、事君が一つの物だ。意が仁民愛物（民をいつくしみ物を愛する）にあれば、仁民愛物が一つの物だ。意が視聴言動にあれば、視聴言動が一つの物だ。これを心外の理はなく、心外の物はないと言うのだ」と語っている。

王陽明の哲学思想は、人情を重視したこともあり、一般の民衆に受け入れられ、儒教の大衆化に大きく貢献し、明の中期以降の中国思想家に巨大な影響を与えた。中国近代の思想界、学界及び教育界においてもその影響は大きい。陽明学は海外にも普及し、とくに隣国の日本では長い陽明学の発展史を持つ。韓国や欧米においても、その思想的・学術的な魅力が広く認められている。

（朱康有・董曄／芦暁博訳）

【参考文献】林継平『明学探微』（台湾商務印書館、一八九三年）

王廷相《おうていしょう》（一四七四〜一五四四）

知覚は心の用、虚霊は心の体なり。故に心、窒塞《ちっそく》なければ則ち物に随いて感通す。事に因り省悟して能く覚《さと》る。

（『雅述』）

王廷相、明代中葉における「気学」の代表者である。字は子衡、号は浚川で、世に浚川先生と称される。河南儀封（今の蘭考）の出身で、祖籍は潞州にある。幼い時に文・賦・詩を好んだ。明代の孝宗の時、李夢陽《りぼうよう》や何景明《かけいめい》らと共に、古文を提唱して台閣体に反対した。弘治一五年（一五〇二）進士に及第して庶吉士と授けられ、かつ翰林院の中に選ばれた。兵部給事中を任じたが、その後、宦官・劉瑾《りゅうきん》からの迫害を受けて降職された。

王廷相は、心、性と情を一つに統合した。心への認識について、彼は「知覚は心の用で、虚霊は心の体なり。故に、心は窒塞がなければ物に随いて感通す。事に因り省悟して能く覚る。この覚は智の源なり。而して思慮察処して道に合わせるのは、智の徳なり」と述べた。心の体は虚霊であり、虚霊は、「窒塞」と相対するものである。心の中の先入観である「窒塞」のために、心は「物に随いて感通す」ることができなくなる。「人の心の中に、一物も着かざれば、すなわち虚明で、すなわち静定なれども、物有れば、すなわち物を追うて心が擾《みだ》れ」る。外物に対する実情的な認識を得るために、心は虚霊・虚静・虚明の状態を保たなければならない。心は思惟の器官である。思惟器官の機能作用は「神」であり、すなわち意識で、「内にある霊」である。心は、思惟活動の場所で、「神は知識の本」である。心のこういう思惟意識活動は、知識を生み出す根本であり、心の思惟活動がなければ、知識を獲得しえない。

認識の客観性に影響する要素は多面にあるが、王廷相は主に主観の心理分析から「成心」・「私心」の問題を検討した。彼は、「道を直截に語らず、穿鑿《せんさく》を以て通を求め、成心に蔽《おお》はる。道に普照せず、強執を以て弁を求め、私心に蔽はる。この二つの心は、道を学ぶ大病なり」。認識の過程において、外部の事物に対する知識は絶対空虚の心の土台の上に建てられたものではないので、「成心」を避けることができない。認識は「前見」に拘泥せず、「物に随いて感通す」るべきである。「道を直截に語らず、穿鑿を以て通を求め」る認識過程において、穿鑿付会やその一隅に執着して、自分の既成の偏見で全体を貫通しようとすれば、客観の事実を正確に反映し得ない。

「静」とは、「静かで存養する功」を指し、社会道徳に相応しくないあらゆる「不義の念」を、「まだ思慮せざる前に存養」することをいう。義理によって心を養い、心を「虚しくして物無く」、「明るくして覚ある」ようにすれば、「すなわち中は虚しくして一物も存せず」、すなわち「廓然《かくぜん》たる大公の体を立てる」ことができる。「動」とは、「動いて省察する功」を指し、あらゆる不義の言行を、「事機が蒙に方《あた》る際に省察」することをいう。それは「礼楽を以てその体を養い、声音は耳を養い、彩色は目を養い、舞踊は血脈を養い、威儀は動作を養う」ことである。「己私を克去する」すなわち孔子の「非礼を視るなかれ、非礼を聞くなかれ、非礼を言うなかれ、非礼に動くなかれ」の実践において、「己が克たれて私は一つも行われず、妙もって物来たりて順応するの用」を得ることができる。学ぶ人は、静（存養）と動（省察）という二種の修養の仕方を「躬行」してはじめて、漸次に「無欲」の聖人の境地に辿り着くことができる。これが「動静交わりて養いあう」工夫である。

「古人の学は、まず義理を以てその心を養ふ」と理を窮めることを強調する一方、涵養の優先性を主張した。学問をするには、前もって心性の修行をしないと、決してそこに入ることができない。人の性情がもし道に合っていないと、すべての行為は中庸の度を失う。「敬を立って誠を存して、以て其の志を持つ」の前提において、修治の実学を学ばなければならない。心性を養うことと事に応じて道を明らめることとを合わせて初めて、学問と言えるのである。

王廷相は、自分の深い思考や自らの体験に基づかず、ただ因習にとらわれることを批判し、このような学者を「函関《かんかん》の鶏」とからかった。清朝の人は彼を「持論が偏駁《へんぱく》で、乖戻《かいれい》すこぶる多い」と評した。実は、彼は自分の議論が「偏駁」や「乖戻」とは思わなかった。前人の是非を是非とせず、特に宋人の是非を是非としなかっただけである。「真の道に合えば、程朱の論でさえ正しくすることができる」と述べ、政治であれ経済であれ、実効を求めて空論を戒める実践家であった。彼の政治や経済における主張はおおむね時弊に的中し、よく成果を収めた。

（朱康有・董曄／張麗山訳）

【参考文献】 高令印、楽愛国『王廷相評伝』（南京大学出版社、一九九八年）

王艮《おうごん》（一四八三～一五四一）

身を保つを知る者は、すなわち必ず身を宝の如く愛す。能《よ》く身を愛せば、すなわち敢えて人を愛せずんばあらず。能く人を愛せば、すなわち人必ず我を愛す。人、我を愛せば、すなわち吾が身は保つなり。

（『王心斎全集』）

王艮は中国歴史上において数少ない手工業者出身の思想家・教育家である。名は最初に銀であったが、後に艮に変更した。字は汝止《じょし》。心斎《しんさい》と号した。泰州安豊場（今の江蘇東台県）の人で、王陽明の高弟の一人で、塩丁・商人から身を起こした。泰州《たいしゅう》学派の創始者である。主著に『楽学歌』『王道論』『天理良知説』や『明哲保身論』など。

彼はみずから手工業者や農民における生活の辛さや身分の卑しさを体験した。「天が落ちて身が押えられ、万人が走って救いを喚《わめ》くことを夢見」たのは、すなわちこのような生活の写しであろう。そのため、彼は特に束縛のない自由自在の生活に憧れた。十九歳から二十五歳まで二度も山東曲阜の孔子廟を参拝したことがあり、それで「成聖」の理想が芽生えた。三十八歳のとき、王陽明と論争を繰り返した結果、遂に頭を下げ、心学を奉仕してその門に入った。

一五二九年、王艮は安豊場に定住し、書院で自分の説を講じ、よって泰州学派を開いた。陽明学の流れを汲みながら、新説を吸収してみずからの学術特色や風格を形成した。いわゆる「淮南格物《わいなんかくぶつ》」とは、王艮の家が淮河以南の泰州（一説によれば、泰州は宋代において淮南路に属す）にあるので、かれの「格物論」が「淮南格物」と呼ばれた所以である。その中で、「物」は「事」や「理」でもなければ、「心」でもなく、身・家・国・天下を指している。「格」はルールや基準の意味を持ち、すなわち『大学』で講じられる「絜矩《けっく》」の道である。「淮南格物説」は身を天地万物の根本と見なし、「天地万物を以て身に依り、身を以て天地万物に依らず（以天地万物依于身、不以身依于天地万物）」と主張する。

王艮は、一身をきわめて重視し、一身がすべて道徳の基準となることを求めた。「もしそれ、人を愛することを知りながらも身を愛することを知らざれば、必ず身を烹て股を割き、すなわち吾身を保つにあたわざるに至る。吾身を保つあたわざれば、また何を以て君父を保つか。これ、本を忘れ末を逐うの徒なり、それ本乱れて末治むものかや」と述べている。

「良知」が「体用一原」であるためには、「良知」を理論から実践の中まで「一を以て之を貫く」べく、人の「天理良知」を人の「日用良知」まで展開すべく、人間の飲食男女などの「茶飯事」はすなわち「良知」の現れである。「百姓日常条理の処、すなわち聖人の条理の処」である。この人間平等観において、誰もが日常生活の中で内心固有の「天理」を引き出せることを強調した。「日用」の主体は下層の労働人口、「愚夫愚婦」であり、そこに「事に即して道」が出現するのである。

ものごとの善悪や是非を深く理解する人は、己の身を危ぶむ恐れのあることに参与しない「明哲保身」の人である。「身を保つを知る者は、すなわち必ず身を宝の如く愛す。身を能く愛せば、すなわち人は必ず我を愛す。人は我を愛せば、すなわち吾身が保つ」「保身」の意識を持つ人は、必ず自身を大事にする。すると、同様に他人にもその自身を大事にしてもらいたい。「身を能く愛す」るからこそ他人が自己を傷付けることを望まない。自身に対するこのような愛において「人を愛す」ることができる。誰でもそう考えれば、当然ながら皆愛し合い、相手を傷つけなくなり、ゆえに「吾身は保つ」ことができる。

ここにおいて「家を斉《ととの》う」ことができ、「国を治む」ることが可能となり、「天下を平らかにする」ことができる。一家を能く愛し、一国を能く愛することができれば、一国は必ず我を愛し、吾身は保たれる。「保身（身を保つ）」によって国は保たれるのである。これを以て天下を平定するなら、天下を能く愛す。天下を良く愛するならば、すなわち天下およそ血気を有する者はみな「尊親」するに至る。親を尊べば、すなわち吾身は保たれる。保身は能く天下を保つのである。保身・愛己は天下国家が安定する基盤である。

「尊身立本」と「明哲保身」の思想は王艮の「淮南格物」論の延長線にあり、共に「身を以て本と為す」思想の現れであり、社会現実問題を解決できるように内にその方法を求めるときに見つかった解決方法である。それは、心学の主体理論に合致するのみならず、きわめて実践性を持っている。

【参考文献】 龔傑『王艮評伝』（南京大学出版社、二〇〇一年）

（朱康有・董曄／張麗山訳）

呉廷翰《ごていかん》（一四九一～一五五九）

天地の初めは、一気のみ。いわゆる道なるもの別に一物たるありて、もって並びてその間に出《いづ》るにあらざるなり。

（『吉斎漫録』）

呉廷翰、字は崇伯、号は蘇原《そげん》、明の南直隷無為州（現在の安徽省無為県）の人。兵部主事、戸部主事を歴任し吏部文選司郎中に至った。二十年間、悪を憎んで民を助け、清廉で権力に媚びない官吏として尊敬された。著書に『吉斎漫録』などがある。

その経学思想の最も大きな特徴は、『易』を宗《むね》とし孔子の言葉を準則としたこと。「気即ち道、道即ち気」と「道気一体」の気が「天地万物の祖と為る」ことを主張した。それは王廷相《おうていしょう》の思想を受け継ぎ、宇宙万物の根源は「気」であり、天地の間に混沌とした無数の元気が絶えず運動することによって万物が生じるという徹底した唯気論・気一元論であった。「一陰一陽これを道と言う」「一陰一陽これを気と言う」。陰陽とは「気」である。「気即ち道、道即ち気」。天気の初めは、気一つあるのみ。道というものも、これとは別の物ということではない。それはすべてその「気」中から出たものである。気の混沌は天地万物の祖である。無上の尊に至り、それ以上に加えられない極に至れば、これを太極という(気之混沌、為天地万物之祖。至尊而無上、至極而無以加、則謂之太極)。陰陽がすでに分かれば、両儀、四象、五行、四時、万化、万事は皆この中から出るため、これを「道」と名づけている。

気一元論の観点から「性は気である(性即是気)」の人性論を提示した。「気」が人間と天地万物が生まれるための本体であり、人間は気から生まれて初めて人性を持つ。人性を議論する際に気から離れてはならない。また、「性」は仁義礼智といった儒家倫理と人間の物質的欲望との両方を含むものであり、仁義と人欲との統一である。心性の学について、「性というものは、心より生まれ、心に根ざすものである。人は最初生まれた時に気を得て、それを以て生の本とするものであり、純粋で精一なものである。それは性である。性は本と為り、外にある形、内にある心は皆この中から生まれる。そのため、形も心も性を以て生まれる(性者、生于心而根于心者也。人之初生、得気以為生之本、純粋精一、其名曰性、性為之本、而外焉者形、内焉者心、皆従此生。是形与心皆以性生)」と述べている。当時の様々な心性論を批判しながら、「心というものは気の霊である(心者, 気之霊)」や「心というものは性より生まれる(心者, 性之所生)」などの観点を提示した。

理学者が善(天理)を内として悪(人欲)を外とする考え方や、人間の欲を性の外部とする視点に対して、呉廷翰は「性には内外なし(性無内外)」と主張した。彼は「道は内外なし、ゆえに性も内外なし。性に言及する者が内を優先して外を見逃すのは、皆一本に達していない者である。性の本が天理(即ち道)であり、そこには人欲がないとするのは性を外的なものとする。なぜだろうか。人欲は物と交わって外に生ずると考えるからである。しかし、人の内側にもともと欲がなければ、どうやって人欲は外部の物と交わり、外部に従って生じるのだろうか？（道無内外，故性亦無内外。言性者専内而遺外，皆不達一本者也。以性本天理而無人欲，是性為外矣。何也？以為人欲交于物而生于外也。然而内本無欲，物安従而交，又安従而生乎）」と述べている。人性を内外あるものとして天理と人欲で論じたり、道心と人心を内外で論じるのは正しくなく、両者は統一していて不可分であると述べている。

彼は「物において理を見る（物上見理）」の観点を示し、「致知はすべて物上において理を見得てはじめてまさにこれ実となる」。また、「格物は必ず物においての理をみるべきである（格物須物上見得此理）」という。つまり、具体的な物事においてその理を認識する必要があるというのである。そのほか、「徳性の知は実に見聞きすることを通して初めて真の知となる（徳性之知、必実以聞見、乃為真知）」と述べ、真の知は「これを物に検証し、これを心に得なければならない（験之于物而得之于心）」ことを強調した。

権力層に対しても断乎として意見を言い、左遷されても自らの原則を貫いた。中国では長い間注目されず、一生の事跡も正史に記載されることなく、思想や著作などが中国で四百年も埋もれていた。このことは中国の学術史にとって大きな損失であった。しかし、死後百年の日本で、古学創設者の伊藤仁斎などによってその思想が取り上げられた。しかしそれは結局、朱子学に反対するために注目されたのだった。

【参考文献】 劉洪兵『呉廷翰理学思想及在明代気学中的地位』（四川師範大学修士論文、二〇一〇年）

（朱康有・董曄／尹芷汐訳）

李贄《りし》（一五二七～一六〇二）

それ童心とは真心なり。もし童心を不可とせば、これ真心を不可とするなり。それ童心とは絶仮純真、最初の一念の本心なり。もし童心を失却すれば、便《すなわ》ち真心を失却す。真心を失却せば、便ち真人を失却す。

（「童心説」）

李贄は明末の「名教（儒教）で縛ることのできない」異端思想家である。李贄は回族（イスラム系）で、明代の官吏、思想家、文学者で、泰州学派の一代の宗師。初姓は林、名は載贄、のち李姓と改姓、名は贄、字は宏甫、号は卓吾、別号は温陵居士、百泉居士など。麻城で講学したとき、従者数千人。晩年は南北両京などの地を往来。誣告により下獄、自ら首筋を刎《き》りて死す。彼は重農抑商を批判し、商人の功績を賞揚し、功利の価値を主張した。著に『焚書』『続焚書』『蔵書』『初潭集』など。

「童心説」は李贄思想の精髄と核心である。「仮《にせ》ならざる所なき」「満場これ仮」の社会にあって、謙虚共敬の仮象の背後は、往々欺瞞と狡詐《こうさ》の現実に対して、李贄は勇敢にも童心の旗幟《きし》を掲げた。童心は真心である。童心を失えば、真人を失う。人は年令が増すに従って、童心を少しずつ失っていく。主要な原因は外部からの聞見（知識）や道理の侵入である。自分の欲望や執着する名利のために、仮《いつわ》りの話や事を行って、童心を失っていくとした。「聞見・道理」に汚染されていない生理的自然の心やそこから生まれる情緒が童心である。童心に違背しない限り、人の各種の思想や行為は皆合理的であるとした。

李贄は、情愛が自然界の生々やまざる根本原理と考えた。万物が生気と活力に満ちている原動力が情愛であるとした。「極言すれば、天地は一夫婦だ。この故に天地があって、万物がある」と（『初潭集』夫婦篇総論）。情愛（性欲）より食欲の方が人間の不断の生存には重要である。「衣《き》ることと食べることが人倫の物理（物的な絆）である。これらを奪ったら人の道はない」（『焚書』巻一、答鄧石陽）。「穿衣吃飯既是人倫物理」、理というものは高尚なものではない、食べることと衣《き》ることだという人の意表を突くこの命題は大変有名である。

李贄は「道は空しくは談ぜず、学は実効に務む」の原則を堅持して、「知は行を離れず」の知行観を主張し、「実学、実行、実説」を提唱し、社会功利を真理を検証する基準であると主張した。

また、女子は見識が低く、道を学ぶことは出来ないという見解に対し、「人には男女があるということは言えるが、見識に男女があるとは言えない」とそれを批判した（『焚書』答以女人学道為見短書）。

李贄は儒者の文を重んじ武を軽んじる態度に反感を示した。重文軽武は「千万世の儒は皆婦人である」根本原因であるとし、儒者は天下国家を治めることは出来ないとした（『蔵書』世紀列伝総目後論）。

彼は専制制度の本質が「人を奴隷にする」制度であり、加えて専制制度は奴隷の才能だけが必要で、小賢が人を使い、大賢が人に使われ、「その勢いは必然的に天下の大力大賢を駆って皆水滸（注、梁山泊）に納れてしまう」とした（『焚書』忠義水滸伝序）。これによって彼は専制制度は社会動乱の根源であり、民族危機と社会の経済的政治的危機を醸成する根源であると考えた。

彼は仏教にも強く惹《ひ》かれ、勉強を続けるが、長子としての責任を果たすべく、五十三歳まで官吏として働き、父を埋葬し、弟妹七人を婚嫁させたあと、官職を退いて、出家に近い形の生活にはいる。黄山の二上人（兄弟）を師と仰ぐまで交際する。しかし儒、道、釈の学は道を聞くを期すという点で初期には一つであったという確信から、儒を棄て仏教に帰依することはなかった。官吏をやめて以後は、故郷に帰らず、道を知り実践する友を求めて回遊した。「老人帰るなし。朋友を以て帰となす。」彼は「良友を以て生とした」。それは共に討論して、聖賢の言葉が真実であるか否かを検証し、場合によっては正確にする（「相訂証」）作業のためであった（『焚書』復宋太守）。彼にとって友は同時に師を意味した。「平生師友四方に散在す。十百を下らず。」李贄ほど朋友を大事に考えた人も珍しい。

李贄の仕事の中で驚くべきは『蔵書』や『初潭集』の存在である。前者は戦国時代から元末までの人物約八〇〇人を歴代の正史に依拠して世紀列伝形式で分類したもの（大臣伝、名臣伝、儒臣伝、武臣伝、賊臣伝、親臣伝、近臣伝、外臣伝など）、後者は劉義慶の『世説新語』、焦氏『類林』を読み、魏晋の人物を夫婦、父子、兄弟、師友、君臣の順に再分類したもので、李贄による人物総論といえる。後者の五倫の順序が夫婦から始まっているのは、天地は一夫婦（上記）という彼の哲学に由るが、彼の人物研究、人物観察の凄《すご》さを示す著作である。

【参考文献】許蘇民『李贄評伝』（南京大学出版社、二〇一一年）

（朱康有・董曄／小川晴久訳）

呂坤《りょこん》（一五三六〜一六一八）

造化は生滅を司《つかさど》る。これ万物の君たり。先天に元気あり、造化の根たり。（『呻吟語』）

呂坤は明末の文学者であり、思想家である。字は叔簡、また心吾、信吾。抱独居士と号す。明代の帰徳府寧陵（今の河南商丘寧陵）の人。主要な作品に『呻吟語』『実政録』「招良心」（詩）があり、内容は政治、経済、刑法、軍事、水利、教育、音韻、医学など各方面にわたり、現代の『呂坤全集』に収集整理されている。

呂坤は元気が天地万物の本源であると考えた。元気は一であり、一は陰陽二気を包含していて、陰陽二気の表現形態の中で、中和の気を最も調和がとれ、最も適中し、最も穏やかなものとした。呂坤は中和の気を最高の精粋の気と見なした。人も物も皆気を稟《う》けて生れるが、人がこの中和の気を稟けると聖人、賢人となり、物がこの気を稟けると麒麟や鳳凰になるとした。理は　気の運動変化の規律（条理）であり、理は気に依り、理気は相即である。「性は理気の総名である」、だから人性の善悪と宇宙の本体は緊密に関連し、道徳人性論と宇宙本体論は相互に貫通しているとした。呂坤の理気論、性論、心論は一続きのもので、心論はスケールが大きい。「万理は心に具わる」。「その心を大にして天下の物を容れ、その心を虚にして天下の善を受ける」。心は人身の主宰だけでなく、万事万物の主宰である。心は人の霊知、精神、最高理性を代表している。ただ性や心にも先天と後天を考え、義理の性、道心は先天、気質の性、人心は後天のものとし、孟子の性善を「理道の天」、先天のものとした（『呻吟語』談道）。

呂坤の哲学思想の主流は経世致用であり、「実心実政」を唱導した。当時の士大夫たちが聖賢の書を終日熱心に拝誦しているが、全て自分や家の為であり、聖賢の教えに背いているとした。そこで「人生七尺の軀は皆天下の万物を安んずる性分を有しており、皆天下の万物に各々その所を得させる責任」とそれを実行する「本事」を持っている（『実政録』弟子之職）、「宇宙の内の一民一物の痛痒も我が身に関わる」と指摘し、経世致用、実政事功を強調した。役人となる士大夫たちに「差役は均等であるか、地糧の把握は明確か、盗賊は消滅しているか、風俗はよくなっているか、倉廩は充ちているか、凶作をどう救済したか」などに、いつでもどこでも留意することを求めた。「儒者はいつも常道に因り、日用を談じ、実物を求め、民生と国計に切なるものを講ずるべきだ」とした。彼はただ修身を講ずるだけで、事功を重んじない者を「腐儒」と鋭く批判した。「儒者にとって建業立功は難事である。昔から儒者で名をなした人は、多くは講学著述である。人が未だかつて自分の言を心底試行しないのは、試みた結果を恐れるからである。実際にある事功を成し遂げようとして狼狽《ろうばい》して敗れなかったものは、少ない」。

呂坤は官吏であった期間、当時の官界の、牢固とした民の生活を顧ない腐敗現象を深く憎み、「伊尹の志を以て己が任とし、社稷《しゃしょく》（＝国家）蒼生（＝庶民）を以て己が責と為す」ことを主張し、自ら実践した。彼が四十歳の春（一五七六年）大同知県に任じられて、今までの赴任地を離れる時、群衆数千人が正装して、大雪が舞い、道がぬかるんでいるにも拘わらず、三五〇里も彼を見送ったという。

彼が生涯重んじた態度は「沈静」（静）であり、戒めた態度は「苟且《こうしょ》」（苟）（その場限りの間に合わせ）であった。後悔の念は行動した後の静なる時に起こり、またかりそめの苟からは、目標に向かって前進がないからである。八十三歳の其の生涯は実に多くの思索と実行がなされた。その全ては「尭舜事功、孔孟学術」の八字を「君子終身（の）急務」とした所にある。「天地万物を一体とした」のが孔孟の学術で、「天下万物に各々其の所を得せしめた」のが尭舜の事功であると説明した（『呻吟語』問学）。彼の思想的立場もこの八字に集約されている。

呂坤が生きたのは、正しく明代衰退に向かう時期であった。二度の知県、また内外各官を歴任して、朝野の現状を自ら目にした。彼は国家を危難から救おうとし、人民を塗炭の苦しみから解放しようとした。沢山の良き政策を提出しただけでなく、自ら実行した。彼は権貴（権勢）を畏れず、真実を求め、治は厳明を尚《とうと》び、清廉剛直を以て時人から重んじられた。歴史は彼を明代「三大賢」の一人と評価した。

【参考文献】馬涛『呂坤評伝』（南京大学出版社、二〇一一年）

（朱康有・董曄／小川晴久訳）

高攀龍《こうはんりゅう》（一五六二～一六二六）

工夫密ならざるは、本体徹せざるに在り。本体徹せざるは、また工夫密ならざるに在り。

（『高子遺書』）

高攀龍は明末で大きな影響を及ぼした東林学派の創始者の一人で、明清時代の実学思潮の開拓者である。字は雲従、のちに存之、号は景逸。無錫の人。進士及第したのち、行人司行人を授かり、都察院左都御史などを歴任した。顧憲成《こけんせい》とともに東林書院を修復し三十年ほど講学した。宦官・魏忠賢《ぎちゅうけん》が東林七君子の逮捕令を下した際に、湖に投身自殺した。著作は、弟子の陳龍正が編纂した『高子遺書』がある。

張載《ちょうさい》の思想を受け継ぎ、天地の間に唯一な実体は「気」であると主張した。気は「虚霊」と「条理」という二つの根本的な属性がある。気の虚霊は人の心として現れ、気の条理は人性として現れる。しかし張載が気の虚霊に言及せず、気の条理を常に論じたのに対して、高攀龍は「虚霊」として気を理解した。これは、心学とりわけ王陽明の思想を吸収したことによる。「気の精霊は心となり、心が満ちて気になるので、二つのものがあるわけではない（気之精霊為心、心之充塞為気、非有二也）」という。充満した気、虚霊の心というその心物合一論は、一種の本体であり、一種の境界でもある。

気、心、性という三つのパラダイムにおいては「性」を最も重んじた。性に関する定義の違いは儒家の学と仏教、道家の根本的な違いである。「聖人の学問が仏教と異なるのは、ただ一つの性の字にある(聖人之学、所以異于釈氏者、只一性字)」といい、性は即ち理であり、心と気はみな性の用(はたらき)であるから、性に帰属するので、性と気と心という三者は同じものの三つの面であると主張した。気は心を構成する材質的な基礎で、心は霊明の気で性の駐着流行する地、性は気と心の本質である。修養の面から見ると、気を養い心を養うのは、性を養うことである。

資性沈潜な人物で「勤物敦倫、謹言敏行、兢兢業業」を身を持する準則とした。格物窮理は彼が終身身に持した習練の原則であった。格物は物事の理を尽くすことだが、豁然貫通して物理をそのまま性理に変えるのではなく、心学と理学をあわせて一つにし、宇宙万象を理や心とすることである。格物と知本を工夫(功夫)の綱要とし、儒家の工夫はみな格物を前提にして物事を考えるもので、格物に言及しなければ一切は邪説だとした。本体を悟ることが工夫の要である。本体を知るものは、修身を本とする。格物は、修身の実際の功である。そのため、実修が重視される。多くはその工夫の特徴は、悟と修、行動と思考の両方を求めることにある。道理を悟ることがなければ、工夫も落ち着くところがない。「修」を強調するのは、一部の聡明な人のためであり、「悟る」ことを強調したのは、多くの常規を守る儒者のためであった。

工夫と本体が離れてしまう原因を分析し、両者の根源的な統一性をこう指摘する。「本体が無ければ工夫はなし、工夫がなければ本体はない（無本体無工夫、無工夫無本体也）」「本体を工夫とし、工夫を本体とする。本体を知らないのは工夫に欠けたからであり、工夫をしないのは、本体が偽りだからである（以本体為工夫、以工夫為本体。不識本体、皆差工夫也。不做工夫，皆仮本体也）」と述べ、「真の本体があって初めて真の工夫がある」と結論する。本体と工夫の統一性を重視し、本体と工夫両者を兼ねて考えたのは、程朱と王学（陽明学）という両派の末流の欠点を総ざらいして提起されたものであった。一方で、繰り返して王学の末流を批判した。

その学問は朱子の「人道の要は敬（人道之要莫如敬）」から入り、生涯絶えず精進し、学問の境界を高めた。五十歳の時に『中庸』の要旨を真に理解し得たのは、その「停停当当、平平常常」という八文字を悟ったからである。本体と工夫は、すべてこの八文字にあった。「敬」から入り、幾度も悟る経験を経て、徐々に自然に順応する境界になるというのである。同時に、『大学』の道の根本は「治国平天下」のことであると考え、『大学』における格物致知の認識論と正心誠意の道徳修養論、治国平天下の政治的原理を緊密に結合させ、治国平天下は格物致知と個人の道徳的修養の必然的な結果であることを強調した。これを出発点として、東林学派は「学問は、百姓の日常の便に通じるものでなければ、学問ではない」という観点を提出した。高攀龍を代表とする東林学派は、性善を主張して各地で広く同善会を立ち上げ、性善説を人々の日常生活に広めるように努めた。

【参考文献】 歩近智、張安奇『顧憲成　高攀龍評伝』（南京大学出版社、二〇一一年）

（朱康有・董曄／尹芷汐訳）

劉　宗周《りゅうそうしゅう》（一五七八～一六四五）

独の外《ほか》、別に本体なし。慎独《しんどく》の外、別に功夫《くふう》なし。これ中庸の道たる所以《ゆえん》なり。（『明儒学案』）

劉宗周は明末の著名な思想家、道徳哲学の実践者である。字は蕺山《しゅうざん》、号は念台、浙江省山陰（現浙江省紹興）の人。進士、行人司行人となり、礼部主事、左都御史《さとぎょし》などを歴任した。魏忠賢《ぎちゅうけん》・温体仁らを弾劾して三回も革職され民となった。清《しん》兵が南下し、南京と杭州を破ったと同時に、絶食すること二十日、壮烈な殉国を遂げた。著書に『聖学宗要』、『人譜』など。のち『劉子全書』に編纂された。

高弟の黄宗羲《こうそうぎ》は師匠の哲学思想を、次のように概説している。「先生の学問は、慎独（人が一人でいる時でも行動を慎むこと）を宗としている。儒者はみな慎独を言うが、ただ先生ひとりその真意を得ている」。劉自身も「聖学の要はただ慎独にある（聖学之要、只在慎独）」「慎独の学は中和と位育にある。これは千聖の学脈である」と述べている。道徳のない人間は、誰にも言動を見られていない独りの時に、何も恐れずに私欲のままに従って行動し、社会的道徳規範に反する行動をとる。人間の道徳の進歩は、「独」という一文字が最も重要である。「他律」から「自律」に進むことは、道徳修養の最も重要な目的、要求である。

道徳に志す者は、とくに一人でいる時に気をつけなければならない。「独」はつまり「本心」、慎独とは「恐れ慎んで本心に違背しない心（競競無負本心）」であり、道徳的主体性を発揮すべきことを言う。学んで真の人間になろうとするなら、真の人間とはいかなる存在なのかを明らかにする必要がある。そのためには真の心を明らかにすることである（学以為人、則必証其所以為人、証其所以為人、証其所以為心而矣）。本心を発揚するのは、一切の欲と心配を克服し、自らを「至高の人道（人極）」の境地に至らせることである。この言葉通り、彼は命の危険を恐れずに、当時の権力者である宦官・魏忠賢を弾劾したが、逆に革職されたため、自殺の道を選んだ。節義・忠孝の士、愛国的な知識人というイメージはここに基因する。

慎独以外では、多くの実学家が特徴としている「気」の本論を重視した。その後期において、つねに王学（陽明学）を救うことを自らの務めとした。張載の気論を自らの心本論体系に取り入れたため、心性論は空論にならずに済んだといえる。「形を離れれば道というものはない、気を離れれば理というものはない（離形無所謂道、離気無所謂理）」と述べている。気の存在があってはじめて理が存在する。気は万物の本原であり、また「天地間一気でみちる（盈天地間一気）」つまり天地万物が気に統一されるという考えが示されている。時間的にも空間的にも、気が存在しないことはない。張載の気学を継承し、「虚は気を生ずる（虚生気）」ことを否定している。虚は気である。形像がないからといって存在しないわけではない。気はあらゆるところに存在しており、太虚、太極とも呼ばれている。

哲学の理想的境界は、修養を通して証明されることにある。修養がきちんとできれば、必ず効果がある。最も具体的な効果は、精神的及び身体的な変化である。彼はかつて自分が昇進する夢を見て、自身の名利に対する欲望を深く反省した。その時、彼は自分の道徳修養がまだ真に自分のものにはなっていないことを恥じた。彼の修養に対する強い関心と、成聖の学に対する責任感を知ることができる。道徳修養に対する追求は、健康管理にも反映されている。彼は儒家の考えにしたがって、体と心とを二つに切り離して考えることを拒否し、物質的な肉体を別にして精神的なものを求めることはしなかった。逆に、肉体こそが精神の表れであり、実践と修養で心身の調和を保つことが重要だと考えた。幼い頃から体質が弱く、長年静養してから体力を回復させた経験を持っていた。静養は肉体によいだけではなく、精神的な修養にもなった。彼が晩年になってますます健康になったことも、このような考えに基づくものであった。

彼は陽明学を批判修正したとはいえ、そこには思いのほか深いところまで王学の影響は及んでいる。黄宗羲は「先師（劉宗周）の言う意とは、陽明の良知のことである。意を誠にするというのは、すなわち陽明の言う致良知にほかならない（先師之意、即陽明之良知。先師之誠意、即陽明之致良知）」と評する。一方で、彼は王竜渓（王畿）ら陽明学左派（良知現成派）の無善無悪説（四無説）に基づく猖狂放恣《し》の弊を批判して「誠意説」を唱えたことに見られるように、その学問は陽明学よりも堅実で「形下践履」と「読書学習」という実践を重視するものであった。幕末の日本で、その「慎独」説において陽明学派の春日《かすが》潜庵や池田草庵らに大きな影響を与えたのもこの点に由来する。

【参考文献】黄敏浩『劉宗周及其慎独哲学』（台湾学生書局、二〇〇一年）

（朱康有・董曄／尹芷汐訳）

孫《そん》奇《き》逢《ほう》（一五八四〜一六七五）

学問の事は、この中の学人、津々《しんしん》と講求して、漸《ようや》く頭緒《とうしょ》有り。総じてこれ、「躬行《きゅうこう》」の二字を離れず。

（『夏峰先生集』）

孫奇逢は、明末清初の心性実学思想家である。心性実学の観点から儒家の学説を解釈し、経世致用、躬行実践および「実用（実に於いて用いる）」を説く。明が滅びた際に、清の朝廷に何度も呼ばれるが河南の夏峰に隠れて仕えなかったため、「夏峰先生」と慕われた。李二曲《りじきょく》や黄宗羲《こうそうぎ》とともに「三大儒」と称される。主著に『理学宗伝』『聖学録』などがある。

その学問は陽明学を主とするが、朱子のことも高く評価しており、けっして一派に偏することとなかった。夏峰は心体の角度から孟子の「万物皆我に備わる」に新しい解釈を与えた。「天地万物の実理は、皆人の一身に備わる。聖人が万全皆備するものになったのは、ただ万物がみな我の本体に備わるのを知ったからである」と。陽明の「知行合一」に対しても周到な論がある。知行合一とは「本体が工夫すること」を指す。工夫を以って本体に還ることができなければ、強いて一であるといっても、畢竟二でしかない。知行合一は道を見た後に、工夫して本体を養う過程である。しかし本体を悟る以前であれば、両者は一に合することができず、結局二でしかない。「町中の人がみな聖人である」（王陽明『伝習録』）というのは、本体について言えば、だれもが聖人になれるということである。人は誰でも聖人になれる潜在的条件を持っており、「一覚悟得」することによってそれは可能となる。

心性に関する実修の工夫を、以下のように述べている。

その一、「復性の工夫」。まずは性、天理が人自身固有なものだと認識すべきである。儒家経典の考え方によれば、天の生物はそれぞれ規則があるのと同じく、人間も生命と社会の必然的な規律がある。これは自然界の長い変遷の中で、人が自然界から与えられた天性である。理や性がわれの所有であるとすれば、心性の修養も外へ向かって追求するのではなく、「自らの心を知る」という内向的な認識方法をとるべきである。そのためには、読書で理を知るなり、先聖に学ぶなり、最終的に自身において実践しなければならない。聖人の心性学を論じるのはすべて「復性の工夫」であり、それによって「人道を尽くして天と合する」ことが可能となるのである。

その二、「本心を知る」（本心を明らかにする）。人間の「霊明」は天が我に与えたものである。鏡に塵が生ずる如く、塵を払えば、鏡の面が現れる。長期的な修養を通して、はじめて一朝開悟の境界、すなわち心性の本体を理解し、真の天人合一を体感できるような境界に達する。本心を理解できれば、すなわち宇宙が一家で、もともと隔碍はない。本心を理解できなければ、すなわち一家の中でも敵同士のような関係になる。

その三、「事上磨練」（物事において練磨すること）。本体を悟っただけで、純熟になったとは言えない。

省察の工夫で、動静に限らずそれが現れるようになることが必要である。無念の中でたちまち一念が起きれば、これは動である。まさに念が理に従うか欲に従うかを省察すべきである。儒家は日常の人倫、日常生活においてこの「体」を養い、練磨すべきである。本体の練磨が純熟すれば、自然に「万物の生、みな誠の中より発出する」というような境界に至る。

その四、「外王之功」。儒家には、本体の練磨が純熟しても、「外王」すなわち社会事業を放棄しないという考え方がある。それは「心体」を「天下国家心身、意を合する物」と理解している儒家に特有のものであろう。「実心実学」とは、社会問題について論述するときも、「心」から出発し、「治乱之機、不尽由天、由心造也（治乱の機は、すべて天によるのではなく、心より造られるものだ）」と説く。世道の良し悪しを分析する際にも、常に「心」を問題にしている。政治の根本は、己を正すこと、とりわけ己の「心」を正すことにある。その五、「返体之功」。兵革百万。儒家は将相にもなることができ、帝王にもなれる。しかし、これらの外的事業は、人々や社会のためか、自身の至楽の人生を楽しむためのものなのか。その工夫はただ「行所無事（ただ何事もないかのように行う所）」あるいは「着不得一毫聡明才智（すこしの聡明才智も働かせない自然なところ）」にある。それは「体用一源、体持って用を損し、静寂の体に帰す」ことである。これは、夏峰が最終的に推奨する「心は物のわずらいを受けず、動けば自ら天と遊ぶ」という自由の境地を意味する。

【参考文献】李之鑑『孫奇逢哲学思想新探』（河南大学出版社、一九九三年）、朱康有「孫奇逢心性実学簡論」（『寧波党校学報』二〇〇七年第四期）

（朱康有・董曄／尹芷汐訳）

朱舜水《しゅしゅんすい》（一六〇〇〜一六八二）

聖賢の道は是《こ》れ中庸に止まる。当《まさ》にこれを専性気志の徴に求め、これを家庭日用の際に体すべし。

（『朱舜水集』）

朱舜水は十七世紀の著名な日中文化交流の使者である。名は之瑜《しゆ》、明清の時代を跨ぐ学者・教育者である。字は楚嶼《そよ》、又は魯嶼《ろよ》。舜水は号。漢民族、浙江省餘姚に明末に生まれた。明末と南明において十二回も出征し、人々から征君と呼ばれた。清兵の侵攻いらい、舜水は流亡しながら抗清復明の活動に参加した。明が滅びた後、六十歳で日本に亡命し、長崎と江戸で二十年あまり講学し八十三歳で没した。日本に儒家思想を伝え、朝野から篤く推重された。著作に『朱舜水集』がある。

その哲学思想は宋明の理学を批判し、実践を強調した。理学家の「理」と対抗するものとして、「道」を重んじた。「道」とは、通俗的わかりやすい、実際に見えるもので、実用的な「現前道理」を指す。具体的な物事の理と道である。舜水は「聖賢要道、止在彝倫日用（聖賢の重要な道は、ただ彝倫《いりん》日用の中にだけある）」といい、物事があれば即ち物事の「道」があり、物事を超越して空の「道」があるわけではないと主張した。

王陽明の「良知」とは異なり、朱舜水は「学知」を提言した。「学知」とは「日用の能事」と「下学の功夫」つまり学習と実践であり、後天的な個人の努力や実際の学習と経験が重視される。朱舜水は、「学問之道、貴在実行。聖賢之学、倶在践履《せんり》（学問の道、実行に在るを貴ぶ。聖賢の学、ともに践履に在り）」、「日用躬行《にちようきゅうこう》即是学（日用躬行すなわち学）」「躬行之外無学問（躬行の外に学問なし）」というように、「実行」の範疇を提示した。人性論において、彼は「性成于習（性は習において成す）」といい、社会環境と後天的努力が人間性の形成において決定的に作用すると説いた。いわゆる「習」とは、見（習見、よく見ること）、聞（習聞、よく聞くこと）、染（習染、染まること）である。普通の人間の性はいわゆる善悪というものがなく、人間性の善悪はすべて後天的な「習」で決められるものだという。

その経国思想の特徴は、「もし善俗を更化しようとすれば、積年に非らざれば不可」といい、また、「国家を治めるためには、民の利になることを行うべきであり、一時的なものを広く与えるだけではならない」という主張に集約される。つまり、民こそが社会の弊病を改革し、社会を発展させるためのかなめであり、国を治める際の最も中心な部分である。さらに、舜水は中国と日本とは政治と文化上の違いがあるだけで、種族的な境界線がなく、日本が王道を実施すれば強国になると考えた。徳川光圀が舜水の「大同《だいどう》」思想を受け入れ「尊王一統」の義で編纂した『大日本史』は、明治維新にも重要な影響を与えた。これは舜水と同様日本への亡命経験のある清末の梁啓超《りょうけいちょう》の指摘にもあるように、舜水の学が中国で行われなかったのは中国の不幸であるが、日本で行われたのは人類の幸いといえる。

彼の思想と理論の主線は、「中国の滅びる所以を知れば、則ち聖教の興る所以を知る」という一言で説明できる。明が滅びることの経験をまとめることだけで満足せず、彼にとって明の亡国はより深刻な問題をもたらした。つまり、礼儀の邦で名を知られていた大国が、野蛮な韃虜《だつりょ》（清）に敗れたから、漢文化の優越性も疑問になるわけである。民族の敗退はその民族の文化の衰弱を意味し、大明を復興するためには漢文化をまず復興しなければならないと考えた舜水は「大明遺明」を自称する憂国の士であり、日本における知友・安東守約（省菴）らとの書簡問答から見れば、舜水のもつ中国の思想がことごとく日本の学者に伝えられたことがわかる。一六六五（寛文五）年、六十六歳のとき、水戸侯・徳川光圀《みつくに》から招聘され、長崎から水戸へ赴いた。このときのことを舜水は「宰相上公の厚愛を承くること、ともに比を為すなし。水戸の学者、大いに興り、老いたる者、白鬚白髪と雖も、また杖を扶けて講を聴き云々」と光圀をはじめとする藩の知識人層から受けた尊敬と歓迎ぶりを記している。

日本の治国方略、学規礼儀、農桑服飾などについても数々の具体的な意見が述べられ、徳川幕府に採納された。とくに思想の面では「仲尼《じ》の道」を重んじ、「学務適用」と「経邦弘化、康済艱難」を重視した。日本のある学者は明治維新における舜水の思想的影響の大きさを「道義すなわち心肝を貫き、学術はすなわち王業を主とす。大義を燭らし、王道を闡き、東海の日月有をして千載《ざい》に光あらしむ。その純忠尊王の精神、滂博郁屈、潜黙酝醸し、二〇〇年ばかりにして遂に発して志士勤王の唱議となる。一転して王の復古、ないし維新の大業を翼成す」と称えている。

【参考文献】町田三郎、潘富恩『朱舜水与日本文化』（人民出版社、二〇〇三年）、張立文、町田三郎『中日文化交流的偉大使者──朱舜水研究』（人民出版社、一九九八年）

（朱康有・董曄／尹芷汐訳）

傅山《ふざん》（一六〇七～一六八四）

（『霜紅龕集』）

天下は、一人の天下に非ず、天下人の天下なり。

傅山は明末清初の北方の学術界のリーダー的人物であり、「百科全書」のような学者ある。名は山、字は青主、祖籍は山西省忻州にあり、育ちは陽曲（今は山西省太原市に属する）である。傅山は学識豊かな人で、時の人から「学究天人、道兼仙釈」といわれていた。幅広い興味の持ち主で、経学、先秦史学、詩文音韻、訓詁、考証、史学、仏経道蔵、書法絵画、医学医術、兵法武術など、勉学しないものはなかった。著作は『霜紅龕集《そうこうがんしゅう》』など。

その学問は、広く諸家を取り入れながらも偏りはなく、諸子や仏、老を参照した上で、前人を超越する見解を多く示した。その道学思想は「自然の道」、つまり物事を行うのにもし自然に順応せず、自然の規律を破れば、決して成功する望みはないということを主張する。『老子』の注解をする際も、「道法自然」の考えにしたがい、人が自然の道に服従した上で合理的に自然を使えると考えた。ここの「自然」は「天」を指しており、「天即ち自然の道」である。老子の「無為にして為さざるはなし」という思考に沿って、「貴身」つまり自身の体を大事にしてからこそ天下に身を託すことができると述べている。「不可不為者、天也（為さざるべからざる者は、天なり）」人間の本性は天から与えられ天然のものであり、自然の道を以って無為の道に依り、個体の生命的覚醒を尊重すべきであると考えた。

大人の徳有り位有る者は、人を治める者である。小人は百姓として、人によって治められる者である。百姓は大人に護られて生活しているゆえに大人を愛する。しかしこれは大人がよく人を護ることを言っているにすぎない。これは特別のことではない。もしつまらぬ人間や仇敵のようなものが後世で大人になったとして、小人はこの人を尊敬することができるのか（大人有徳有位者、治人者也。小人、百姓也、治于人者也。百姓依護大人為生、故愛大人也。然此就大人能為人依護言耳。其常也、若草芥寇仇、則後世之大人矣、小人焉能愛之）。周知のように、太公望呂尚が周の文王から天下を治めるための心得を尋ねられた際、「天下は一人の天下に非ず、すなわち天下の天下なり（天下は天子一人の所有物ではなく、国民全体のものである）」と答えている。これに対し、傅山は「天下は、一人の天下に非ず、天下人の天下なり」と言う。つまり天下は、大人＝聖人が絶対的な存在として天下を治めるべきことを語ったのである。

一方で彼は、善の中も悪の中も理があるとも考えた。宋人のいわゆる理というものは、孟子性善の義を発明することができるように見える。綱常名教を批判し、先秦諸子百家の学説思想を分析した上で、「衆を愛し衆に利する（愛衆利衆）」という倫理道徳観を提示した。墨子の「兼愛」を解釈する際に、「兼愛愛分、一愛愛専、我之於人、無彼此、皆愛、与無二愛之専一愛同意也。人皆有生、而我皆以愛愛之、除無生者我不愛之、其類如人類莫不有死、而我莫不有愛、謂於人定愛之也」と述べ、墨子の「兼相愛」の愛は「愛分」で、彼自身の愛は「愛衆」であり、すべての人に対して同じく愛すると主張した。人類が誕生して以来、群居が自然災害に勝ち、物質や財貨を創り出すための唯一の方法である。すなわち「愛衆」こそが真の愛で、「愛寡」は本当の愛ではないのである。

人間は本能によって欲念を持つ。自然から生まれた欲念のために、社会の発展の中で絶えず新しいものを追求する。このような人為的で限りのない欲求は、「心」「妄想」から生まれたものであるが、やはり人性と人為との結合である。物質の追求という人の欲念は、自然に順応して目的に近づき、人為を通して実現させるしかない。彼の「至情」説によれば、人は純真な感情を持っており、男女は愛し合うもの、愛情は人の純真自然な性の現れであり至上なものである。しかし、人の欲が自然で合理的なものであったとしても、節制なく欲のままに従う行為に反対した。限界のない私欲を放縦すると、まず自身が傷つくので、適度に調節することによって自らの心身の健康を守るべきである。また、私欲の放縦は手段を選ばず私利を企み、人のものを奪い、人の利益を損することにも繋がる。このため不義の財を取らず、他人に不利な利を貪らないように気をつけるべきである。このようにして、人欲が自然合理であるという観念に、より深い理性的原則が加えられた。

傅山は自ら「遺民」として、山林に隠れて道士になり、荘子や丹道、医術に専念した。こうした経験は彼の学術思想に宗教的な出世主義の色彩を添え、別格なものにした。その精神的苦悶は清初の知識人の中で普遍的に存在していた空虚さと彷徨を代表するもので、彼の曲折した生涯と思想の変遷も、時代の烙印を深く残している。

【参考文献】魏宗禹『傅山評伝』（南京大学出版社、一九九五年）

（朱康有・董曄／尹芷汐訳）

黄宗羲《こうそうぎ》（一六一〇～一六九五）

理、気を離れれば理と為すこと能《あた》わず。心、身を離れれば心と為すこと能わず。若《も》し気質、必ず変化を待つならば、是《こ》れ心も亦、須《すから》く変化すべきなり。

（『黄宗羲全集』）

黄宗羲は明末清初の著名な思想家であり、浙東《せっとう》学派の開創者である。字は太沖《たいちゅう》、号は南雷、別号は梨洲《りしゅう》、浙江省余姚の人。同時代の王夫之《おうふうし》、顧炎武《こえんぶ》と並べて「清初三大家」と称される。黄宗羲は中国歴史の中でもとりわけ学識と著作が豊かな大学門家の一人ともいえる。哲学、歴史、政治といった人文学だけではなく、天文、暦法などにおいても造詣が深い。著作に『明儒学案《みんじゅがくあん》』『明夷待訪録《めいいたいほうろく》』など。

張載《ちょうさい》の気論、程朱の理学、陸王（陸象山と王陽明）の心学を批判的に受け入れながら、宋明時代の理学を全面的に整理し、新たな儒家道徳理想主義を確立した。彼の観点によれば、生成論からみた場合、理が気の動く規則として気に付着しており、気と統一しているが、主宰と流行の角度からみるなら、理は主宰であり、気は理の展開と流行である。性と情の関係について、「義理の性」と「気質の性」をはっきりとわけている「性二元論」に反対し、こうした考え方は必ず性と情を対立させて「性善情悪」の結論になってしまうと考えている。事実上、「喜怒哀楽」は情で、性はこれらの感情の

「中和」状態であるため、性と情を対立したものではなく、統一しているものだとみるべきである。現実生活の中の悪は、人間性の現れではなく、「習染」と「雑揉《ざつじゅう》」（後天的な悪習と混乱）の結果である。そのため、「無情何以覓性（無情であれば何をもって性をみつけるのか）」という命題で、性と情の統一、また、性にとっての情の基礎的意義を説明した。

また、「格物」は外物ではなく、主体と密接に連結し、主体によって価値と意義を付与される「吾心之物（吾心の物）」や「皆備之物（皆備の物）」である。そのため、程朱理学の外物を対象とする「接物」や潘平格の主張する「触物」を批判的に捉え、「反求内心」によって「事事物物皆得其理（事事物物みな其の理を得る）」ことを主張した。いわゆる「致知」に関しては、「以規矩画方円（規矩《きく》を以って方円を画く）」という心学的理路に賛同し、「良知」を物事に推致すること主張した。こうした理路によって得られた知識を「湛然の知」であるとした。

王畿《おうき》（王竜渓）などのような「空寂の本体を玩弄する光景」を避けるために、黄宗羲は「知は物を以って体と為す」命題を提言し、本体に対する認知を「吾心の物」とした。「心無本体，工夫所至即其本体（心に本体なし。工夫が至る所ですなわちその本体なり）」つまり本体は工夫がなくては現れることもできなく、把握されることも難しい。同時に、本体から離れた工夫は宗旨を失ってしまう。工夫の重要性だけを強調するものなら、王学の末流批判になるかもしれない。しかし、工夫の役割は、吾人心性の中に確かに此の体が存在し、それは我々に認識されることも可能であり、現実の人生にも様々な効用があるものだと証明することである。「道無定体、学貴適用（道に定体なし。学は適用を貴ぶ）」といったように、事功と適応、道の三者の統一を重んじ、「事功本于仁義、仁義達于事功（事功のもとは仁義にあり、仁義は事功に達する）」つまり事功の最終的な役割は仁義を果たすことだと考えている。黄宗羲は王陽明の哲学を史学化し、その知識領域を広げ、清初の実学思潮において大きく貢献をしたが、「読書不多、無以証斯理之変化（読書多からざれば、以てこの理の変化を証明する無し）」の史学的考えによって、理学への認識も制限されてしまった。

直接明末の政治闘争と反清復明軍事闘争の「大儒」として、黄宗羲は儒学の社会的役割の開拓に努力した。「三代」前後の政治を照らし合わせた上で、「天下為主、君為客（天下、主と為り、君、客と為る）」という政治的原則を確立し、君主制という制度を前提として君主の職務や、君と臣との関係、人材の育成、学校の議政、経済的軍事的制度などを議論し、より合理的な社会秩序を探ろうとした。

黄宗羲の民本、民主思想は、十九世紀末の維新派が主張した「民権」と「君主立憲」の出現を促したともいえる。維新派の「興民権（民権を興す）」との主張や孫文の三民主義、五四運動時期の「民主と科学」は、どれも黄宗羲の民主啓蒙思想から影響を受けている。現代中国においても、彼の思想は天下観や法治観、社会公僕観（公務員は公的な召使いであるという観点）、権力制約観などに対しても現実的な意義を持っている。その批判求実の精神（批判的で、現実性を求める精神）と改革を強調する理論は、「士志于道（士は道に志す）」「天下興亡、匹夫有責（天下の興亡は匹夫にも責あり）」といった中国の伝統的な知識人の精神的な特徴をよく表している。

【参考文献】 李明友『一本万殊——黄宗羲的哲学与哲学史観』（人民出版社、一九九四年）（朱康有・董曄／尹芷汐訳）

方《ほう》以《い》智《ち》（一六一一～一六七一）

学は必ず悟りて后《のち》能《よ》く変化す。悟りは必ず学に蔵されて后能く善用さる。

（『通雅』）

方以智は明末清初の著名な哲学者であり、科学者である。

方以智（一六一一—一六七一）、字は密之、号は曼公、又鹿起、龍眠愚者等とも号す。安徽桐城の人。進士、左中允等の職に任ず。誣劾に遭う。清兵が粤に入って后、梧州にて出家、弘智を法名とす。発憤して著述すると同時に、秘密組織を作って反清復明活動に従事。后〝粤難〟に因りて逮捕され、護送途中江西万安惶恐灘に自沈して殉国す。方以智の家学の渕源は、博く衆長を采り、中西合壁、儒釈道三教帰一を主張す。一生に四百余万言を著述す。多く散佚す。内容は広く文、史、哲、地、医薬、物理に渉る。著作に『通雅』と『物理小識』がある。

西学という新潮の面前に、方以智は際大限の関心と熱忱を傾注した。彼はかつてイタリアの宣教士畢今梁（P. Franciscus Samliasi　即ち畢方済）を訪れ、〝暦算奇器〟と天文知識をたずねた。またドイツの宣教士湯若望（アダム・シャール）と親交し、彼と一緒に西方医学と天文知識を研究した。また次男方中通にポーランド人宣教士穆尼閣（ニコラス・スモゴレンスキー）と交際させ、彼と京師に遊学させて、数学等の科学知識を学ばせた。アメリカのイェール大学ハドソン教授の一九七五年の統計によれば、『物理小識』中に引用されている宣教士が持ち込んだ書籍からの引用は全体の百分の五を占める。

方以智は〝均の哲学〟を提起した。これは明末の学術界の発展の偏《かたよ》りに対する批判から生まれている。その著作『東西均』はこの哲学主張を明らかにしたものである。いわゆる〝東西〟とは対立の両端を指していて、〝均〟は瓦を造るとき平均にする道具であって、また楽器を調和し、音を均声にする道具（即ち均鍾木を指す）である。その目的はみな形や声を均平、均声にさせる所にある、換言すれば、不調和で不相対のものの両端を調和させるという意味である。均に公均、隠均、費均がある。隠均、費均は有無相対の両端である。公均は有無に偏らない調和状態である。

『通雅』は方以智が若い頃文字の音義の考証に従事した報告書である。書名からわかることは、文字の考証を借りて（「雅」）、古今に会通（「通」）せんとするのが目的である。彼は哲学理論から「悟りを学に蔵す」を主張し、学問と読書の習錬の絶対「不可欠性」を証明した。学と悟が相い反し相い因り、相い補って相い成る関係にあること、「徳性と学問は本々一であるのに、各々が専門となって偏重すると、自ら二つに成り、化境に到らず自然と相い呰《そし》ることになる」。尊徳性と道学問は、併行して悖《もと》らないだけでなく、甚しくは互いに不可欠に至る。

方以智は早くから物理に対し濃厚な関心を示していた。「小さい頃から究理極物の僻があった」、「物理で疑いをもたれない所に私は疑いを持ち、その根本を深く求めんと欲した」。不断に物理研究に従事し、少くない前人記載の誤りを糾正（ただ）した。逃禅後も、主要な学問の重点は易理の探究にあったが、理論上では易理と物理の会通を主張した。

方以智の学術思想の淵源は、家伝の『易』学、儒家経世の学及び当時東漸の西学を除くと、道学老荘の学と仏教の禅学がある。彼は大道は本来ありふれたもので神を労して外に求める必要はないと考えた。参禅の目的は生死観の問題を解決する所にある。このことは至難であり亦至易である。生死の大事を見破り、換骨脱胎するには、多大な気力を消費し、一つの真参実究の切実な体験、感悟の過程を経なければならない、その中には多くの主客観原因に導かれた岐路や迷路（誤区）があって、自然に道と乖離してしまう、これが至難である。しかし自らを信じて、内に向って返求する初心を立て、自己の本来の面目を参究しさえすれば、大道は本来あたりまえのものである、これが至易である。

明末の虚の弊害に対し、実を崇ぶ精神を発揮するために、方以智は三教虚実合一を提起した。彼は易と荘と禅はみな公因と反因の関係を持っていると考えた。三教は寂然無分別の「一」と歴然分別の「多」の間に密切な関係があることを示しているとした。

方以智は明末清初の風格奇特な思想家である。彼は古今中外の学問を薬材のように一爐に会集し、各種の薬方を開出して以て学術思想界の千疾万病を救治せんことを試図した。時人は「大医王」と称した。ただ苦難の時代が憂患の意識を産み、憂患の意識があって、光輝な思想を育《はぐく》むことができる。

（朱康有・董曄／小川晴久訳）

【参考文献】羅熾『方以智評伝』（南京大学出版社、二〇〇一年）

陸世儀《りくせいぎ》（一六一一～一六七二）

（『思弁録輯要』）

理、これ気と一にして二、二にして一なり。

陸世儀は明末清初の思想家・朱子学者で、「江南大儒」と呼ばれた。字は道威、号は剛斎、別号は桴亭《ふてい》、江蘇省太倉人。明の滅亡後、隠居して講学を行い、陽明学を批判して陸隴其《りくろうき》と並んで「二陸」と称される。門戸を立てず学のために専念し、経世を志し、天文、地理、河渠、兵法、井田《せいでん》などにも通じていた。著作に『思弁録』『性善図説』など。

明清の民間理学家である彼は、性命の学を生活のあらゆる面に広げて経済や軍事、封建、農田、水利、学校、天分、地誌などを包括した豊かな経世思想をまとめた。「理は気より先にある」「理は気の中に在る」として、「気はただ陰陽であり、理はただ太極である」と主張した。「太極」と「陰陽」の関係を、理と気の関係でとらえている。人から「万事万物の根本は太極にあるとしたら、太極は何処にあるのか」と問われたとき、「太極はすなわち万事万物に散見する」と答えている。太極は常に陰陽の中にあり、陰陽から離れることはない。太極は必ずしも一物に基づくものではない。理気が共存しており、気外の理は存在しないのである。

陸世儀は「気質の性は本来善である」を述べ、性即ち本性であるという。いわゆる本性は、物物の当然な則（規則）であり、また「所以然」の理で、虚霊の物として気を媒体とする必要がある。本性は、人だけが所有するものではなく、物物もみな持っている。人と物の違いを見分けるために、理から見るべく、理の相違が万物を異体にしている。「理と気は天に在れば則ち天の命、人に在れば則ち人の性。性と命は理と気を兼ねてこれを言うものなり」。理と気は天にとっては天の命、人にとっては人の性であり、性も命も理と気を兼ねており、それらは理と気の結合体である。

善悪因果のルールからすれば、忠と孝は福に当たり、奸と悪は罪に当たるのが理の常だが、歴史の中ではこれに反することが起きるのが「気之変」である。彼は「気は時ありて理に勝つ。しかれども理は必ず気に勝つ」と主張した。畢竟、「忠孝は福をうけ、奸悪は罪をうける」のが世の中の常である。「理は必ず気に勝つ」と信じる陸世儀によって修正された因果報応は、まず、報応は未来ではなく今世にあるということ、また、個体を超越した「輪廻福縁」は社会の中で正義が邪悪を圧倒するような善悪報応であるということを語っている。

二十三歳の時に、袁了凡《えんりょうぼん》が「功過格《こうかかく》」において日々自己の言行を反省し、主体の「遷善改過《せんぜんかいか》」を推奨していることを知り、これを修身立体の方法とした。しかし、この方法は内省静修を重んじるため、二年後に、それを「分外（自分の義務の外にあること）」のことだとして放棄した。のちに、『格致編』を書き、学問を治めることにおいて「天理人欲を以って善過を分け、敬を以ってそれを支配する（以天理人欲分善過、而主之持敬）」の方法を提唱し、「天を敬うことを徳に入る門と為す（敬天為入徳之門）」

と主張した。「天を敬うには、吾心を敬うことより始まるべき（敬天当自敬吾心始）」「その心を敬うは天を敬う如くすれば学は成らざることなし、而して天人は一なるべし（敬其心如敬天、則学無不成、而天人可一矣）」とも語っている。敬をもとにして、「孝徳課業」を進めること、聖賢の学を学び、聖賢の道を行い、躬行実践し、学を以って用を致し、人倫日用の中で「遷善改過」を行う。そうした『格致編』は同時代知識人たちの治学修身の案内書にもなった。

前人の鬼神論についてこう指摘した。古来、天地間ただ幽明、死生、鬼神という「六文字」が最も難解で、人を惑わしている。異端邪教は此の所から成り立たないものはない。その捉えられない、検証できない特徴を以って人を騙《だま》すのである。この「六文字」をはっきりと論証してからこそ、「正学」を発揚し、「邪教惑世」を克服することができる、と。陸世儀は明清の諸大家の中でも、この問題を最も詳しく論じた重要な思想家の一人である。この点からも、「務為実学、使出処皆有裨于世」の思想的特徴が見られる。彼は神仙というものが神秘的なものでもなく、ただ「自了漢」の養身長寿の術を得ただけであると考えている。神仙は長寿だけであり、「登仙羽化」のようなことは未だかつてにない。漢の鐘離権から明の冷謙まで、素質の良い者たちでも、長生きはするが羽化登仙することはない。

程朱理学派の代表的人物として、彼が中心となった「桴亭《ふてい》学派」は江南学術界において大きな影響力を持った。実践と適用を重視する教育思想や、利学技術への関心、堅実な治学精神は、今日にとっても貴重な文化的財産である。

【参考文献】葛栄晋、王俊才『陸世儀評伝』（南京大学出版社、二〇一一年）

（朱康有・董曄／尹芷汐訳）

顧炎武《こえんぶ》（一六一三〜一六八二）

君子の学を為すは、道を明らかにするをもって也、世を救うをもって也。徒《いたず》らに詩文のみをもってするは、いわゆる彫虫篆刻《ちょうちゅうてんこく》なり。また何の益あらんや。
（『顧亭林詩文集』）

顧炎武は明末清初の思想家、経学家、史地学家、音韻学家である。明の南直隷蘇州府昆山（今江蘇省昆山市）千燈鎮の人、本名は絳《こう》、字は忠清《ちゅうせい》あるいは寧人《ねいじん》。南都が敗れた後に、文天祥の人柄を慕い、名前を「炎武」に変えた。故居の傍に亭林湖があり、学者から「亭林《ていりん》先生」と称された。著作は『日知録』などがある。一六三三年、二十七歳のとき再び科挙で落ちたが、そこから「四方の士に従い、名の為に征逐する」ことをやめ、経世致用の学術研究に従事するようになった。顧炎武が編纂に携わった『肇域志』と『天下郡国利病書』は「坐集千古之智」の事業とされている。

顧炎武によれば、明が滅亡した本当の原因はその内部的封建倫理道徳の沈淪であるという。明清時代の反理学的風潮の中における彼の最も重要な特徴は経学の旗を高揚したことである。宋明理学の「性与天然」には同意せず、「辞受（物事や学問を辞退するか受け入れるかの選択）」と「出処（物事や学問の発生する元）」を考えずに、終日論弁の中に陥ってしまうのは孔孟儒学の正統ではないと考えた。そうした考えは「命や天などは、孔子があまり言及しないことである。物事や学問の出処や、発展、取捨、弁論などこそが孔子、孟子がつねに言っていることである」という言葉からも見出せる。そのため、生涯にわたり終始国家が乱を治めるための根本的な問題と、生命の根本的な計を出発点にして、切実に「六経之旨」と「当世之務」を探り続けた。

世の中に役を立つ実学として経学を提唱した。「理学、経学也」という命題を提言し、『天下郡国利病書』の中で、天分気象、農業水利、採鉱、製塩、造船、航海、海戦と水戦などの知識について詳細に論じた。とくに驚くべきは「船堅砲利」の問題がすでにその中で論じられたということである。中国の哲学知識論の方向を探るなかで「聖人之学」は本質的に個人の道徳的実践と社会の政治的実践を重んじる学説である。「和順は中に積もり、英華は外へ発する」というように体と用の区別があっても、「内において心を用いる（用心于内）」説はないとした。彼は理学者が主張した「専ら内において心を用いる（専用心于内）」説に反対しているが、「心」の能動的作用については肯定している。

他方、「専用心于内」に反対しながら、「士無実学」を提唱し、自然と社会、工芸の知識に基づいて「究天人之際」の哲学思想を作り上げた。また、士大夫の「無恥」という国恥の問題について論じ、道徳文明を立て直す方法を考え、「明体適用」「博学于文」及び「行己有恥」の思想を示した。読書人が現実から離れていることを批判し、現実世界に着目する顧炎武は、『易』をすべての学問の核として、学問研究は自然界と人類社会に着眼しなければならないだけではなく、『春秋』の研究を通して天下の道理を知ることも必要だと主張した。

同時に、すべての自然と社会に関する知識は認知の対象であるとし、宋明以来の理学と心学を批判した。「今日の清淡は前代の者よりも甚だしい。心を明らかにし性を見るなどの空言を以って、修己治人の実学に代えた。（これが原因で）神州が蕩覆し、宗社が廃墟になった」と痛烈に批判を展開した。その著書『天下郡国利病書』の中で、顧炎武は歴代の治水事業を「善く治水する者は、ただ水を師としたからだ（善治水者、固以水為師耳）」と述べ、生活と実践こそが人類の知識の源であると主張した。また、歴史的時勢は人によって作られたものであり、人は必ず天に勝つとも語っている。伝統の論理的な「格物」や道徳的な「致知」とは異なり、自然、工芸、社会知識を人の認識の対象としたため、真理の追求を無限な過程であることを意識でき、朱子の「格物致知」を論理学的な「境界」論から知識論、無限論的な学説に修正したのである。

彼の一生は、道徳、学問、文章を一体とする追求であり、学者の見本ともいえる。その治学はすべて実用を依拠として、「文は天下に有益であるべき（文須有益于天下）」と述べ、学習を済世救民に用いるために行うという思想を貫いている。「君子が学問を為すのは道を明らかにするためであり、救世のためである。詩文だけできても、それは単に彫虫篆《てん》刻のような小技であってなんの意味があるだろう」たしかに、学がただ吟詩作賦や文字ゲームのためにあるのなら何の意味もない。顧炎武は同時代の方以智《ほういち》、王夫之《おうふうし》と同時に経世学を求道の手段として、済世を目的とする実学思潮を切り開いた。その品格は今日においても衰えることなく、大いに評価すべきものである。

（朱康有・董曄／尹芷汐訳）

【参考文献】 許蘇民『顧炎武評伝』（南京大学出版社、二〇一一年）

王夫之《おうふうし》（一六一九～一六九二）

（『船山全書』）

人苟《まこと》に志ありて、生死も之を以てすれば、性も亦自ら定まる。

王夫之は清初の著名な思想家であり、「気」論思想の集大成者である。王夫之（一六一九―一六九二）、字は而農、号は姜斎、衡州府城南王衙坪（今の湖南衡陽市雁峰区）の人。中国啓蒙主義思想の先駆者。晩年は衡陽市石船山附近に隠居して、著書立説、故に世間で「船山先生」と呼ばれた。生涯の著述は甚だ多く、『読通鑑論』『宋論』を代表作とする。後人はその著作を編んで『船山全書』とした。

王夫之は張載の思想を発展させ、「気」の範疇に新しい哲学規定を与え、理気関係、道器関係の問題に対して、比較的深い理論的探究を行ない、気は一切の変化する物質現象の実体であり、客観的存在であることを強調した。宇宙は気をとり除いたら何も残らない。気はただ聚散、往来するだけで、増減、生滅はない。有無、虚実などはすべて気の聚散、往来、屈伸の運動形態である。彼は「太虚は一実なる者である」、「両間（天地の間）に充満しているのは皆一実の府である」などの命題を提起した。「気」は陰陽変化の実体であり、理は変化の過程に表われる規律（法則）性である。理は気の理である、気の外に虚托孤立の理はないとした。彼は「その器なければその道なし」、「器を尽せば道はその中に在り」を堅持し、伝統的な道と器の範疇に新しい解釈を与え、「形而上」の道と「形而下」の器は、一般（共同本質、普遍法則）と個別（具体的事物およびその特殊法則）の関係で両者は「この一物を統べる」両つの側面であって分離することができないものであるとした。彼は「天下はたゞ器のみ」の命題を提出し、宇宙にある一切の事物はみな具体的存在であることを肯定した。「道は器の道である」、一般はただ個別の中にのみ存在する、ただ個別を通してのみ存在し、「終には虚懸孤致の道などない」とした。彼は道の器に対する依存性の論証を通して、「器に据りて道は存し、器を離れては道は毀たる」という結論を得て、「理は気の先に在り」「道は本で器は末」という観点を斥けた。

王夫之は仏教哲学の「能、所」の範疇を利用改造し、「所は内に在らず」「必ずその体を実存す」と「能は外に在らず」「必ずその用を実存す」、両者は混淆、顚倒してはならないことを強調した。彼は「能」と「所」の関係は、「所に因って以て能を発し」「能は必ずその所に副ふ」のであって、認識論の核心問題をしっかり把握した。これに基き、彼は仏教に導かれた陸王心学の「所を消して以て能に入る」「能を以て所とする」観点を批判し、その内在矛盾を暴露した。

王夫之は「天命」「神道」「道統」が主宰する歴史観に反対し、歴史自身からその固有の法則を探索することを主張した。「たゞ勢の必然たる処に理を見るのみ」と。「勢」は歴史発展の必然的な趨勢と現実の過程であり、「理」は歴史の現実過程に現われた法則性である。理と勢は相い成り、不可分である、理には順逆の別があり、勢には可否の分がある。「理が勢を成す」のと「勢が理を成す」など多方面から探討して、始めて人類史の必然的趨勢と内在法則が明らかになる。王夫之は伝統的範疇を沿用し、「天」を歴史の発展を支配する決定力量と看た。ただ「理勢合一」を用いて「天」の内涵を規定した。彼は「天」を「人の同じく然りとする所の者」、「民心の大いに同じとする者」に帰結させ、「天」に現実的客観内容を賦与し、必ず「民を畏れ」、「民を重んじ」、「民に即して以て天を見る」べきことを強調し、民心の向背の巨大な歴史作用を意識するに到った。

王夫之は事物の運動変化の原因を明確に事物内部の矛盾性に帰結させ、「万殊の生は二気に因る」と考えた。彼は「乾坤并びに建つ」、「陰陽は天地の間を孤行せず」と指摘して、矛盾の普遍性を肯定した。何らかの矛盾はみな相い反し相い成るものである。ある方面は「必ず相い反して互いに仇となる」これは排斥関係、別の方面は「相い反するも、通じあえる」これは同一関係である。この二つの関係は分割できない。「二を合して以て一なる者は、一を分ちて二と為す者の固有するものである。」

王夫之は言う、人は先ず豪傑なる要素があって、始めて聖賢となることができると。豪傑の精神があり、真の豪傑と称えられる人にして始めて聖賢となることができる。聖賢は必ず豪傑でなければならない。豪傑は卓然として興起する、非凡な気概があり、独立した人格をもつ。凡人とはちがう。凡人は皆に順い、流俗に随順し、権勢に媚び、風と走るを知るのみ。豪傑は流俗の中から自らを抜き出し、卓然と独立する。

王夫之の思想は後世に多大な影響を与えた。譚嗣同は彼を高く評価した、「万物は蘇《よみがえ》りを招く天地の曙に、南岳の一声の雷に凭《よ》るを要す」と歌い、五百年来の真正に天人の故に通じた者と認めた。

（朱康有・董曄／小川晴久訳）

【参考文献】蕭萐父、許蘇民『王夫之評伝』（南京大学出版社、二〇一一年）

李顒《りぎょう》（一六二七～一七〇五）

理を究めてそれを知にする。これを内に反《かえ》せば、心を識り性を悟り、心性を実修実証する。これを外に達せば、物を開きて務めを成し、群生を康済する。これを体を明らかにして用に適う（明体適用）と謂ふ。

李顒は清初の著名な心性実学者である。李顒（一六二七―一七〇五）は、字は中孚、陝西盩厔《せんせいちゅうしつ》（今の周至）の人。「山曲を盩と曰ひ、水曲を厔と曰ふ」の二語を取って、「二曲土室病夫」と自著する。学生たちは「二曲先生」と呼んだ。家は貧しく、書を借りて苦学した。経史諸子を遍ねく読み、仏教、道教の書にまで及んだ。かつて江南地方で構学したが、門徒は甚だ多かった。のちに関中書院にて講学した。孫奇逢、黄宗義と幷せて三大儒と称せられた。清の朝廷では博学鴻詞の士を以て招いたが、絶食して堅く拒んだので、許された。著書に『四書反身録』、『二曲集』などがある。

明清の際の社会の激烈な変動と当時の実学思潮の薫陶を受けて、李二曲の学は「実学化した心学」と称することができ、あるひとはそれを「心学」の実学化と認めている。

「本体」観は一つの系統ある思想の深度をはかる基準である。本体の根基の上に建立された文化の諸部分であって始めて、厚土で境《つちか》われ、生長することが可能である。宋明時代の儒者で思想を実践した人は多いが、本体の型態の内涵に関しては詳しくはない。二曲は一家の説を立てていない。甚しくは、仏教の心性本体の実相の特徴付けを借りて、宋明理学の秘密を明るみにし提示した。宋明諸儒が標榜した「天理」「良知」「本心」「太極」「心体」「太虚」などの基本概念は、みな本体観念を基本内容としている。異なる所は、各家の入門の径路が異なり、宗旨および命名が各々異なったがため、学術思想上の種々の岐路を作りあげたにすぎなかった。

この内在的本体は、李二曲にあっては、どこでも前人の言い方を採用した。「本体」「大本」「原本」「本面」はその本原性を、「真体」「本真」は真実不妄性を、「霊明」「霊原」「良知」「知体」「覚体」「仁体」はその功用性を、「心体」「本心」「自心」「真心」「本性」「性体」「自性」は心性との関係性をそれぞれを強調した。総じて、その本体を実現した理想人は、「道体」を具有し、「達道」に順応し、「人道」を自覚し、それに由る、即ち「真我」である。

本体を獲得するために、二曲は「実修実証」の重要性を強調した。「実修実証」の方法論の原則は、二曲が程子の「学なる者は、人をして内に求めしめる。内に求めず、外に求めるは、聖人学ではない」を引用するそのものであった。これは人文科学が、自然科学の自然の真理は「自然」で実証するを要するのとちがって、人文の真理は人類自身で実証されて始めて験証されるのである。「内に求める」のは「外に務める」路線に対して言う。「返」あるいは「反」と称するのは、「反己体認」「切己自反」「反身潜体」「反身実践」「鞭心返観」「返観默識」の「鞭辟着裏」の実践である。この過程は、主動的、自覚的、創造的であり、それゆえ「自奮自立」「自策自励」「自察自審」「自覻《しょ》自認」「自参自求」「自反自照」「自去自存」であって、「自成自道」「自心自見」に到達する。「自省」「自勘」「自治」「自為」「自律」「自修」「自悟」を以て「自得」すべきであって、「自棄」「自喪」「自賊」「自枯」して以て「自岐自離」「自死」の契機に向ってはならない。かゝるものが「己のための学」「心性の学」であって、否ならば「雑学」「支離の学」である。

工夫の実証実修によって心性本体の境地を露呈して、そこに内聖の礎石を置き定め、かくして経世宰物の外王の事業を作し、また声臭倶に無き本体に包摂され、全体大用の学を完成する――これが二曲心性実学の範疇構造である。この一切は統一されて理想人（完人）となる。

李顒の一生は清貧廉直で名節を惜《おし》んだ。康熙帝は何度も召したが、彼は老体有病を口実に、それを拒んだ。康熙帝はその「望み重く志堅い」のを深く知り、親書の「操志高潔」の匾額《へん》と詩を下賜して、表彰した。李顒の高い風気と明亮な節操は海内の学者たちの敬仰を得、顧炎武は「泰山北斗」と称えた。

（朱康有・董曄／小川晴久訳）

呂留良《りょりゅうりょう》（一六二九～一六八三）

蓋し心は即ち明徳に非ず、心の具わる所のものは乃《すなわ》ち明徳のみ。（『晩村呂子評語正編』）

呂留良は明末清初の朱子学者、思想家、詩人、時文評論家、出版家である。号は晩村、晩年に僧となって耐可と名付け、字を不昧《ふまい》、号を何求老人とした。浙江崇徳県（現浙江省桐郷市崇福鎮）の人。明の滅亡後、一六八九年、地方官員から清朝に推薦されたが、彼はそれを鼻であしらい、思い切って出家した。死後、文字獄《もんじのごく》（筆禍事件）により「剖棺戮屍（棺桶を開けられ、屍体を破壊された）」されたのはその反清思想が原因であった。子孫も多く牽連され、遭難し、清の文字獄の中でも最も被害が大きい家系の一つになった。著作も多く破損されたが、現存するものとして『呂晩村先生文集』と『東庄詩存』など。

彼の思想の中でも最も影響力があり、そして彼に禍を招いたのは「夷夏《いか》の防」の思想である。それは主に三つの主張が含まれている。一は「尊王攘夷」論、二は「復井田、復封建」論、三は民族気節論。『春秋』に記載された斉桓王「尊王攘夷」の典故と、孔子が『論語』の中で管仲を参照した事例を以って、反清思想を表した。儒家の経典に書かれた君臣の倫理も重要だが、それよりも大事な倫理は「夷夏之防」であるという。これは明らかに「夷狄《いてき》」として「夏（中国）」の政権を取った清王朝を指している。

これに関連し、呂留良は「復井田、復封建」を主張した。三代以上の「聖人」が、井田《せいでん》・封建などの制度を作ったのは天下の人々のためであって、それらは「自己の富貴や子孫の事業が永遠に存続し人から奪われることを恐れる心」などによるものではなかった。しかし、秦漢以降の諸制度のほとんどは君主の「自私自利」の「本心」から作られたものである。後世の儒者らの「議礼」もそうした人主の心に迎合するばかりだったため、「秦が天下を統一した時より以降、自私自利の心を以って自私自利の政を行うようになった」。そのため、形勢に迫られて、封建を廃止し、郡県制を遂行して大統一の君主制を作り上げたのは仕方ないが、合理的ではなく、乱の原因となったと痛烈に批判した。

呂留良は自身の清廷の科挙に参加したことを生涯の痛恨事とし、秀才の身分を放棄して科挙から身を引いただけではなく、当局の推薦も一切断り、清に仕えないことを誓った。民族の気節を第一位におき、「夷夏之防」を守ることが「君臣之義」よりも重要だと考えた。彼の「尊朱」は朱子学の複雑な「義理之学」を尊重するわけではなく、その中にある「綱常名教」、「存理滅欲」、「崇仁義廃功利」の政治的思想を尊崇し、朱子を借りて自身の「夷夏之防」や「出処去就」といった反清思想を展開するためのものであったことがわかる。いわゆる「辟王（陽明学批判）」も、陽明学の「心即理」と「知行合一」、「致良知」などの道徳的形而上学そのものを批判したのではなく、王陽明及びその後学の禅仏教的な傾向や「生心害政」「禍乱生民」の「弊害」を批判したのである。

尊朱反王の理学家として、彼の思想は、民族気節や士子の人格精神、批評精神を守る面においては評価できるものである。彼は厳酷な社会的現実を反省する際に、「今日之所以無人、以士無志也（今日の人無き所以は、士に志無きを以てなり）」といい、知識人層が正義人格を育て人々の民族気節を啓発することに尽くべきことを強調し、あくまで気節を「立身之根本」、「域中第一事」とした。彼は王学（陽明学）を、心性の空論や禅学と合流する学風として批判した。しかし、呂留良も、当時に程朱理学がすでに教条的になって思想的に膠着していた事実を洞察できず、特に八股時文と科挙制度の積弊を認識できず、盲目的に「尊朱」していた嫌いがあった。一方で、王陽明の心学が当時において程朱理学を批判し、「良知」理論で道徳強化の役割を果たし、晩明思想の解放を促進する効果もあるのを無視した。さらに、明の亡国の責任を王学に帰して、「王学禍国」論を言いふらした。これは学術の門戸上の偏見だけではなく、社会の治乱興亡における学術文化の役割を過大視し、政経制度と現実的政治勢力の消長変化の作用を無視した「文化決定論」の一種で、思想的な誤導である。

彼は儒家経典の『春秋』大義である「夷夏之防」を固めることを武器にして反清闘争を展開した。それは明王朝の腐敗した統治の復権を企てたわけではなく、野蛮な民族的征服に反抗し、当時のもっと先進的な漢族文明を守ろうとしたのである。しかしその反清民族主義は歴史的な限界があった。中華民族の融合する歴史の中で、民族間の征服や戦争・衝突以上に、民族間の交流と融合が求められており、大きな衝突が起きた後に、融合が起きたことが多かったのである。

【参考文献】 呉光「論呂留良的思想文化成就及其歴史地位」（『中共寧波市委党校学報』二〇一〇年第三期）

（朱康有・董曄／尹芷汐訳）

顔元《がんげん》（一六三五〜一七〇四）

思うに、一人の人にもへりくだることが出来ないのは、傲《おご》りの悪。一つの事も処理出来ないのは、怠りの悪。一つの行いも真実でないのは、偽りの悪。一銭も義で得たものがないのは、貪りの悪。

（『顔習斎先生年譜』）

顔元は清初の思想家、教育者、顔李学派の創始者である。字は易直、号は習斎、直隷博野県北楊村（今河南省に属す）の人。一生医業と教学を業とし、孔子の教育思想を継承・発揚した。「習動」「実学」「習行」「致用」の各方面を共に重んじ、文武兼備、経世致用の人材の育成を強調し、宋明儒学の「窮理居敬」「静座冥想」の主張を批判した。主著は『四存編』『習斎記余』。

顔元は言う、我が儒者たちが日々性道を主張しても、天下はそれを聞かない。日々性道を体して実践すれば、天下は安らかになり、日々性道の実現のために奮闘すれば、天下はそれを当たり前のこととして忘れてしまうと。顔元は実践というものを空前と言える程重要な地位に引き上げた。目の前にある客観的事物に働きかけて、始めて真の知を獲得できるとした。「理はわかっていても、それを処理することが出来ない人は多い。宋の諸先生は、理がはっきり見えていないからと言って、ただ理を明らかにすることだけを教えた。孔子はただ人に事を習うことを教えた。理を事に見る点では、それ以前に徹底していた」。

また利の追求を肯定した。義と利は一対の矛盾した範疇ではないと。顔元は言う、孔子は人に「道を謀《はか》る」ことを教えたが、また「食を謀る」ことを放棄しなかった、「孔門の六芸は、進んでは禄を獲べく、退きては力を食むべし」と。また私欲も肯定した。私欲を否定したら道心を発揮することは出来ない。まさに追求すべき利を進んで放棄するのは、義挙ではない、反って社会発展を阻止する可能性があると。

宋学では気質の性を義理の性よりも低く見、後者を累《わずら》わすものと見たが、それは大間違いで、自然から賦与された最高のものと見た。「天地が人に予《あた》える至高、志貴、至有用の気質をもって、反って性の累者たりと似せる」(『存性編』巻一)。「もし気質なければ、理はまさに安《いず》くに附さんや」(同)。気質を至高、志貴、また至《も》っとも有用なものと見るのは、顔元の真骨頂と言える。

顔元は、読書だけしてそれを実行しようとしない態度を「死読書」として痛烈に批判し、千百の義理を説いたとしても、身自ら一つの理を実行した方が尊いとした。彼は読書そのものを軽視乃至否定したのではなく、読書と実践(習行)の比率を逆転して、一・二割対八・九割として、後者を重視した(『存学編』巻一)。

男尊女卑にも反対した。女子には道を講ずることができないと言った僧侶に、婦人がいなかったら釈迦もあなたもこの世に存在しないと切り返した(『習斎年譜』巻上)。

顔元が一番主張したかったのは、六府、三事、三物の「実行、実習、実学」であった。六府とは金、木、水、火、土、穀。三事とは正徳、利用、厚生。三物とは六徳、六行、六芸。みな書経（尚書）で指摘される三代の道である。

総じて、顔元は三代の実学の継承者を以て自認し、宋明理学の観念性、非現実性を徹底的理論的に批判した偉大な思想家であった。ただ一言すれば、宋明理学（朱子学、陽明学）も、その創始者たちは実践も重んじていたこと、顔元が孔子の知命、知天の形而上哲学の領域や精神生活に重大な関心を払わなかったことは惜しまれる。

（朱康有・董曄／小川晴久訳）

【参考文献】陳登原『顔習斎哲学思想述』（東方出版中心、一九八九年）

李塨《りきょう》（一六五九～一七三三）

知らざれば行うあたわず、行わざれば真に知ると謂《い》うべからず。（『大学弁業』）

李塨は顔元の弟子であり、顔学の発揚と拡大に巨大な貢献をした。李塨は清初の思想家。字は剛主、号は恕谷《じょこく》。直隷（今は河北）蠡県曹家蕞の人。八歳のとき塨に改名。塨の字は一辺は土、一辺は恭、土は将来の「篤厚踏実」を希望し、恭はよく謙虚で恭敬を願った。彼は顔元学説の最も力のある継承者であり、伝播者と発展者であって、教育方面で頗る成果を上げた。著に『四書伝注』『周易伝注』などがある。

李塨は三十歳のとき、「古の学は実、今の学は虚」という実学主張を提起した。この自説を根拠に、四十歳以前は経世致用の「実学」を探求し、顔元一人に師事した。師友の交往は学者の成長する過程で積極的作用を果すことを彼は自覚的に気付いていた。「宿に止る毎に、必ず学人を訪う」と。

李塨は理学は静座を習うが、これは儒教の伝統に合わないと考えた。宋儒の「主敬」と「主静」には本質的区別はない。彼は経験論から出発して、考えた。人間は幼年期から青年期には、思い、動くことを快楽とし、老年に到って「静」を安身立命の根拠とする。とすれば静坐を講究し、動を斥け静を専らにする宋学（朱子学）は衰世の学であり、仏教や道教に根差していて、孔孟の主張ではないと断定した。儒家の核心は「六芸」であり、「六芸」は具体的事物の上に成立しているから、理学の「読書明理」がよく包摂できるものではないと考えた。李塨は理はあくまでも気の理であって、事物を離れて理は存在しないと考え、道と器の関係も、道が器に先んじて存在する者ではないとした。

李塨は考えた、「心」の働きは非常に重要であると。彼は身と心の関係を例にしてこの問題を説明した。「心の官は思うこと、思は用に非ざるか。…体は用を具える。用はその体を用いる。」心は人体の一つの器官で、その働きは思考である。用とは有機体とその機能を発揮することであり、それ故思考は心が発揮する能動的作用である。万物を離れては能動的な働きはなしえない。心を以て探究すれば、万物の中に存在する理を認識することができるはずであると。

李塨は顔元の観点を継承し、「格物致知」の「物」の解釈を『周礼』の六徳、六行、六芸とした。「格物致知」の「格」に対しては、彼は元来顔元が伝授した「手を犯して実際にその事をなす」から出発して、それを少し変えて、朱子の観点を比較的可として、「格」を「学」と解釈した。「学」は必ず「至」の境界にまで到達しなければならない。「格」は浅い所から深い所に進むように学習して、完善に到る過程である、「学に深浅あるも、皆学と見なすことができる、格は浅より深に及び、至らざる所無しの意味である」と。

李塨とその師顔元は孟子の性善説に賛同した。李塨は言う、「善は性に本づく、而して性は事物に見《あら》わる」と。彼は顔元の人性中の「悪」は後天の道徳行為であり、これは「引蔽習染」の結果であるという考えに同意した。彼は言う、「悪は後起の引蔽習染である」と。「習」の働きを強調し、彼は「その失《あやま》りは引蔽の二字にある」と考えた。故に「悪」は後天の外界環境による影響の結果であり、決して本性が固有するものではないと。

李塨の思想内容は大抵『周礼』に根差す者が多い。そしてその他の経書と史書に遍く及ぶ。彼の努力と唱導により、心性を講論する空疎の学は終束を迎え、学術の風気は一変した。これ以後学者の研究は大体経史の実学に帰すようになった。李塨の「実学」思想は、明清期間に三世紀以上流行した実学思潮の重要な構成部分であった。この思潮は、それまでの社会の政治、学術、文化、軍事、経済、教育など多方面に存在した問題を反省し、学者は現実を前にして国計民生に一番有利な事業を為さねばならないことを強調した。

（朱康有・董曄／小川晴久訳）

【参考文献】朱義禄『顔元、李塨評伝』（南京大学出版社、二〇一一年）

戴震《たいしん》（一七二四〜一七七七）

人生れて欲あり、情あり、知あり。三者は血気心知の自然なり。

（『孟子字義疏証』）

戴震は清代の著名な語言文字学者であり、哲学者であり、思想家である。戴震は字は東原、また慎修、号は杲渓、休寧隆阜（今の安徽黄山屯渓区）の人。戴震の学問は広く、音韻、文字、暦算、地理と精通しない所はなかった。また進んで、義理を闡明し、その思想は晩清の学術思潮に深い影響を与えた。ある学者は清朝前期の学者の第一人者と称した。中国近代科学界の先駆者であった。著書に『孟子字義疏証』『原善』などがある

戴震は乾嘉考証学の大家として世に知られている。彼は顧炎武以来の学術伝統を継承し発展させた。「訓詁によって義理を明らかにし」「義理を執って始めてよく考究できる」という思想を打ち出し、義理を空談することに反対し、また考証学の行き過ぎにも反対した。彼は言う、「凡そ学は詞を離れる所から始まり、次に言を分析し、最後は道を開くに終る」と。義理、考証、文章（詞章）は同じく学問の途であるが、「義理は考証、文章の二者の源」であって、義理が最も重要である。考証、詞章は義理を理解する手段に過ぎない。

戴震は「気化流行、生々息まず、この故に之を道と言うのだ」と指摘した。理は条理であって、宋明理学家のいう理は、儒家経典中の理ではないとし、「事物について言えば、事物の外に別に理義があるのではない」と指摘した。程朱が「理を気の主宰とした」ことを、「誣聖乱経」と批判した。「天理を存し、人欲を滅す」の説は「理を以て人を殺す」ものと痛烈に批判した。これと鋭く対置して、「欲は物であり、理はその則である」という命題を提起した。「あらゆる事柄や行為は皆欲を持っている。欲がなければ行為もない。欲があって行為があり、行為があって、至当であって易えることが出来ないものに帰す、これを理と言うのだ。欲もなく、行為もない所で、どこに理があると言えるか」と。戴震は理、天道、性、才、道、仁、義、礼、智、誠などの哲学の範疇を新しく解釈した。「気化即道」の宇宙観を堅持して、陰陽五行が永く低息しない運動こそ道の真実の内容であると考えた。

戴震は改めて「化の原」と「化の流」、「生々者」と「生々して条理ある者」、及び「自然」「必然」「本然」の関係を分析し、宇宙の生命とその変化の源は「仁」であり、「仁」は「生々者」であり、「生々の条理」は「理」であるとした。言い換えれば、人道は性に本づき、人の性は天道に源づく、天道は固より善、人道・人性は善である、ここに於いて人の生命価値と宇宙生命の意義は「天人合一」の世界に融合していると考えた。「理は欲を存するものである」と。

戴震は人の血気心知を充分に重んじた。「人生れて欲あり、情あり、知あり、この三者は血気心知の自然である。ただ欲あり、情あり、また知があって、然る後、欲は遂げられ、情は達せられる」と。欲、情、知は天賦の人性である。天は人に「心」を賦した。即ち理性思惟で調節して、感性存在の人を作りあげたのである。換言すれば、人欲を決して怕《おそ》れるべきではない、また邪悪なものでもない。人欲の満足を追求するのは、正当な人性の要求である。欲、情、知の三つが伸びやかに達せられること（条暢通達）、これが人生の理想状態である。

人道と自然元気の天道の間には、つながりがある。仲介する者は天賦の自然の人性である。天道は人倫の道の間接的決定者である。人の性は人道の直接的決定者である。

戴震は言う、「身を修めるに道を以てす」これが根本である。この根本があって、あの有限な社会関係も始めて処理しえて体をなすのである。修養の内容から人道を見ると、「其純粋中正は〝人の道を立てて仁と義と曰う〟、〝中節これを達道と曰う〟がそれである。即ち人道中の「純粋中正」の道が「仁と義」である。これがあって「君臣、父子、夫婦、兄弟、朋友の交、五者を達道となす、ただ事実を挙げただけである」と。見るべし、自我の修養が根本で、「仁と義」が根本で、君臣、父子等の人間関係中の「達道」は「仁と義」の事実を体現しているに過ぎない。

戴震は「理欲一致」の論で「理欲二元論」を打破し、宋明以来の儒学の「理」が専制主義の「残殺の具」となったことを批判した。「尊者は理を以て卑を責め、長者は理を以て幼を責め、貴者は理を以て賤を責め、…理に於いて死す、誰かこれを憐れまんや」と。このような論述は辛亥革命と五四運動の時期にふんだんに流行した。これらの思想は客観上啓蒙思想の要素を包含している。これは現代の中国文化をもたらす先声であった。

（朱康有・董曄／小川晴久訳）

【参考文献】李開『戴震評伝』（南京大学出版社、二〇一一年）

章学誠《しょうがくせい》（一七三八〜一八〇一）

故《ゆえ》に道なる者は、聖人の智力の能《よ》く為す所に非ず。皆なその事勢自然にして、漸《ようや》く形《あらわ》れ漸く著《あらわ》す、已《や》むを得ずして之を出《いだ》す。（『文史通義校注』）

章学誠は清の史学家、文学家である。字は実斎、会稽（浙江省紹興）の人。進士、官国子監典籍。定州定武書院、保定蓮池書院などで講学した。南北方志館による地方史の編纂に携わったこともある。「儒教経典はみな歴史書である（六経皆史《りくけいかいし》）」論を提唱し、経と史両方の学問において造詣があった。著書『文史通義』は清の中葉の著名なる学術理論著作である。

儒家経典に対する彼の新解は、社会発展と学術進展における経書の意義を説明した。その「六経皆史」説は、「古人は未だかつて事から離れて理を言うことなし」、つまり六経に掲載されたものは全て聖人の先天的な賢さによるものではなく、社会生活と治国の実践から来たものであると主張した。『易』の道は具体的な典章制度の本源であり、庖羲《ほうぎ》、神農、黄帝は三『易』を有し、皆「天理之自然」すなわち自然への観察で得られた規律的な知識で民を教化していたと述べている。

彼の歴史哲学的探索の成果として『原道《げんどう》』三篇があげられる。「道」は伝統学術における最も高級な範疇で、それは世界の本源、人類の社会生活の根本的法則、治国の思想及び学術思想などを内包している。道は社会的実践に基づいて一歩ずつ発展し、「漸形漸著（少しずつ形になり、少しずつ顕著になっていく）」ものであり、人類の生活と生産の進歩につれて、「事勢自然」の傾向が現れる。そのため、必然的に次の結論に至る。「道という者は、聖人の智力によってつくられるものではない。事は皆その自然な勢いで少しずつ形になって、顕著になっていく。やむを得ずして現れるのである」。

こうして、彼は「六経」を聖人が作り出した万年不変のものだという教条を破棄しようとした。「道」は万事万物が形成する際の客観的法則であり、異なる段階においてそれぞれ異なる表現形式がある。歴代制度の創設は、求められるところに原因し、それに従って後から与えられたものである。「一陰一陽、往復循環するものは、あたかも車輪のようである。聖人が制度を創るのも、暑い時に夏服を着、寒い時に冬服を着るのに似て、車輪に対する轍《わだち》のようなものである（一陰一陽、往復循環者、猶車輪也。聖人創制、一似暑葛寒裘、猶軌轍也）」。千百年来儒生が経書を拝み、聖人の教と経書に書かれたものだけを「道」の化身と思い込み、「聖人—六経—道」という三位一体の状況になってしまい、膠着した観点が形成されてしまったという。これに対して、章学誠は「道」と聖人を同一視してはならないことを論証し、「聖人に学べばすなわち賢人となり、賢人に学べばすなわち君子となる。衆人に学べばすなわち聖人となる（学于聖人、斯為賢人。学于賢人、斯為君子。学于衆人、斯為聖人）」と宣言した。「道」は事功と密接につながり、六経だけでは「道」を尽くすことができない。六経の後から出てきた事変について六経は言うことができないので、立言する人が観念を革新させ、新たな「道」を開拓しなければならない。物事が絶えず発展している限り、「道」も発展すべきである。学者たちには、「道」を固定的で不変なものとして捉える考え方を改めるように求めた。章句の訓詁だけで古人の学術の真諦を得ようとする態度を変え、「道」と社会生活との関係を認識した上で、物事の発展とともに「道」を発展させる態度を樹立するように主張した。

人間は貧富貴賤に関係なく、皆一死から免れることはできないのも、自然の規律である。世界中のすべてのものは常に変化し、「我」も例外なく変化しているため、常に肉体的・個人的なエゴイズム（私於形気、争於是非之所謂我）を除去し、「赤子《せきし》」の心に向い、「修身」する「真我」を発展させ、自我をより良いものとして改善していくことができれば、事業の成功を得られ、「我が生に負《そむ》かず」と言えるという。絶えずに自己を改造することによって、「時々其の故我を取り去り、而して後に存する所すなわち真我なり」。ここに初めて人生は価値のあるものとなる。

史学において優れていたが、清政府に重用されたことなかったため、彼は自身の史学理論を方志（地方志）の編纂に用いた。方志の編纂は彼の一生にとって重要な活動となった一方で、彼自身も方志学を成立させた重要な人物である。梁啓超《りょうけいちょう》も章学誠を中国「方志之祖」、「方志之聖」と誉めている。一九七八年頃から、中国の修志の風潮が起き、章学誠の方志学説は啓蒙的な理論となったのである。

（朱康有・董曄／尹芷汐訳）

【参考文献】倉修良、葉建華『章学誠評伝』（南京大学出版社、二〇一一年）

阮元《げんげん》（一七六四〜一八四九）

余の経を説くは、古訓を推明し、実事《じつじ》求《きゅう》是《ぜ》するのみ。敢えて異を立てるに非ず。（『揅経室集』）

阮元は漢学の最後の重要な人物であり、漢学の学術と思想を総結した清の著作家、刊刻家、思想家である。字は伯元、晩年の号は怡性《いせい》老人、江蘇儀征の人、進士、侍郎、学政、巡撫、総督などの職務を務めた。乾隆、嘉慶、道光三朝を生き、最終的に体仁格大学士、太傅《たいふ》の位につき、諡号は文達《ぶんたつ》である。経史、数学、天算などにおいても非常に高い造詣があり、三朝閣老、九省疆臣《きょうしん》、一代文宗と尊称される。著作に『経籍纂詁《けいせきせんこ》』などがある。

顧炎武《こえんぶ》、戴震《たいしん》の実学思想をそのまま継承し、その視野は乾嘉時代の学人の全ての領域に及んでおり、その成果を経典研究に反映させた。「揅経《けんけい》」という室名はまさにその一生の治学の趣旨を総括している。彼の経典研究は「実事求是（実際の状況に基づいて問題を解決する姿勢）」を基本とした。経書に通じる道を、古人の訓詁《くんこ》の「真」を得ることにあると考え、治経の中で訓詁をとくに重んじた。また、彼は乾嘉《けんか》考証学者の陣営に立っていたが、経書の「真」を求めるためには古人の「義理」の探求もまた欠かせないとした。

彼の実学思想は二つの側面がある。一つは質実、実事之学（「学」の側面）であり、もう一つは実践、実行の学（「行」の側面）である。この二つは表面的に別個のものに見えるが、実は相互に連結し、相補うものである。阮元は「質実」「実学」の学問に力を注ぎながら、それを実践の中で応用することを提唱した。三十五歳の時、「最近の人は経史と小学の書の考証では精細になったが、聖賢の言行を明らかにする書は甚だ少ない」と述べ、それが「流派の偏」に基因しているのに気づき、学術研究の中で「求実」と「致用」の結合を強く訴えた。

古代の聖賢が学術を講論する時に、空言はなく、言葉にはすべて現実性がある。彼は経学研究の中で、訓詁の方法で経典における原儒の本義を見直し、「事」を以って経を解釈し、「実」を以って経を説くことを主張した。この主張は、晋、唐以降の儒者が空言で説経する学風を批判し、実用的な学風を導くという学術的な意義だけではなく、古代の聖賢の治世の意を日常の中で推進し、「求実」と「致用」を有機的に結合させるという実践的な意義を持っていた。

「礼治」を提唱し礼学を実践する意義を強調した阮元は、「孝」に類する「悌」、「忠」、「信」などは、すべて聖賢の極めて中庸な真実の道であると同時に、天下古今の極めて大きな、極めて困難な道であるが、「孝」が社会の中で果たす役割を積極的に肯定すべきであると述べている。なぜなら、不孝すなわち不仁、不仁すなわち上を犯して乱を作す——父と君というものがなければ、天下が乱れ、万民に危険が及ぶからである。

また彼が古代の金石刻《きんせきこく》を重視したのにも理由があった。形を超越した「道」に対して、「器」は形あるものである。商周（湯王が建国した殷・武王が建国した周）二代の「道」が今日も残っていのは「九経」があったおかげだが、「器」でまだ残っているのはきわめて少ない。かろうじて銅器鐘鼎の類だけが今も存在しているだけである。これらの器物は古代社会の制度礼儀を反映しているとして、阮元は強い愛着を示した。「一器を触り一銘を拓釋して俯仰する間に、心は数千年前へと飛んで行く」と語っている。長年の収集と研究を通して、やがて金石の著書を三部作成した。

当時、伝教士の日食に対する正確な予報は、天監官員や朝廷を驚愕させた。このため、多くの実学の学者が時勢に順応し暦算の学問に励むようになった。阮元は西洋を盲目的に排外するのではなく、盲従しないことを求めた。伝教士の意図的な中国と西洋の算学史を歪曲する言論に対しても、必ず史実を釈明した上で弁論した。

阮元は「実学」を求めない人は先入観に満ちており、虚心に是非を求めなく、実に愚かだと語っている。経、史、文など、多くの学問において造詣があるだけではなく、察吏、撫民、武師、治漕においてもすぐれた業績を残した。清の朝廷の要員、封疆大吏として、彼は常々学術と治道との関係に関心を持ち、その「稽古」の学も、まさに政治のために行われたものであった。それは「未だ稽古に精ならずして政事に精なるは有らず（未有不精于稽古而能精于政事者也）」「学問と官職は互いに合するもので、世の用のために使うものである（学与仕合、済於世用）」という言葉にも表れている。

【参考文献】 林久貴「阮元的経世実学思想芻議」（『光明日報』二〇一五年一月一二日）

（朱康有・董曄／尹芷汐訳）

龔《きょう》自珍《じちん》（一七九二～一八四一）

（『龔自珍全集』）

衆人の宰は、非道非極、自ら名づけて我と曰う。

清朝の思想家、詩人、文学家、改良主義の先駆者である。「更法」（法制改革）と「改図」（社会変革）を主張し、「三百年来第一流」と褒め讃えられた。字は伯定、号は定盦《ていあん》。仁和（現在の浙江省杭州市）の人。内閣中書などの官職を務めたが不遇であった。悪政を取り除き、外国の侵略を制止し、かつて、林則徐《りんそくじょ》のアヘン禁止に対して、全力で支持した。四十八歳で辞官して南帰した。著作『定盦《あん》文集』のほか、文章三百篇余、詩詞八百篇など『龔自珍全集』に収録されている。中国近代人文主義思想の発端であり、思想が転換する時期の通儒である。経学、史学、典章制度、訓詁、音訓、金石、天文、地理、詩詞歌賦、佛、老子など触れてないものはない。

龔自珍は「天地・世界を造るのは聖人ではない。天地と世界は衆人の自我によって造られている」と言った。自我を世界の第一原理として提出したことは、近代的な「自我」の発揚であり個性自由を内容とする近代人文主義の発端である。「我が光は日月を造り、我が力は山川を造り、我が変は禽獣昆虫の類を造り、我が理は文字言語を造り、我が気は天地を造り、我が天地は人を造り、我が分別は人倫綱紀の道を造る（我光造日月，我力造山川，我変造毛羽肖翹，我理造文字言語，我気造天地，我天地又造人，我分別造倫紀）」（『壬葵之際胎観』）。彼は、創造と実践は自我価値を確証するための方式の一つであると考えていた。人は一種の情緒的な存在であるとの立場から、人間が真実の感性的存在であることを肯定し、欲望と情欲を非合理的要求と見ることに反対した。

人類は衣食住行など生活上の問題を解決した後に、鬼神聖賢を語ることができる。基本的な物質生活が満足してはじめて「性と天道」が存在するのである。人が神を造ったのであり、神が人を造ったのではない。個人的な発展という視点からは、心力を極めて重視しなければならない。「大仇を討ち、大病を治し、大難問を解明し、大事を策略し、大道を学ぶこと、これらはすべてが心の力による」からである。社会の変化は「心力」に依存し、心力は社会的な成功と失敗を決定する。

彼は「命」の概念を解釈し、それはまず命令と規律であるという。天命は流行し、君命は内出する。自然変化の規律と君王の命令は、人々が尊重すべきものである。しかし、天命と君命の間には先験的な感応関係がない。「命」はまた、社会関係の倫理道徳準則を表すものと解された。

善と悪の問題に関しても龔自珍は「善と悪は一対的関係において矛盾的に人性の中に存在している。こちらが消えると、あちらが現れ、互いに抑制しあっている。善が悪を抑制すれば、堯のような大聖人となる。悪が善を抑制すれば、桀のような大暴君となる。堯と桀は互いに主となり客となって互いに相手を屈服せんとするが、あまり一方に偏ってはいけない」。

歴史とは、君王の働きによる。「君王は一代の政治を切り開き、一代の政治は一代の学術を作り上げる（一代之治，即一代之学也。一代之学、皆一代王者開之也）」。歴史動力は個人にあり、したがって、国君は「その力が強く、その志が逞しく、その賢さの上、その財が多い」ことによって、「一人は剛、万夫は柔」となる。王朝の盛衰、国家の存亡は人君の一身に係わるものである。もし、天運が尽き、人君が無能な時、山河の支配権を他の人に渡すべき時がきた場合、鍵はやはり聖人である。

政治は現在を対象とすべきであって、三代の理想モデルを以て現在当代の手本とすべきではない。「一代の治は、一代の政である（一代之治、即一代之政）」と主張し、伝統的な復古的な政治思潮に反対した。天命と君命と分離して考え、人類自身が求めるものを目的とする主権意識を確立すべきと主張した。天命を基礎とする政治は、伝統主義の因循政治であるが、龔自珍は「制作で統制する」と述べ、人間の主観的な努力、理性的な創造力によって合理的な政治ができるとした。

龔自珍は中国近代哲学の発端である。一九世紀中国哲学はすでに、新たな方向を探し求め始め、中世期から脱出する方法を模索して、西洋思想の導入にその土壌を提供しつつあった。手を振り上げて高らかに叫ぶ改革家であった龔自珍は、的確にも「祖先の法には不備や欠点などが必ずある。後から来る者によって改革を迫られるよりも自ら改革したほうがよい」と呼びかけた。彼が提唱した改革というのは、漸進式の改革だった。しかし、あの当時、人々がみな沈黙してものを言わない時代にあっては、このような漸進式の改革への呼びかけでさえ、耳の聞こえない人までにも聞こえるくらいその声は大きかったのである。

（朱康有・董曄／徐青訳）

【参考文献】陳銘『龔自珍評伝』（南京大学出版社、一九九八年）

魏源《ぎげん》（一七九四～一八五七）

夫《そ》れ、王道の経世、佛道の出世、迹《あと》に滞《とどこお》る者は異たるを見、機を円ずる者は同たるを見る。

（『魏源集』）

魏源は清の啓蒙思想家、政治家、文学家である。湖南邵陽隆回金潭の人。進士、高郵の知事になったが、晩年隠居し、佛学に潜心した。「経世致用」を論学の宗旨にすべきだと考え、「古を変えること愈々尽くせば、民に便なること愈々甚だし（変古愈尽、便民愈甚）」という変法を主張した。「夷《い》の長技を師とし以て夷を制する（師夷長技以制夷）」を提言し、西洋を学び、世界を知る新しい潮流を開いた。西洋の先進的科学技術を学ぶことを勧めた魏源は、中国思想が伝統から近代へ転じる晩清経世学風の提唱者である。編纂した書物は『皇朝経世文編』があり、著書は『海国図志』がある。

事と心、法と人、今と古、物と我、という幾つかの対立関係を論じるのに当たって、魏源は明確に、「事」、「法」、「今」、「物」をより重視すべきだとした。士人は変化し続ける物事や現実社会の問題などを研究し、変革の方法に関心を持つべきことを主張した。そのために彼は「心を善く理解できれば、必ず事において役割を果たせる（善言心者、必有験于事矣）」「人のことをよく理解できれば、必ず法の制度を善くすることができる（善言人者、必有資于法矣）」、「古代のことをよく理解できれば、必ず今日のことを善くすることができる（善言古者、必有験于今）」と説いた。「既経世以表全編、則学術乃其綱領」というのは魏源『皇朝経世文編』の指導的思想であり、学術を現実の中で適応させ、学術で社会を導く態度を強調した。彼自身が言った「実事をもって実功をはかり、実功をもって実事をはかる（持実事程実功、以実功程実事）」との言葉もそうした思想を反映している。

その学術思想は、法、老、兵を吸収し、西学も受け入れている。後に経学から史学に転じるが、あくまで実用を主旨とした。彼は理学から入門し、漢学にわたり、更に漢学の「訓詁」の「音」から今《きん》文経学《ぶんけいがく》に入り、公羊学《くようがく》の「微言大義」を経術、故事、文章に貫かせ、それらを「一」とした。彼のいわゆる「一」とは、「経術を以て治術と為す（以経術為治術）」の「道」である。魏源は後漢の「六経治世」の方略を推奨し、現実社会の政治問題のために、治経、明道、政事という三者の結合を主張した。

魏源などの経世派士人が治経から治史へ転じ、史を治術としたことによって、伝統史学は近代の「新史学」へ変容した。『聖武記』、『道光洋艘征撫記』『海国図志』などはどれも「新史学」の代表作である。『海国図志』は世界各国の沿革、地理、国際関係および社会状況を叙述し、包括的で整っている世界史の著作といえよう。この書物は十九世紀中葉の中国および東アジア全体において見ても、もっとも豊富な世界知識の百科全書であり、中国人の世界を見る視野を広げた。

一八五三年、退官して江南各地を遊歴し、『佛説摩訶阿弥陀経』を訳し、仏学に専念した。近代中国において、学者が仏学を研究するのは一種の流行だったが、このような流行は多様な原因があった。その一は、西方列強の侵入によって、中国と西洋の文化が衝突して、中国の伝統社会が解体され、組み替えられていったため、経学経世の理念が崩壊すると同時に佛学が流行したのである。もう一つは、アヘン戦争の国辱によって、変革を主張していた士人たちの苦悶と不満が蓄積したため、精神的解消を必要としたからである。

経学が絶望的な境地になった中で浄土宗に転じた彼は、禅浄を合一させ、「禅浄双修」を主張した。近代における佛教の復興は、乱世の中で現れた「救心」の需要に応えるものであり、苦難の中にいる衆生を慰めるものだった。彼は学術の境界線を打破することを主張し、各家や各派の思想を融合させた。長い間に存在していた学術界の各門戸の紛争は意義のない消耗であり、国民に何一ついいことがないと批判した。魏源は「兼黄・老・申・韓之所長而去其所短、斯治国之庖丁乎！」と訴えた。すなわち儒家思想に基づいて、中華伝統文化の各思想的流派から良きものを取って悪しきものを捨て、社会の現実問題とりわけ社会秩序の維持について理論的に解決方法を示すことが重要だと指摘した。

アヘン戦争後に彼が提唱した数々の建設的方案には近代新思想の萌芽があった。「師夷長技」西洋の長所である技術を学ぶことがそれである。「夷之長技」は魏源の手によって新たな学問となり、「経世之学」の重要な一部になった。これは伝統的経世学の近代的延長を表わすものであり、中国文化と西方文化の交差はこうして実現した。深刻な歴史的変容と社会の変遷を目にし、厳しい民族的危機と社会的危機を体感した魏源ら知識人は、国と民を救う方法を探求しなければならなかったのである。

（朱康有・董曄／尹芷汐訳）

【参考文献】陳其泰、劉蘭肖『魏源評伝』（南京大学出版社、二〇〇四年）

黄遵憲《こうじゅんけん》（一八四八〜一九〇五）

我が手、吾が口を写す。古《いにしえ》、豈《あに》能《よ》く拘牽《こうけん》せんや。（『雑感』）

黄遵憲は清の末期の傑出した外交家、新派詩人、維新派啓蒙思想家、政治改革家である。駐日本公使参賛（一等書記官）、サンフランシスコ総領事、駐英国参賛、シンガポール総領事に歴任し、戊戌《ぼじゅつ》変法の期間中に湖南按察使に務め、巡撫《じゅんぶ》・陳寶箴《ちんほうしん》の新政に協力した。詩が巧みで「詩界革新導師」と称された。作品に『人境廬詩草』『日本国志』『日本雑事詩』などがある。

中国の近代史において、いわゆる啓蒙とは「封建の蒙昧を啓発する」ことである。黄遵憲の啓蒙思想は、儒家思想の良きもの、中でも学術上の「経世」思想に淵源を持ちつつ、西洋文化中でも進化論と民約論の影響も受けており、東西文化の衝突と融合の産物であった。儒学では特に顧炎武《こえんぶ》、黄宗羲《こうそうぎ》の経世学を推奨している。日本と英米諸国に出張したことにより視野が大きく開き、思想的にも進歩・深化し、包括的な啓蒙思想を形成することができた。彼は当時学術的に支配的な地位にあった漢学の考証や宋人の義理、詞章の学を批判し、中国の伝統的学術が時間と精力を浪費していると指摘した。長い歴史を持つ八股《はっこ》制度が多くの士人を「束髪受書」の時代から束縛してきたにも拘らず、彼らは地位を得るために、依然として八股文の中に溺れていく。このような制度は、帝王の人材的需要を満足させる以外何の意味もない（世儒習其然、老死不知悔。英雄尽入彀、帝王心始快）」と強く批判した。

言語と文字を改革し、大衆文化を普及することを主張した彼は、「五部洲の文字の中で、中国の文字が最も古い。言語文字が互いに受け入れないため、文字を通じさせることが難しいのは不思議ではない」と、当時にすでに現れた明白で流暢な新文体を認め、それを「今日に適用させ、俗に通信させる」ことで、「天下の農工商・婦女・幼稚をしてみな文字の用を通じさせる」ことができると考えた。文学を手段に新しい時代の国民の魂を作るために「詩界革命」を提唱したことで、梁啓超《りょうけいちょう》からは最も推奨する「詩界革命」の代表人物とされ、憂国憂民と社会改革という新理想を旧思想に融合することができると評された。

黄遵憲は西洋の「天賦人権」と「自由」などの観念を中国に紹介し、西洋の社会政治学説で、正義と道理を論じる場合に語られることは、人間は天地の命を受け、各個人にはみな自由の道が開かれているとした。同時に、梁啓超への手紙に「今まさに大いに門戸を開き、新学（西洋の学問）を受け入れんとしている。新学の盛行に中国固有の学を以て互に比較競争すれば、旧学の真の精神が溢れ出し、真の道理も益々明白になり、いずれその真価が発揮されよう。新学というものを放棄するか摂取するか、受容するか拒否するか、調和するか並行するかは、全て我々が決めればよい（今且大開門戸、容納新学、亦新学盛行、以中国固有之学、互相比較、互相競争、而旧学之真精神乃愈出、真道理乃益明、届時而発揮之。彼新学者或棄或取、或招或拒、或調和、或並行、固在我不在人也）」と説いた。西学の輸入を機に、伝統文化に活気を入れると共に、主体性を保持しつつ、我を失って盲目的に受け入れることに反対した。

彼は外交活動家としてアジアや欧米各地にわたり、明治維新や欧米の資本主義文明に関して、広範な考察と体認をしたのであり、その改革思想もいわゆる「中国必変従西法（中国必ず西方に従って変わる）」という変法論であった。駐日本公使館の一等書記官を務めた際に、島国の日本が中古から近世まで常に強国を見習っていたことに気付き、『日本国志』の中にそれを記載した。このことから、彼は日本の国粋主義思想の歴史的文化的背景についてある程度理解していたことが推測できる。彼の考えによると、外国の文化に心酔することで主体性を失った日本と違って、中国は悠久なる伝統文化を持っている国である。「尊大」の旧習や「固弊（固有の弊害）」が強いため、日本のように急いで「国粋」を提唱する必要がない。それよりも門を大きく開き、新学を取り入れ、新学と旧学の比較と競争を通して、東西を融合した新たな文化を作り出すべきだと語ったのである。このような中国の学と西洋の学、旧学と新学に対する態度と方法は、今日においても大いに参考になる。

黄遵憲の啓蒙思想は、西方の思想文化観念を参照して形成されている。そのため、彼は『日本国志・学術志・二』の中で、近代日本と西洋資本主義国家の発展概況およびその近代化の成功した事実を紹介し、中国人が日本と西洋を知るための豊富で貴重な資料を提供した。彼は中国の士大夫知識人や群衆に西洋の先進的思想を広く伝え、中国近代史上初めて、思想的解放運動と呼応してのちの知識人にも長く影響を与えた。

【参考文献】 黄昇任『黄遵憲評伝』（南京大学出版社、二〇一一年）

（朱康有・董曄／尹芷汐訳）

厳復《げんぷく》（一八五三〜一九二一）

身は自由を貴しとし、国は自主を貴しとする。生の、群と相似ること此《かく》の如し。

（『原強修訂稿』）

厳復は中国近代史上、西洋国家に向けて真理を探した「先進的な中国人」のうちの一人であり、清末の非常に影響力のある啓蒙思想家、翻訳家、教育家である。福建省侯官（今福州市）の人。福建船政学堂、イギリスロイヤル海軍学院を卒業。李鴻章《りこうしょう》が創設した北洋水師学堂で教え、中国近代初めての海軍人材を育てた。『天演論』の翻訳と『国聞報』の創刊で西洋の民主主義と科学を系統的に紹介した。

その一生最大の業績は西洋学の提唱・宣伝にある。西洋近代の学術紹介を通して、これらの国家が民主自由思想及び科学的な学理知識を持っていたことで繁栄し強国となることができたという事実を当時の人々に認識させた。近代中国の知識人のなかで、西洋の自由・民主思想体系について深く入って研究し、系統的な紹介をした一人である。政治立場に置いては、厳復は当時の中国にすぐに民主政治を導入することについて堅く反対していた。当時、中国が西洋の民主政制を移植すれば、西洋国家と同様に強大になると考えていた人もいた。しかし、厳復はこれには批判的だった。民主とは、「自由」の政治上の一種の表現である、自由は「体」であって、民主は単なる「用」に過ぎないからである。自由は民主政治の実質であって、これは中国社会にもっとも必要とされるものであった。

厳復はハーバート・スペンサーの社会有機体論の中にある「社会成員と社会の関係は、細胞と生物体との関係である。(生物体の性質、特徴はその構成される細胞によるものであれば、一国一群の顔付き特徴はその社会成員の状況によるものである)」との指摘を受け、「個人が健康でないと、国家も必ず病痛になる。個人が健康になれるかどうか、もっとも重要なのは自由である」と主張した。

西洋近代の民主社会への深い理解において、近代中国知識界の中で、厳復と匹敵できる者はほとんどいない。個人の自由、自利益への競争、個人は社会の基本であること、言論と思想自由はもっとも大切なことを説き、これを民主社会の本質と見做した。理論上に置いて先進的・徹底的であるが、現実の政治の中においては、彼は一貫して、自重の態度を保持し、政治改革を軽々しく口にしなかった。激烈な手段で既存の典章規則を変えることに反対し、教育と思想学術の啓蒙を通して国家と民族を更新することを強く主張した。

清末から民国まで、終始一貫して自然科学知識及び科学法を用いて事物道理を研究することの重要性を強調した。自然科学は「病を癒し弱を助ける力が有り、よく旧学の束縛を破って新しいもの、緻密な知識などをもたらしてくれる(有療病起弱之実力、能破旧学之拘攣、而其于図新也審)」からである。自然科学は諸科学の基礎である。自然科学の知識と原理、反復的に客観的に物事を検証することができるため、そこには普遍的な正確性と実行性がある。中国固有の学問である宋学や漢学、その学問を治める内容と方法はともに西洋の科学系統と異なっている。彼は中国の伝統的な学術（義理、詞章、訓詁など）を一時棚上げして、これに代えて西洋近代の学問を導入すべき事を主張した。そのため、西洋の自然科学の中の進化論、科学研究方法の帰納法、論理学などを紹介した。T・H・ハックスレイの『進化と倫理』（Evolution and ethics『天演論』）、J・S・ミルの『論理学体系』（A System of Logic）等の翻訳を通して、近代西洋国家の富強と進歩の基本動力の所在を論証した。西洋国家が二〇〇年の間に、かつてない盛世まで至ったのは科学の成功に原因がある。厳復は「中国はその以前、知の育成の方法を得られなかった。民衆の知が開化されないため国は貧弱のままである。これを救うには物理科学の力を借りなければならない（中国前此智育之事未得其方、是以民智不蒸、而国亦因之貧弱、欲救此弊、必假物理科学為之）」とした。

中国の発展のためには、西洋学の吸収が必要である。一方で、自由平等などの理念を以て社会を改革・改善・振興させるためには、必ずしも全面的に儒家の倫理道徳を捨てる必要はない。これらの道徳修養によって中国民族の国性、個人の高尚な人格を育成し、それをもって西洋文明の欠陥を補えると考えたからであった。晩年に厳復は西洋の物質文明に対して嫌悪と失望を表明した。西洋列強は科学の知識を利用し人類のために創造するのではなく、それらを、殺人、戦争、相手を滅ぼし自分だけが生きることに用いたに過ぎないと見たからである。

（朱康有・董曄／徐青訳）

【参考文献】 皮後鋒『厳復評伝』（南京大学出版社、二〇一一年）

康有為《こうゆうい》（一八五八～一九二七）

故に普天《ふてん》の下、生有るの徒、皆以て楽を求め、苦を免れんとするのみ。他に道無し。

（『大同書』）

康有為は中国近代史上に置いて、非常に大きな影響力があった開創性理論家である。戊戌変法《ぼじゅつへんぽう》の指導者として政治思想と学術理論を以て中国の独立に大きく貢献した。広東省南海の生まれ。五歳の時から百首の古詩を歌うことができ、「神童」と称えられた。西洋の文化に接触後、その先進的思想に惹かれ、進化論と政治思想を受け入れ、維新政治思想を形成した。主著『大同書《だいどうしょ》』は中国人が未来世界を探求する第一級の空想社会主義の傑作である。大同社会は儒家の理想社会として古くからずっと中国人の憧れであった。だが、大同思想を系統的に論述し、書物に著したのは康有為だけである。「大同」とは、孔子が『礼記』で唱えた理想社会であり、『春秋』の中に語られている太平世である。それは無邦国、無国界、無帝王、人々平等で、天下は皆の天下であるというユートピア社会である。

大同思想のロジックはこうである。人はだれでも残酷になれない心をもっている。人はみな、苦しみから免れようとする。「故に、天下の人々がみな、苦難を逃れ、楽みを求める。その以外に真実はない」。人々に苦が多く、楽しみが少ないのは善ではない。苦楽を強制的に人々に押し付けてはいけない。ある人が苦を行うのを嫌がらないのは、そこには彼が楽しみとするものが在るからである。しかし、このような苦をすべての人に強制的に押し付ければ、それは非人道的だ。

康有為は現実から人生の六大苦難を羅列した。すなわち、一に人生の苦、二に天災の苦、三に人道の苦、四に人治の苦、五に人情の苦、六に崇尊の苦である。一切の苦の根源は皆「九界《くかい》」によるものである。もし、衆生の苦難を救いたいのなら、九界を破らなければならない。九界の第一番目は、国界である。一切の苦難を消却するには、まず、国家を消却しなければならない。公有を基礎に大地連合的な公共政府を実現すれば、大地は丸ごと、ひとつになる。もし、世界に国境がなくなった場合、人々は皆平等で、天下を皆の天下とする大同世界が達成される。大同思想は、儒家公羊学《くようがく》の三世説がその源だが、この二つは天と地の差がある。西洋の民主、平等、自由と博愛の思想を吸収したその思想は、中華伝統文化に向けられた一つの挑戦となった。中国四千年の思想にとっては衝撃的である。時代的な障碍もあって、生前に『大同書』を公開発表しなかった。

孔子は「仁」と「智」を取り上げたが、最終的には必ず「仁」を基本とした。孔子の仁本哲学を肯定しながら「智を重要とする」新たな論点を提出した。経典概念の近代化解釈を通して、智を以て仁、義、礼、信を統率するものとした。「仁」を核心とする旧来の倫理哲学体系を否定したのである。「仁」と「智」をめぐる解釈は、中国学術思想を伝統から近代へ歩ませる重要な思想的一歩となった。

近代中国において、もっとも早くから中国と西洋文化の特徴に注目を払った康有為は、西洋に真理を探し求めたプロセスの中で、西洋社会の智利を中心とする理智型社会を称賛した。この種の異なる文化価値の趨勢は国家民族の盛衰運命に関係して来るからだった。西洋では民衆に知を持たせたため、国家が富み民衆も強い。他方、中国の統治者は礼義を国防の要として他を顧みようとしない。この種の「重知論」は孔子の「知者は惑わず」という原則を超えている。知は人類自身を改造し、自然を征服する武器である。人はこの世の中で博愛の心を持たなくてはならないと同時に、競争の知を併せ持つ必要がある。この両方を持った人が、正しく人間関係を処理し、人類社会に貢献をすることができる。このようにして、はじめて本当の人間となる。康有為は近代自然観と科学物質思想の優先を前提として、倫理学を位置づけたのである。

書を著し説を立て「経世済人」という主題を明確にすべきであるとして、言葉は徳を立てることと同じくらい重要であると言った。文人は必ず「気概（骨気）」を持つべきことを強調し、優れた文章がもっとも名節を励ますものであると述べた。また、中国はロシアと日本の歴史経験をよく勉強すべきだと考え、「旧ロシアピョートル大帝の心を心法とし、日本明治の政治を治譜《ちふ》（政治の秘伝を記したもの）として」光緒帝《こうしょてい》のために変法綱領を制定した。彼が提出した一系列の維新改革の指導思想と具体的な措置は大抵西洋学から来たものである。彼は西洋学の機械、技芸を学ぶだけでは満足することなく、根本から西洋の政治制度を学習することを主張した。これは「師夷長技」「中体西用」の枠内からも抜け出たもので、当時の中国人に西洋から真理を探し出すための思想的な突破口を提示した。

（朱康有・董曄／徐青訳）

【参考文献】馬洪林『康有為評伝』（南京大学出版社、二〇一一年）

譚嗣同《たんしどう》（一八六四～一八九八）

蓋《けだ》し心力の実体は、慈悲より大なるは莫《な》し。（『仁学』）

譚嗣同は湖南省瀏陽の人。中国近代の有産階級の著名な政治家、思想家、維新運動の指導者である。一八九八年の戊戌《ぼじゅつ》変法に参加し、変法派の指導者になった。戊戌六君子（譚嗣同、康広仁、劉光第、林旭、楊鋭、楊深秀の六人を指す）の一人である。中国を強くするためには、商工業の振興と西洋の有産階級の制度を習うべきことを説いた。清政府の売国降服政策を批判し、科挙受験の廃止、学校の振興、鉱山の開発、鉄道の建設、官僚制度の改革等の変法維新を主張した。変法失敗後、三十四歳で殺害された。主著に『仁学』がある。

初期の哲学思想は、張載《ちょうさい》と王夫之《おうふうし》の「気」論を受け、天地万物の源は「気」であるとした。第一、万の物は気から生まれる。「混沌磅礴《こんとんほうはく》の気、沖塞《ちゅうそく》して固く結びて質（基本的な物質の粒子）を成し、質立ちて、人・物生ず」。すなわち、人と物は気が固まったものであり、気が固まって質に成り、さらに質は人と物になる。第二、天地万物は気の中にある。気は一切に充満して、万事万物は気中で動いている。気は天地万物の間を媒介する働きをする。「月星の光が大地を照らすと明るくなることは、月星の気が大地に届いたのである。人の目が月星を眺めることは、大地の気が月星に届いたのである」。第三、陰陽は一気である。陰と陽は二つの物ではない。一つの物であり、気の表徴である。

晩年は「仁」に関心を持つようになった。この「仁心」を根底にして、すべての社会・人類・政治・道徳・宗教の諸問題を『仁学』の中で言及している。この精神に逆らうものは、異端であり、邪説である。彼は「仁」の元の意味について解説する。「仁は二と人でできていて、相い偶するという意味である」。彼は「仁」を人生の基本に置いた。儒教の「仁」の命題を受け、仏教やキリスト教など異なった分野の思想に取り組んだ。「仁」に包摂する意味を、一人一人の個人から、一つの社会、遂には宇宙まで広げた。また、「仁」は宇宙と天地万物の源であることを説明するために、「仁」を「元」と訓読みした。更に「仁」を「無」とし、「仁」が最高の境地に達した場合、人が自我への囚れから解放されて「無我」の境地になり、物我一体、天人合一の状態に至るとした。「仁」は単なる道徳観に止まらず、譚嗣同の宇宙観を形成した。「仁」は宇宙空間を満たし、天地万物の間で繋がり、永遠に普遍に全ての中に存在している。「仁」は宇宙万物の源であり、また人の「心」の本体である。

譚嗣同は『大学』の中で論じられている「格物致知、正心誠意」は、人間の本心を培い、「人心」を「道心」に変化する過程であると考えている。このような精神転換を持てば、人心の境界が昇華される。また、このような人心の境界で、宇宙は万物一体の集大成になり、個人の生命もこの宇宙の集大成に融合される。これは『仁学』で求める最高の境界である。このような宇宙観と生命観は、儒家以外の思想の影響も受けている。『仁学』の中で、「仁」と「学」を学ぶものは、中国の書では、『易』

『春秋公羊伝《しゅんじゅうくようでん》』『論語』『礼記』『孟子』『荘子』「墨子」『史記』・陶淵明・周濂渓・張横渠（張載）・陸象山・王陽明・王船山《おうせんざん》・黄宗羲《こうそうぎ》、仏書では『華厳教』および心宗（禅）、相宗（法相唯識宗）、西洋の書では新約聖書と算学・格致（物理学・化学）・社会学に通暁しなければならないと述べている。

後期における「仁学」思想は、変法維新の範疇を遥かに超え、独特な哲学理論・社会思想がそこに展開されている。例えば、伝統社会の中で人々は、「静・柔」の考え方を重んじて生きている。しかし、「静・柔」は生命力の縮まりの態度を代表するものであって、「仁」に代表される「生々流転」という態度と真っ向から対立するものである。譚嗣同は、美徳とされてきた「倹」徳も俎上に載せ、きびしく批判した。「静・柔」は李耳《りじ》（老子）・道家の基本的態度であり、これに対し「倹」徳は伝統社会において尊敬されている美徳である。しかしながら、実は「倹」徳の裏には「静・柔」と同様の保守的、消極的、怯懦的、萎縮的な心情が潜んでいる。このような心情を発展していく場合、人民は想像できない境地に陥る可能性がある。すなわち静と倹とは、人民を無智にする残酷の道であり、財産を持ちながら人々を偏狭な心にする「倹」の害毒は「静」より一層ひどいのである、と。

早すぎる死で、その思想体系が精密に構築されておらず、論理的に統合されないままで、さらに充分演繹されていないため、広くてまとまりに乏しいようにも見える。しかしそれは、その独特な魅力に影響していない。譚嗣同の哲学には人心道徳のロマンチックな幻想が満ちている。

【参考文献】 張灝『烈士精神と批判意識：譚嗣同思想分析』（広西師範大学出版社、二〇〇四年）

（朱康有・董曄／芦暁博訳）

孫中山《そんちゅうざん》（一八六六～一九二五）

立身は当《まさ》に己を推して以て人に及ぼすべく、行道は近き由りして遠くに致すを貴ぶ。

（『孫中山全集』）

孫中山は中国民主革命の偉大なる先駆者である。日本では「孫文」の名で有名である。広東香山《こうざん》（今中山市）の人。日本に亡命した時の「中山樵《なかやまきこり》」という仮名が広く知られていたため、世間から「中山先生」と呼ばれるようになった。一九一一年、孫中山が代表となる革命党が辛亥革命を起こし、清王朝の統治を覆し、中国数千年の君主専制制度を終結させた。「三民主義」を提唱し、主な著作に『建国方略』『三民主義』などがある。のちに『孫中山選集』『孫中山全集』として結集された。

「道徳有りて始めて国家有り。道徳有りて始めて世界を成す（有道徳始有国家、有道徳始成世界）」。中華民族の復興は民族の優秀なる道徳文明から始めるべきであると言い、良い道徳があればこそ長く国家に安定に治めることができると考えた。道徳がなければ、国家の生存も不可能である。中国が永く世界の中に立とうとするなら、必ず道徳を基礎としなければならないことを力説した。

このような道徳信念は社会進化理論への信仰に基づいていた。早期においては、中国社会を改良・

改革することを念頭に、進化論の原則を時代に相応するものとしたが、のちに西洋の強権による侵略に反対するために、進化論原則の人類社会における応用として修正を加えた。そのため、繰り返し社会ダーウィン主義を公に批判し、人類の進化の主な動力は競争ではなく互助にあるとした。闘争性は人類のもつ動物性の表れであるため早急に除去すべきものである。「動物性が消滅し、神性が生じたときこそ、人類が極点まで進歩したといえる」と主張した。

これらの観点は武装による革命闘争および富国強兵を主張するものではない。世界文明の進化はまだ「大同《だいどう》」時代に達してはいない。なお競争時代にあるがゆえに、国家の境界線が厳しく、国家同士の争いが避けられない。これだけ競争が劇烈な時代においては、人々は愛国と保種を前提とすべきであり、自衛の道を求めなければ生存することができない。

中国は四千年余りの文明古国であり、人民は四千年余りの道徳教育を受けている。道徳文明は外国人より数倍も高く、物質文明しかない西洋とは異なる。近代ヨーロッパは科学の文化、功利と強権を重んじる覇権文化「覇道」であるのに対して、東方文化の本質は「仁義道徳」である。この文化は民族と国家にとって有利な「王道」文化である。覇道はいずれ王道に服従しなければならない。これこそが、世界文化が光に向かって進むスタート地点となる。

優れた道徳性は中国の民族固有な精神で、この精神を保存し、広げるために先ず固有の旧道徳を回復させること、即ち固有の道徳があって始めて固有の民族的地位を回復することが可能になる。かつて中国で最も体系的になった政治哲学は『大学』の「格物、致知、誠意、正心、修身、斉家、治国、平天下」である。個人の内側から外側へと拡げ、最終的には平天下──世界平和を実現する──このような個人の精微な内面から展開する理論は、中国における政治哲学の独自な宝であるとした。

中国近代の物質文明の発展の遅れは、心性における道徳文明の遅れが原因である。現在の中国人は古人が強調した修身を欠いている。振る舞いに配慮が足りない。当時、対外的には「大旅館は中国人を入れず、大きなレストランも中国人の食事を許さない」状況になっていた。このことは中国人の「自修する工夫」が足りないためである。中国固有の文化・精神を回復してのち、西洋のよい所を学ぶことで、西洋と肩を並べることができる。外国の長所を学ばなければ、中国はやはり遅れてしまうと主張した。日本との関係では、「仁義道徳」という共同文化に基づく「大アジア主義」を提唱した。これこそが「両国家および国民の永久なる提携が、この道義精神に因んでより強固なものに至る」と信じたからである。中国の強盛と民族の地位回復は、世界に対し大きな責任も背負う。世界列強の歩む道は国家滅亡の道だが、中国が強盛になれば、その覆轍《ふくてつ》を踏むことはない。済弱《さいじゃく》扶傾《ふけい》こそが中華民族の天職だからである。

アメリカ人伝道士アーサー・ブラウンが一九一二年三月に出版した著作『辛亥革命』は、中山の「リーダーシップ、優れた知恵と温厚な人格、全く利己的でない動機による道徳の力」を称え、「中山のように多様で崇高な美徳を備えた偉人はあまりにも貴重だ。彼のような崇高な道徳者が多いことで新中国が新しい希望に満ちている。希望に満ちた中国は世界中から尊敬されるべきだ」と書いた。心の建設を重視した中山は、自我の人格修養において崇高な境界に達していたと言えよう。

（朱康有・董曄／尹芷汐訳）

【参考文献】 朱康有『孫中山の道徳信念を論ず』（『教学研究資料』二〇一一年一二期）

章《しょう》 太炎《たいえん》（一八六九〜一九三六）

人心の智慧は競争より後で発生する。今日の民智は、必ずしも他の事を以て之を開くことなく、ただ革命を以て之を開く。

（『章太炎政論選集』）

章太炎は中国近代の著名な民主革命家、思想家である。浙江省余杭の人。漢代の某辞賦家を記念するために、炳麟に名前を変えた。反清意識が濃厚であり、顧炎武の人物と行いを慕うため、太炎を号とした。世間から常に「太炎先生」と称され、自らを「民国遺民」と思っていた。研究範囲は歴史、哲学、政治、仏学、医学などまで及び、その豊かな著述は後に『章太炎全集』として編纂された。

章太炎は、競争の中で生物が主観的に力を発揮することで進化するが、人類も同じであると考えた。人が動物より優れたのは、知力に頼ったからである。しかし、知力は使わなければ退化する。生物が目的通りに進化できるのは、意志の作用があるからだ。万物の進化は、「力を強めて、以て天地と競争する」という意志の結果である。だが人類は器械（工具、武器）を「強力」なものとして競争を展開しており、しかもそれが人類の群体的な力を伴ってである。革命だけが社会の進化を遂げることができる。「競争は智慧を生み、革命は民智を開く」。

しかし、進化が人類にもたらしたのは裕福と快楽だけではなく、貧困と苦難もある。「道徳を以て言えば、善も進化し、悪も進化する。生計を以て言えば、楽も進化し、苦も進化する。」人類は道徳の面では他の動物より優れているが、動物に及ばないところもある。例えば虎豹は人を食うが、同類同士に害を与えない。しかし人類は同類を害する。しかも、社会の進化と器物の改善にしたがって、同類が互いを害する現象がますます激しくなる。

革命の過程は革命者を創り上げる過程である。革命者を創り上げるにおいて最も肝心なのは「革命道徳」である。本当の道徳行為は、原則を貫くことにあり、つまり言えば必ず行い、行えば必ず果たし、革命と民族の大義のために命を惜しまないことである。社会の低層にいる者であればあるほど、道徳が崇高なるものであり、社会の上層部にいればいるほど、道徳が低下する。道徳と名利、権力とは反比例である。権力と富を持てば持つほど道徳から離れていく。

一九〇八年、章太炎は「哲学」という概念の近代的意味を明確に提示した。哲学の本質は本源を見つけること、複雑な現象世界に一元的な解釈を与えることである。彼は、世界万物の源は「我心」にあり、心が起きれば即ち有り、心が滅べば即ちなしと主張した。

章太炎は、「心」「識」「我」から出発して、万事万物の本源を追求した。彼は、「虚無の道」は人類が悪を行う根を絶ち、人世の全ての善を実現するための重要な方法だと提示した。「虚無」は、現実上の物質世界を消滅させるのではなく、人心の内証を通して至った自由な境界である。こうした自由な境界は「我見」を除くことを通して得られた「空霊明覚」の心境であり、すべてが真実と善の道徳的な自由な境界である。

これらの主張は、人類を自由平等な理想世界に導き、人間の個性の解放と自由と、本当の意味で人間の存在価値と意義を実現するために提示されたものである。章太炎は仏学を用いて済世することを主張した。それは、一九〇三年「蘇報」案（筆禍事件）が発生し、彼が投獄されたのがきっかけである。牢屋の中で、彼は仏学の研究に潜心した。これは彼の人生において、「俗を変えて真に成る」という重大な転換点である。彼の関心は「入世」の儒教から「出世」の仏教に転換し、本体論の次元で道徳の本源を探求し、その源で救世の方法を探る時期が始まった。彼はインド人が釈迦牟尼を尊崇するのは、中国人が孔子を尊崇するのと同じで、どちらも神明ではなく師として見ていると考え、仏教を「心、仏、衆生、三者は一つ」の無神宗教とした。礼仏念仏などのことから言えば、「自分の心を礼し、自分の心を念じるのであり、心外で仏を求めない」、つまり、仏が自らの心の中にあり、自らの心即ち仏である。これで、人の心は自身を主宰し、人が世界の主体となる。章太炎は、「仏陀菩提といった名号は訳せば〝覚〟である。般若は〝智〟である。一切の大乗の目的は、〝所知の障害を断ち〟、〝一切の智者を成就する〟ことである」と述べていた。智を求めるのも、道を悟るのも、すべて自我に頼り、自分の心に頼り、内側で行うべきであると。章太炎は、こうした救心の方法を借りて救世の目的を果たそうとした。衆生を救済し、指導者の脳髄さえも人に施す「菩薩行」という仏教の精神は、人々の道徳の修養と実践を指導するに最も有効であると考えた。

【参考文献】『中国哲学史』（人民出版社、高等教育出版社、二〇一二年）

（朱康有・董曄／尹芷汐訳）

梁《りょう》 啓超《けいちょう》（一八七三〜一九二九）

宇宙即これ人生、人生即これ宇宙。我の人格と宇宙に二無く、別無し。這箇《この》の道理を体験し得ば、就《すなわ》ち「仁者」と叫做《よびな》す。

（『飲氷室合集』）

梁啓超は近代中国を代表する大ジャーナリスト・思想家、政治家、教育家、史学家、文学家である。号は飲氷室主人《いんぴょうしつしゅじん》など。広東新会（現在の広東省江門市新会区）の人、清朝光緒《こうしょ》の挙人《きょじん》。著作に『飲氷室合集』など。

その思想の基本は儒家であり、儒家哲学の核心は「修己安人」にあるとした。「修己」という目的は人格の養成、「安人」は儒家理想の実現である。師の康有為《こうゆうい》の大同《だいどう》思想を奉じ「大同なる者は宇宙間の一大人格完全実現時の円満の相」として、これを自分の人生観とした。「宇宙は円満ではなく創造の最中にあって人間の努力を待っているため、毎日流れて止まることがない。人は単独では存在できない」と言い、孔子の「毋我《われなかれ》」と仏家の「無我《われなし》」という哲学に傾倒した。この真義を体得できれば、成功失敗などまったく気にならないと主張した。

彼の人生の目標は「仁者は憂えず」の境地に達することであった。「私は常に快楽を感じる。哀愁に囚《とらわ》れることがないのは、光明の照らすところを信じているからだ。私は老いてはいるが、趣味が多く、精神に衰えもないのは、このような人生観による（我常覚快楽、悲愁不足擾我、即信仰光明所照。我現已年老、而趣味淋漓、精神不衰、亦靠此人生観）」。人生と宇宙は幾世代にわたって創造し次第に完全なものとなっていく長い過程である。この過程の中に個体の肉体的活動は短い瞬間であるが、精神の存在があれば永存が可能となる。「我」に二種類あって、それは「肉体の我」と「霊魂の我」である。「霊魂の我」は本当の自分である。肉体は只の「逆旅（宿屋）」である。我の精神は「本家」であって、それは永遠に不死である。このような不死の精神は、良いか悪いかを問わず、将来は共に国民、社会精神の一部分になることができる。良い精神が存在することは、社会の将来、文明の進化に有益である。人々は皆この「死して死なざるの理（死而不死之理）」を会得する必要がある。それは、精神の修練を重視することである。

当時、不安定な社会現実の中で多数の中国青年は精神的に寄る辺なき「飢餓」状態にあった。これに対し梁啓超はこの「精神的飢餓」を救う必要性を認めた。彼らを救済する方法は、東方の学問道徳によって精神生活を、客観的な物質あるいは彼らの肉体から独立させるところにある。佛家のいう解脱、人々のいう解放とは、すべてこの意味である。「高尚完全な人生観を先ず立て、自分の精神生活を確定することをはっきりさせて、その勢力を以て物質生活を抑制する」ことを力説した。

国民的精神変革＝「新民（民を新たにする）」説において、すべての中国人に「国民」の資格を得させること、これは中華民族の魂を再建する偉大の事業である。「一国の能く世界に立つには、そこに必ずその国民固有の特性が有り、上の道徳法律より、下の風俗習慣文学美術に至るまで、皆な一種独立の精神がなければならない」。それは祖父から父に伝わり、父から子に伝わり、孫もそれを継承する。その後、集団となって国となる。これこそが民族主義の根底源泉であるとした。このような国民を造るために必要なことは「その本来に持っているものを取り出し、それをさらに進化する」「その本来に持っていないもの、他人の良いところを補充」すればよい。精神革新を果たした「新民」こそが、中国と西洋という二大文明が互いに刺激し合うことで形成される、二〇世紀という新しい時代にふさわしい民族の魂を持つ国民となるのである。

政治品徳においてとくに重視されるのは「積極的な自由精神」である。とりわけ、祖国のために生死を軽く見る「尚武」の精神を強調した（「中国積弱遡源論」）。「尚武」の精神は、内側から「自由の意志」を養うとともに、外側から我が大民族主義に必要な種々の徳性のうち最も大切な徳である。中国民風と欧米日本と最も異なるのは、彼らが武を尊ぶのに対し、中国の民衆は文を尊ぶことにある。「ヨーロッパと日本の詩を読むと、彼らは従軍の楽しみを詠っているが、わが国の詩を読むと従軍の悲しみや苦しみばかり詠っている。一方の勇壮と、他方の懦弱。この違いは大きい。梁啓超はこのような無気力で怯懦な精神を打破し、祖先が持っていた「尚武」の神徳を発揚すべきことを求めた。

「天人合一」思想は、梁啓超の人生に対する基本態度であった。天人合一思想を実践活動の中で展開すると同時に、これを新民（倫理的に自覚した理想的国民）の目標とし、近代中国が「その不可なるを知りてこれを為す」（論語）「天下の憂いに先んじて憂う」（范仲淹）という気概を持つことを願った。

（朱康有・董曄／徐青訳）

【参考文献】蔣広学・何衛東『梁啓超評伝』（南京大学出版社、二〇〇五年）

韓国の実学思想家

韓中日　実学思想家99人

金彦鍾

十七世紀以後の東アジアの歴史は、それ以前と何が違うのか。先進的な科学と組織的な宗教を前に据《す》えた西欧文明の襲来に直面して、各自生を図《はか》るのに汲汲とした様相であったと言ったら過言であろうか。巨大な変革の時代には、前の時代を維持していたどんな思想も理念も従来と同じでは、どんな威力も発揮できない。丁度持病が深まり危篤な状況に到った患者には、いつも服用していた薬が、もはや効果がないようなものだ。十七世紀以後の東アジアは、膏肓《こうこう》に病んだ身を蘇生させなければならない非常な局面に置かれ、全身に眩暈《めまい》を感じさせる劇薬を服用しなければ、痼疾病を治癒する方法がなかった。弓を解いて発展する状況ではなく、破旧革新だけが唯一の救援策という、絶体絶命の危機であったのである。

英雄が時代を作ることは出来ない。時代が英雄を作るのだ。特に乱世は不世出の人傑を輩出する。時代が輩出した英雄たちは、民衆の熱望を受けて歴史の舞台に登場し、与えられた使命を果たすために力を尽くし、事情によっては生命も犠牲にした。

韓国の朝鮮朝後期、中国の明末清初以後、日本の江戸時代は、「実学の時代」という共通の旗印がある。この時代を研究する韓、中、日の実学関連学会で各三十三人の代表的実学者を選定し、合わせて九十九人の簡略な履歴とその思想及び成果を記述して、世上に広く知らせ、後日の亀鑑となるようにしようという趣旨に意見の一致を見たのは、二年前日本の東京にある国際基督教大学で開かれた第十二回東アジア実学国際学術会議であった。二年が過ぎた今、その成果を世間に問う。

朝鮮(朝)の場合、十七世紀以後、経世済民・利用厚生を主軸とした実学者の現実救済方略が、多方面から提示された。識字人(知識人)の役割を果たしたのだ。我が韓国実学学会は、この分野の研究者たちの衆智を集め、三十三人を選定した。しかしこれは誰もが同意する選定だというのは難しい。夜空に輝く絢《けん》爛たる星々を見よ。ひときわ明るく輝く星が目に飛び込む。しかしそれは我々の目との距離が近いからそうであるだけで、我々の目には微《かす》かにしか見えないが、実はより大きく、より明るい星たちが宇宙空間に無数にある。

本当に悲しいのは、朝鮮(朝)の実学者たちが脳漿《しょう》を絞った方策が、ほとんど現実に適用されなかったことだ。不幸にもそれは空念仏となり、その結果朝鮮(朝)は更に発展する機会までも失い、空前の桎梏に落ち込んでしまった。我々はこの桎梏から抜け出すために、余りにも大きな代価を払った。韓中日実学者九十九人が提起した問題と対策を読み、我々がこの時代と未来に関連して、ある種の新しい覚醒を覚えないとしたら、我々の歴史は、螺旋形の形態で反復することになるかもしれない。

(小川晴久訳)

李《り》晬光《さいこう》（一五六三～一六二八）

道は民の生命と日用生活の中にある。腹が空《す》けば食べ、喉が乾けば飲むのがまさに道である。このほかに道をいうものは誤りである。

（『芝峯集』序文）

李晬光は自身の『芝峯集』序文で自らの学問の根本的志向が〝実学〟にあることを明らかにした。

李晬光は十六世紀後半から十七世紀前半期を生きた人物として壬辰倭乱と丁卯胡乱という対外戦争を政治の第一線で直接経験した。仁祖代には工曹判書、吏曹判書、大司憲など高位の職を執り行ないながら政局を主導したりした。学問的には栗谷李珥《じ》の学統を受け継いで、実学的な側面を重視した。

彼の学問と関連して意味のある事実は明《みん》に三たび使行として往復したことである。一五九〇年（宣祖二十三）に聖節使の書状官として、一五九七年には陳慰使として、一六一一年（光海君三）には奏請使の副使として赴《おもむ》き、壬辰倭乱を前後した外交懸案を解決するための助力となった。

二次使行のとき北京の玉河館で五十余日間とどまったとき、安南の使臣馮克寛に会い、詩文を唱酬して筆談で対話を交《か》わした。

〝彼が中国に使臣として行ったとき、安南・琉球・暹羅《シャム》（タイの古名）の使臣らが皆な彼の詩文を見ようと求め、その詩文を自らの国に流布させるほどであった。我が国の人で日本に捕虜として連行された者が商船に乗り交趾に行ったが、交趾の人々が彼の詩を見せながら〝あなたの国の人である李芝峯を知っているか?〟と尋ねたという。このように彼は他の国の人々からも尊敬を受けた〟。

『仁祖実録』六年(一七二八)十二月二十六日条に出る李睟光の「卒記」の記事である。

実際一五九七年に交わされた李睟光と安南の使臣馮克寛の詩文の唱酬は、その波及効果が非常に大きかった。二人の交流が非常に友好的でありながら相互に尊重する雰囲気の中で成り立った非常に格調の高いものであったし、唱酬した詩文も大変素晴らしかった。馮克寛が李睟光の詩を安南に伝えて、その事実が壬辰倭乱の直後に被虜人として安南を三たび訪問した趙完璧によって朝鮮に伝わると、より有名となった。

一六一一年三次使行のときは琉球と暹羅《シャム》国の使臣と交流した。二次使行の際の安南の使臣との交流の事実は、『芝峯集』巻八「安南国使臣唱和問答録」と巻十「朝天録」に、そして三次使行の際の琉球・暹羅国の使臣との筆談内容は、『芝峯集』巻九「琉球使臣贈答録」と巻十六「続朝天録」にそれぞれ収録されている。

またこのとき彼は北京からマテオ・リッチ(Matteo Ricci)が作った世界地図である「坤輿《こんよ》万国全図」を見て、『天主実義』と『重友論』など西洋書籍に接した。このように三次にわたった使行を通じて李睟光は世界に関する新しい知識と情報を得て、認識の地平を広げることができた。彼の学問が当時としては珍しく博学性を帯び開放的な世界観を所有するようになるきっかけとなった。

著書としては『芝峯類説』二十巻をはじめとして『芝峯集』三十一巻と『昇平志』二巻などがあ

り、文章がすぐれ、多くの外交文書を作成した。このうち『芝峯類説』は彼が一六一三年に官職を辞職した後からずっと記録してきた備忘記をはじめとして、膨大な資料をもとに一六一四年に完成した。この本は総二十五部一八二項目から構成されており、より細分された項目では全部で三四三五条項が収録されている一種の文化百科全書である。引用された書目が三四八種、収録された人名が二二六五名に達するなど、彼の考証的で実事求是的な学風がよく現われている名著である。『芝峯類説』が持つこのような性格によって、彼は朝鮮朝後期実学の先駆者として評価されている。

特に諸国部「外国」では、東南アジア・西域・ヨーロッパ地域の五十余ヶ国の歴史と文物を記述した。これらの内容の大部分は『吾学編』など中国書籍に出る記事を要約したうえで、琉球、安南、暹羅の使臣との交流から得た自身の体験と伝聞を通じて習得した知識も少なくない。とにかく李睟光は十七世紀の前半期に朝鮮で対外的知識が最も豊かな人物であった。彼はこのような著述を通して、世界には儒教文明圏のほかにもキリスト教文明圏・仏教文明圏・イスラム文明圏があるという事実を紹介して、伝統的な華夷観に陥っていた当時の朝鮮知識人らに対外認識と世界観の拡大を触発した。李睟光は朝鮮王朝が前期から後期に変化する社会的変動期に、新しい思想的方向を開拓した思想家として重要な位置を占めている。

【参考文献】柳洪烈「実学の先駆者芝峯李睟光」(『韓国学』二十集、韓国学研究所、一九七九年)、李万烈「芝峯李睟光研究――彼の行蹟と対外認識を中心に」(『淑大史論』六集、一九七一年)、清水太郎「ベトナム使節と朝鮮使節の中国での邂逅」(『北東アジア文化研究』十二集、二〇〇〇年)、河宇鳳『朝鮮時代海洋国家との交流史』第二部第三章「東南アジア国家との交流」(景仁文化社、二〇一四年)

(河宇鳳／渡邊裕馬訳)

金堉《きんいく》（一五八〇〜一六五八）

（自身の）心を正しくし行実を磨いて、国を治め天下を平安にする道というのは聖賢らが人々に教えた法であるが、（その目的は）民に恩沢が帰るようにさせるものであるだけだ。意を誠実にして心を正しくする章について話す今の世の学者らは、すべて本に載せられていることを拾い集めては…ただ口でだけ話している。そうしながら事をなすのに汲々としている人々を…王安石や張儀に喩えてこき下ろすほどである。これがどうして心を合わせて国を治める道であろうか？…私が願うことはただ心を正しく持ち、実際的なものを事とするのである。（財政の支出を）節用して、民を愛し徭役を軽くし税金を低めて、遠く虚《うつ》ろなる理想に走り、浮き立った文章［浮文］を尊崇しないものである。

（「湖西大同事目」序文）

一六五一年初めて忠清道に大同法が実施され、その施行規定である「湖西大同事目」が作成された。その始めにこの法の成立に大きく寄与した領議政の作成した序文がある。右の文はここに載っている。大同法は当時国家税金の大部分を占めた貢物に対する改革立法である。その内容がたいへん理想的なので、この法を支持した人々さえ立法の可能性を低く見た。しかしこの法が当時苦境に処していた朝鮮の民生と国家財政を明らかに改善させると、以後ほかの道にまで順次広められた。湖西大同法は大同法の全国拡散に堅固な土台となった。

大同法は以前の貢納制度から大きく二つの事項を変更した。第一、既存の貢物納付額を約1／5の水準に減らした。第二、貢物に賦課する対象が変わった。既存では人頭税の性格の貢物が大同法によって地主層に賦課されながら土地税として変更された。よって大同法の立法の過程は地主らの激しい反対を呼んだ。同時に、この法は当代はもちろん現在も解決しにくい問題の一つを解決した。国家財政の改善と民生改善の間の相反を解決したのである。その方法は権力が介入して招来された税金の受取と運営の非効率を清算することであった。民が納めた税金が国庫に入っていく経路にあった漏水を遮断した。このような理想的立法には社会全体を眺める巨視的眼目と改革的社会思想、それを培育して現実に貫徹させた一群の人々がいた。

金堉はその生涯の十代と五十代に朝鮮王朝が経験した二つの戦争である壬辰倭乱（一五九二〜一五九八）と丙子胡乱（一六三六）に接した。二つの戦争は全て国際戦であった。興味深くも参戦国である中国と日本ではこれらの戦争後にそれぞれ政治体制が変わったが、まさに戦争の現場であった朝鮮はそうではなかった。これらの戦争後に朝鮮が強力な国政改革を自主的に成功させた結果であった。その国政改革の核心内容がすなわち租税改革の大同法である。

伝統時代の韓国において性理学は高麗末から朝鮮朝の初めの間に導入されたが、主体的に消化されたのは李滉（一五〇一―一五七〇）の段階になってからであった。この時期に知識人と官僚の平生の課業が〝修己〟と〝治人〟であるという点が明らかになった。一方、性理学で修己と区分される治人の独自性を明らかにした人物が李珥《じ》（一五三六―一五八四）である。同時に彼は抽象的概念である治人を最も現実的制度である税金問題と連結した最初の人物でもある。経世は治人の領域に属すので、後日の李瀷は李珥を朝鮮経世論の開拓者と見た。李珥以後の包括的経世論が特定の政策として具体化されるには、またやはり該当の時期の具体的な現実問題と多くの人々の寄与が必要であった。

十六世紀中後半以後の朝鮮朝の政治的社会的支配勢力は士林であった。彼らにおける治人と経世の大原則は〝安民〟であった。ところで原則が同じであるからといって誰もが同様の政治行為をするのではなかった。政治行為は士林各自の社会的存在方式とそこで得た現実経験により異なって現われた。金堉をはじめとする一部官僚らも進んで士林のアイデンティティを抱きその原則に同意した。しかし内憂外患に処した朝鮮朝の国政運営の経験を通じて、彼らはその経験を持つことのできなかった士林らとは異なる眼目と行動方式を持つようになった。上文で金堉が批判した〝今の世の学者ら〟がまさに彼らである。大同法の成立に表現される朝鮮朝の自発的国政改革は、士林の原則と現実における国政運営の感覚が結合されて現われた結果であった。金堉はそれを兼備して綿綿と続いた一群の人々を代表する。

【参考文献】 李廷喆『大同法、朝鮮最高の改革—百姓は食べることを天とする』（歴史批評社、二〇一〇年）、韓栄国「大同法の施行」（『韓国史』三十、国史編纂委員会、一九九八年）、李憲昶「金堉の経済思想と経済業績」（『潜谷金堉研究』、太学社、二〇〇七年）、李廷喆「金堉改革思想の淵源と性格」（『韓国史学報』四十四号、高麗史学会、二〇一一年）

（李廷喆／渡邊裕馬訳）

尹鑴《いんけい》（一六一七～一六八〇）

晦翁《かいおう》［朱熹《き》］が諸経書を紐解《ひもと》きながら多くの説を集めた後これを折衷して学説を成した。そうした後でもいつも門人らと講習しながら自身でそれを体験し、或いは説明が滞《とどこお》っていたり、見解が到達できていなかったり、実行できていない所があったならば、必ずそのために討論してすぐさまつかんだ。（中略）このようにして〝最近朋友らとの応答によって私が先に妥当でないと考えたものについて初めて悟るところがあったものがある、このような事は一・二回ではない〟とよく仰《おおせ》られていた。

（『白湖全書』）

これは十七世紀中後期の朝鮮の儒学者である尹鑴（西紀一六一七～一六八〇、号：白湖）が彼の『読書記』「中庸序」に記した一文である。当時尹鑴は朱熹の『中庸章句』の三十三章とは異なり、この書物を十章に分けた。彼のこのような章の分け方と独自な解釈に対して当時の朝鮮儒学界の主流の朱子学者らが強硬な非難を加えたが、右の一文はそれに対する尹鑴の反論であった。すなわち朱熹と彼の学問に盲従した朝鮮朝朱子学者らに尹鑴はかえって朱熹の言論を根拠にして反撃を加えたのである。

尹鑴の独自な経学の学説は『大学』と『中庸』の注解にもっともよく現われている。本来これらの書物に比重を置いて取り扱った者は中国の宋学者たちであり、その決定版が朱熹の『大学章句』と『中庸章句』である。『大学』の場合、朱熹の章句再構成は三綱領八条目の体系に忠実であったという肯定的評価を受ける。しかし朱熹の章句は八条目の中で格物・致知に余りに比重を置いたところに問題がある。朱熹は知と行の領域を厳正に区分したのち知により大きな比重を置いたものである。その結果として大学の道の実践を盛った誠意・正心以下に対する関心が相対的に弱くなった。

尹鑴は彼の著作『大学古本別録』において、『大学』は実践主体の道徳的自覚を土台として大学の道を家庭→国家→天下に拡張して具現するための実践書であると主張した。その中でも誠意が最初の工夫であると強調した。また格物・致知に対する解釈も朱熹と異なった。格物とは、(1)自らの心を土台として知識を広げていくことと共に(2)詳細に探究し長いあいだ思索することで窮極的な知識の境地に入っていくことの二つの道があると説明したが、二つの道は両者ともに格物の主体としての実践者自身の努力に重点が置かれている。そして格物・致知の「格」も外部事物に対する探究ではなく、誠実な心と深い思考を土台とした実際的活動であると説明した。このような解釈は主体による実践を強調したものである。尹鑴はまた朱熹の『中庸章句』と異なって十章の体系から再解釈した『中庸章句補録』を著した。

尹鑴が関心を持った他の古典は『孝経』と『內則』である。『孝経』は朱熹と劉清之が『小學』を編纂する前までは代表的な修身書であった。『孝経刊誤』をのこした朱熹と異なって、尹鑴は原本どおりの『孝経』が正しいものと考えた。また尹鑴は『孝経章句古今文考異』を著し、『孝経外伝』三篇と『孝経外伝続』三篇をあらたに編纂して『孝経』を敷衍《ふえん》した。『内則』も『礼記』の一篇で、その中心的な徳目は孝の実践である。尹鑴は孝を中心とした『孝経』と『内則』の密接な連結をはかった。『内則』は孝の実践事例を具体的に著した各論であり、『孝経』はその総論であると関係づけたのである。尹鑴は『大学』の八条目の中で誠意に注目していた。尹鑴はその第一歩は家族関係から始まってその中心徳目が孝であると考えたものであり、『大学』・『孝経』・『内則』は尹鑴の思想において孝を媒介として一貫された体系を持っている。

尹鑴は理気・四七等に関する細かな討論は具体的な生とは全く関わりのない言語的遊戯に過ぎないと考えた。彼はそのような抽象的論弁よりは聖賢らの実践的教えが盛られた経典を総合し体系化するのに力を注いだ。『孝経外伝』・『内則外記』等は尹鑴が孝と関連された格言を別の経典から抽出してそこに込められた実践精神をより具体化させたものである。このような彼に対して当時朝鮮の朱子学者たちと彼らが主流をなした執権当局者たちはついに彼を斯《し》文乱賊と名指し、熾《し》烈な政争のあげく彼が死刑を受けるようになった原因の一つとなったりもした。

【参考文献】 尹鑴『白湖全書』（慶北大学校出版部、一九七四年）、李乙浩編『実学論叢』（全南大学校出版部、一九七五年）、安秉杰ほか『朝鮮後期経学の展開とその性格』（成均館大学校出版部、一九九八年）、韓㳓欣「白湖尹鑴研究」一～三（『歴史学報』第十五、十六、十九号、歴史学会、一九六一～一九六二年）、鄭豪薫『17世紀北人系南人學者の政治思想』（延世大学校史学科博士学位論文、二〇〇一年）

（安秉杰／渡邊裕馬訳）

柳馨遠《りゅうけいえん》（一六二二～一六七三）

昔の井田《せいでん》法は最高のものであった。土地の経界が一度正しくなれば、万事が全て正しく立つようになる。民は常に安定した生業を営むようになり、兵士らを捜索して集める弊害が消えるようになり、貴賤・上下の職分にだれもが席を得ない場合がなくなる。これによって人心は落ち着き、風俗が豊かになる。古《いにし》えに数千年間も国を強固にするように維持し、礼楽《がく》が名をとどろかせて生じた理由は、この土台があったからである。後世ではこの制度が廃止されて、土地を私的に限り無く占拠したから、万事が皆な誤って、一切がその反対となった。

（『磻溪随録』）

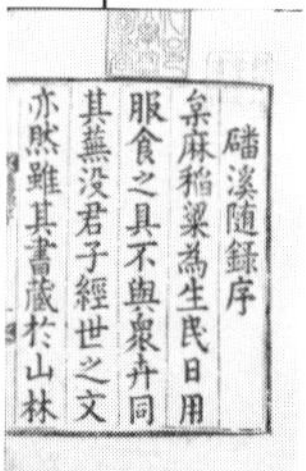
磻溪隨錄序
枲麻稻粱爲生民日用
服食之具不與衆卉同
其蕪沒君子經世之文
亦然雖其書藏於山林

柳馨遠の著述『磻溪《ばんけい》随録』本文の冒頭に出る文章である。この文は『磻溪随録』がどのような意図で著述されたのか、どのような体裁を持って構成されたものであるかを、ある程度知らせてくれる。

柳馨遠は土地制度の性格によって民の生活、風俗、社会的存在形態が定まって、国の形勢と礼楽が左右されると考えた。土地の私的な占拠による井田法の廃止。

柳馨遠の思考はこの地点から出発していた。柳馨遠は個人によって私占された土地制度をこの過去の法制に戻すことが現状態を脱する鍵になると考えた。当時の個人が私的に占拠している土地制度とは要するに朝鮮の地主佃戸制であったから、柳馨遠の視覚はこの制度の存在を全面的に問題視するものであった。ところで土地制度とはそれ自体が独立的に動かないのであった。政治、軍事、教育、礼楽、身分、文化と風俗など国家の諸般の法制がこの制度に縛られていたので、土地制度を改めようと思ったならば、関連された法制を全て変えなければならなかった。

『磻溪隨錄』はそうして柳馨遠が生きた十七世紀朝鮮を大手術する変法案として提示された。ここに載せられた公田制、奴婢制改革案、兵農一致の軍制などは朝鮮の実定法である『経国大典』に載っている制度とは全面的に性格を異にした。柳馨遠は経書と歴史書、政論家らの文に提示された中国と朝鮮における思惟と経験を緻密に検討して、当代朝鮮の法制と慣習、現実の弊害を一つ一つ察して、制度別に最善の節目を捜そうと考えた。

『磻溪隨錄』の下地となる根本思惟は天理人欲論であった。柳馨遠は性理学の根本命題である天理人欲論を援用して国家構想の根拠とした。この時彼が理解するこの論理は通常の概念とは内容を異にした。現実の法制は人欲に染まっており、『磻溪隨錄』の法制はそれを廃止して天理を唱え、それを欠かさずに実現する媒体であるという認識であった。それはまた『磻溪隨錄』の正当性を天理の絶対概念で保証するものでもあった。

柳馨遠の思想、著述が持つ意味は大変大きい。第一は新しい国家の像を提示して具体化した点である。〝国家学〟の出現といえる。朱子学の理気心性論に基礎した学問活動が主流をなした当時の学界において、柳馨遠の作業は全く新しい学術領域を開拓するものであった。

第二に、理想的な国家・社会と生の様態を所有論の側面から苦悶した点である。柳馨遠の考えでは富強な国の建設と関連されていたが、その核心を成すものは生産手段の〝私有〟をどのように止揚するかという問題であった。柳馨遠はその代案として果敢に〝公田制〟を提示した。

第三に、柳馨遠の思考は人間についての新しい理解と関連していた。これは〝奴婢〟に対する彼の考えで端的に示される。柳馨遠は奴婢を財物ではなく同類の人間と考えた。

〝今わが国において奴婢は財産である。大抵人間は同類であるのに、それがなぜ人間が人間を財産と考えることができるだろうか？　古代では国富を問えば馬の数を推し量って答えた。たとえ天子諸侯であろうと、人間を治めることを任務とし、人間を自身の財物としてなど考えなかったものである。今わが国の風俗は、誰がどれほど財富を所有しているかを問えば、必ず奴婢と土地によって答える。このことからもこの法の誤りと風俗の弊害を見ることができる。〟

彼の思考が持つ新しい様相に全ての人間が同意しなかったが、十八世紀以後多様な形態で注目された。洪啓禧のような人物は国の力を借りてこの本を公刊したりもし、李瀷・安鼎福などはこの本から新しい政治的思惟を得た。十九世紀初盤の丁若鏞が書いた『経世遺表』は『磻溪隨錄』を引き継ぐ異なる形態の成果であった。

【参考文献】千寛宇「磻溪柳馨遠研究（上）（下）」（『歴史学報』二・三、一九五二年）、金駿錫『朝鮮後期政治思想史研究』（知識産業社、二〇〇三年）、鄭豪薫『朝鮮後期政治思想史研究』（慧眼、二〇〇四年）、金テヨン・金ムジン・崔ユノ・金ソンギョン・文ソギュン『磻溪柳馨遠研究』（人模様、二〇一三年）

（鄭豪薫／渡邊裕馬訳）

朴世堂《ぼくせいどう》（一六二九～一七〇三）

『大学』はすなわち初学入徳の門であり、そこで言うものはより親切なものでなければならない。ところがいま（朱子の注釈は）そうではなく、言うたびに万里をゆく最初の道の第一歩を踏み出したその地が、すなわち聖人の極功（至善の地）であるといいながら、自らに切実で分かりやすいその道理を人に開いて見せ、一歩一歩進むようにし、とても遠くて及び難いとするような歎息や段階を飛び越える過ちがないようにさせないのは、一体なぜであろうか。いま（格物致知に関する内容の）伝文が欠落して、格致についての説はもう依拠するところがない。しかし誠意・正心の意味を発明したものに依拠して参照するならば、（格物の本来の内容が）そのようでないことを知ることができる。（『大学思弁録』）

右の文章は朴世堂が『大学思弁録』において、物格と知至に対する朱熹の解釈の問題点を指摘した文である。この文章から朴世堂の経書解釈、ひいては彼の学問における問題意識および朝鮮儒学史での位相を次のように分析してみることができる。

第一に、それは始めから終りまで初学者らが徳に入って行く門であるという主旨から『大学』を解釈しようとした。程頤(い)が提唱して朱熹(き)が『大学章句』に引用して意味を付与した「大学、孔氏之遺書、而初学入徳之門」を『大学』解釈の基準と見做している。ここから彼の経学的問題意識が朱子学的経書解釈の根本を否認する次元にはないと類推することができる。

第二に、彼は『大学』の伝文には本来の格物致知に関する内容が存在したが、欠落したのであるという、朱子の学説を前提にしている。

第三に、それにも拘わらず彼は朱子学的解釈の問題点をストレートに指摘し、自らの新しい見解を提示している。これは当時に大部分の儒者が朱熹の『四書集注』の解釈と見解を異にする場合、朱熹の著述を徹底的に考察・分析する方法を通して朱熹の多くの著述の中に存在する多様な学説を確認し、自身の見解が朱熹の定論と一致すると主張しながら新しい見解を提出したりしたものと異なる。

第四に、学問において高遠なものでなく卑近なものを追い求めなければならないという主張は、朴世堂を含めた朝鮮朝時代の儒者だけではなく、日本の伊藤仁斎などの儒者らが朱子学の問題点を指摘する内容の中に含めていたりもするが、朱熹の学問論においてもやはり発見することができる内容であるので、実際的に朱子学を批判した内容になるものとは認定し難い。

朴世堂の果敢で直接的な朱子学に対する批判は早くから朝鮮時代の学術史において非常に意味のあるものとして認められた。例えば、李丙燾《とう》(一八九六〜一九八九)は朴世堂の〝見解と解釈が朱子のそれより一歩さらに進んだものではないかとする可否についてはしばらく別問題としても、学問の自由を唱え、旧殻を脱皮しようとする、進歩的であり啓蒙的であるその態度と思想が、稀であり立派である〟と評価した。このような評価は、十七世紀朝鮮において朱子学が官学として圧倒的な権威を享受しており、朱子学を批判する著述が犠牲となるようになった朝鮮朝中期以後を前提とする。

朝鮮儒学史において朱子学の権威に屈服せず敢然と批判する態度を捜し出し、これを近代性の萌芽として解釈しようとする場合、朴世堂の経書注釈の批判的文脈があまりに強調され、朱子学思想及び体系自体を否定しようとする意図によって解釈されたり、彼と同僚らの学術論弁が反朱子学と朱子学の対立として解釈されたことがあった。しかし朴世堂は経書研究において文脈を重視し、自身が充分に納得することができるまで絶えず研究を続けたし、このような過程の中で朱熹の経書解釈および改訂が充分でないと考えるようになって、修正する結果を得たものである。

彼と同僚らとの学術論弁は、朱熹《き》の膨大な著作に対する分析および考察が、十七世紀朝鮮学術界の基本的な研究方法であったことを見せてくれる。例えば、朴世堂は朱熹の別の著述においての敍述と『章句』の内容が矛盾していたり意味が不明確であると主張し、尹拯《じょう》は『章句』の不明確な点を朱熹の別の著述を通して補う立場を取りながら論弁を展開している。このような論弁は朱子学研究の水準が高い朝鮮時代儒者社会であるから成立できたものである。

【参考文献】李丙燾「朴西溪と反朱子学的思想」(『大東文化研究』三集、成均館大学校大東文化研究院、一九六六年十二月)、姜智恩「尹鑴の『読書記』と朴世堂の『思辨録』が朱子学批判のために著述されたという主張の妥当性検討(I)——『大学』の格物註釈に対する再考察を中心に」(『韓国実学研究』二十二集、韓国実学学会、二〇一一年十二月)

(姜智恩/渡邊裕馬訳)

趙聖期《ちょうせいき》（一六三八～一六八九）

思うに、天下の万事はもとよりこの〝一理〟である。このような理由のために仮に人々には古今の差があり事物に古今の差があるのであるが、理は古今より差異がない。全てわたしの精神知慮が古人に及ぶことができない理由は、単に一つの気稟《ひん》に捕われたからであって理によって制限され、そうなったものではない。今日心に具備された理から古人の日用已《い》発の事理を検証すれば、その理は本当に躍動し、その事物は必ず分明となる。思うに、古人が万事の変化に応じ、失敗しなかったのは、この理からはずれなかったからである。

（『拙修斎集』巻五「答林徳涵書」）

右の言及は趙聖期の思惟形成において最も重要な根幹となった。一理の強調は趙聖期の心性論、経世論の形成に重要な影響を及ぼし、彼の思想全体を貫くものであった。大部分の性理学者らが理の普遍性を主張したが、彼において特にこの点は目立つ。

趙聖期に重要な思想的影響を与えた人物は邵雍《しょうよう》（一〇一一－一〇七七）と呂祖謙（一一三七－一一八一）であった。彼は朱子学が現実生活に多少符合しないのを見出だし、邵雍の易学と呂祖謙の史学を師法にしたことを告白した。これを通じて彼の思惟に邵雍と呂祖謙が多く影響を与えたことが分かる。邵雍において彼は『皇極経世書』の観物論に多く影響を受けた。彼が観物論を通じて発見したものは一理の普遍性であった。彼の思惟は以後一理の普遍性［理通］を通じて人物性同論、聖凡心同論を主張した金昌協（一六五一―一七〇八）、金昌翕《きゆう》（一六五三―一七二二）等の洛論学脈に多くの影響を与えた。気の制約性を超えて理の能動性を強く主張したという側面から、十八世紀朝鮮思想界で進行した湖洛論争の過程で、彼の学術は重要な意味を持った。

彼は経世学に対しても深い関心を傾けた。彼の経世学は呂祖謙から多くの影響を受けた。呂祖謙は経世の道に着眼するが、功利を失ってはならないと言って、事功学・歴史学に多く関心を見せたが、この点は朱学と陸学が心性論に多く比重を置いたのとは対比される部分であった。呂祖謙は経世学の関心を土台に寛大忠厚の国家規模論を主張して、これによった多様な制度改革論を提示した。

呂祖謙に影響を受けた趙聖期の経世学は、漢唐国家規模論として要約することができる。朝鮮が漢唐国家の規模に従わなければならないという主張は、大部分の保守的な朱子学者が朝鮮は宋国の国家規模に従わなければならないという主張とは異なった。彼は国家的改革論を主張しながら、漢唐国家が持っている長所を力をこめて紹介した。

彼は当時朝鮮の弊害を救うためには、〝質素にすることを尊崇して、贅沢にする病弊を救わなければならない［尚質救文］〟と主張した。彼は尚質救文するためには、必ず寛大敦朴に根本を置き、静審厳重に用を置いた後で旧弊を救うことができると言った。寛大敦朴と静審厳重は「質」自体ではないが、これさえできれば質朴することは約束せずとも自然と得ることができるものであると言った。また今の現実は文を尊崇した挙句に質朴することを忘れてしまい、人心が病んでいるから、これを一日も早くとり除かなければ、国は傀儡《かいらい》にされると警告した。

彼の漢唐国家規模論は当時にも多くの論難を起こした。王道論を強調した朝鮮の朱子学者らは、事功学に土台を置いた漢唐国家規模論をそのままに受け入れることはできなかった。しかし趙聖期は三代国家規模のような不変なる国家規模を認定しながらも、その当代の病弊を改善するためには現実に可能な国家規模論が必要であるという点を強調した。

趙聖期の学術は次のような点から重要な意義を持つ。第一に、邵雍の観物論に影響を受けて、彼は一理の普遍性を主張した。趙聖期は一理が古今と賢愚を越えて、あらゆる人間と事物に存在するものであることを強く主張した。以後この思惟は湖洛論争の過程で人物性同論と聖凡心同論を唱えながら理の普遍性を強調した洛論の主張に多くの影響を与えた。第二に、彼の漢唐国家規模論は当時の朝鮮が処した現実を乗り越えるための代案として漢と唐の国家規模を重視するものであった。彼のこのような経世論はソウル・京畿地域の西人学脈で構成されていた漢党の政治思想に多くの影響を与えた。

【参考文献】李勝洙「拙修斎趙聖期論」(『東アジア文化研究』二十三(漢陽大学校韓国学研究所、一九九三年)、李勝洙、「拙修斎趙聖期論序説」(『韓国思想と文化』十二、韓国思想文化学会、二〇〇一年)、趙成山「17世紀後半趙聖期の学問傾向と経世論」(『韓国史学報』十、高麗史学会、二〇〇一年)、趙成山「17世紀後半林川趙氏家門の経世学」(『韓国思想史学』三十、韓国思想史学会、二〇〇八年)

(趙成山/渡邊裕馬訳)

鄭斉斗《ていさいと》（一六四九〜一七三六）

誠を感じるということは、すなわち実心と真情から互いに感じ動くということである。

（『霞谷集』「存言」）

鄭斉斗（一六四九―一七三六）は号が霞谷《かこく》、諡号《しごう》は文康である。漢陽で生まれて朝鮮の激変期である粛宗代と英祖代を生きた。英・正祖時代の多くの朝鮮の知識人らは、当面した国家的問題を解決するにあっては、一世紀前の明末清初期の知識人らの改善法案に共感しながら、文物受容と外交秩序においては、同時代の清朝知識人らの意見を受容した。鄭斉斗は二十四歳頃から科挙の勉強をやめたが、その頃に陽明学に出会った。二十三歳に第一婦人と幼い息子が亡くなり、次いで自分まで病気になりながら、学問的性向に大きな変化を起こしたものと考えられる。彼は四十一歳の時は居所を京畿道の安山に移し、また六十歳の時江華島に移しながら、著述と学問に専念した。鄭斉斗の思想はその時代の思想的要請に対する回答であった。安山では本格的に陽明学的観点から著述をしたのであるが、それがすなわち『学弁』と『存言』である。このような著述を通じて、彼が中国の陽明学を始めとする多様な学問が受容され賛否の論争が起きていた学問の転換期に、朝鮮に根付いた朱子学的形而上学に疑問を持ち、その代案として陽明学的実践理論の観点から、儒教的価値を朝鮮文化に回復しようとしたことが分かる。聖学の正しい道がどこにあるのか分別して提示するために、王陽明の学説に愛着を持つと言った。

しかし江華島での著述は、古典を再解釈して総合した『心経集義』と『経学集録』、『中庸説』等である。経書を再解釈することによって、陽明学的実践性を担保にする文献としての経書を位置づけた。経典に対する新しい観点を提示することによって、経書自体の精神を回復しようとするのである。陽明学を異端視する朝鮮の学風に対して、鄭斉斗は陽明の理論を持ち、儒学を再解釈して儒教文化のアイデンティティを提示しようとした。時俗の病弊に対する危機感から、鄭斉斗は新しい解釈を追究したし、文化伝統に対する新しい解釈を提示しようとした。これが鄭斉斗の学問観であった。

鄭斉斗は朝鮮の儒教が実践よりは理論的な面で深化される状況に、強い疑問と危機感を持った。心性論さえ本来の古代儒教が持っていた実践主体の心に対する注目よりは、形而上学的天理としての性を解き明かすための二元論的世界観が中心とされた。これに対して鄭斉斗は陽明の知行合一的良知の観点から、朱子学の認識の対象としての〝天理〟と〝性〟の代わりに、〝心体〟(人間の本来持っている心)に注目した。良知はすなわち実践である。よって〝致良知〟は人間内面の良知が外部世界においての実践であり、修養である。〝心即理〟は〝心〟=〝理〟である。この場合〝心〟は性情を統括する朱子的心ではなく、〝情〟に近い〝心〟であり、〝理〟は形而上学的天理ではない〝心の条理〟である。鄭斉斗がいう〝実心〟と〝真情〟はすなわち〝良知〟の別表現である。よって実践する心、修養から得られる心である。したがって行うことが直ちに知ることとなる。性が直ちに情であり天理であるともいう。二つに分けることができない至聖無息の実践、修養がすなわち致良知であるのである。〝致良知〟をするために経書の本意を再解釈する必要性があったのであり、経書の本意を実践することによって〝実心〟と〝真情〟を取り揃えて真実の人になることができると言う。これが鄭斉斗の人間観である。

鄭斉斗は朱子の学説は〝末から本に向かい〟、陽明の学説は〝根から終りに行ったもの〟であるが互いに異なるものではないから、二つの学派の学問をよく活用すれば〝天地位，万物育〟という目標に到達することができると考えた。したがって彼の学問を朱子学から陽明学に向かい、再び朱子学に転向したという既存の評価は、木を見て森を見ることのできなかった評価であると言うことができる。鄭斉斗は学問を通して古代儒学の実践の道を回復して、当時朝鮮の現実を解決して導き向かう道を提示しようとしたと評価することができる。

【参考文献】 鄭斉斗『霞谷全集』（驪江出版社、一九八八年）、鄭斉斗『国訳霞谷集』（財団法人民族文化推進会、一九七七年）、鄭寅普「朝鮮陽明学派」（『陽明学演論』三星美術文化財団、一九七二年）、尹南漢『朝鮮時代の陽明学研究』（集文堂、一九八二年）、金教斌『陽明学者鄭斉斗の哲学思想』（ハンギル社、一九九五年）、李容周『朱熹の文化イデオロギー』（イハクサ、二〇〇三年）、松田弘「朝鮮陽明学の特質とその論理構造——鄭霞谷と王陽明との比較による検証」（『韓国学報』二十五輯、一志社、一九八一年）

（韓睿嫄／渡邊裕馬訳）

李瀷《りよく》（一六八一～一七六三）

経《けい》を研究することはその知識を実際に使用するためである。経を論じながらも世の中に数多ある事案に活用することができないのならば、それは単に読むことだけよく行ったものに過ぎない。

（『星湖僿説』「誦詩」）

李瀷は心法に中心を置いて経典《けい》を研究する理学の学問方式が、務《つとめ》を識るに無能な結果をもたらしたと批判し、致用のための知識の探求に学問の方式を切り替えた。このような李瀷の観点は柳馨《けい》遠の学風を受け継いだもので、尹東奎、安鼎福、李炳休、慎後聃《たん》、權哲身、權日身、李基讓など門下の学者らに拡散され、丁若鏞に至って集大成され、経世致用に重点を置いた朝鮮実学の一大根幹を成した。

李瀷は生財を主とした国家を経営する基本方略を多くの文で提示した。彼は『藿《かく》憂録』において経筵、生財、国用、治郡、均田論など全十九個の節目にわたり、富国強兵ではなく安民利国を志向する観点で国家制度の改革方案を概括的に提示した。このような李瀷の経世論は、柳馨遠の『磻溪隨錄』、丁若鏞の『経世遺表』とともに、朝鮮朝後期の実学における政治体制と制度の改革案を具体的に樹立した代表的事例となる。また知識を主として探求する李瀷の文章は『星湖僿《し》説』と『星湖全書』に整理され伝えられている。

李瀷は西教と西学を区分して儒教の立場からキリスト教教理を批判し、知識として西学を受容した。彼は従来の心臓を主として心の概念を理解した視野を広げて、記憶の担当機関を脳と理解する観点をともに受容した。天文、地理、暦法など自然学に対する西学の価値を高く評価し、『七克』の克己説が儒教の〝克己復礼〟のような観点を持ったものとして肯定したが、『天主実義』の天堂地獄説などに対しては、仏教の輪回説のごとき部類と見做し批判した。このような観点は安鼎福に引き継がれた。

李瀷は儒教経典を探究するとき、儒教の経典本文自体の脈絡を先に忠実に理解し、注釈を補助的に活用する方法を取った。しかし朱熹の注釈を度外視して〝以経治経、以伝解伝〟の研究方式に専念する漢学の学問方式には向わなかった。また朱熹の理学に対して批判した陸王の心学に対しては、批判的立場を明確に取った。『心経疾書』において李瀷は『中庸』の〝未発〟概念を経験的な心理意識の一状態と把握して、朱熹が経験と関連なく説明した内容を排除したが、一方で程敏政が『心経附註』において尊徳性を強調する論議を引用して朱熹の晩年定論として説明したものに対しては批判した。このような陸王の学問方式に対する批判は、朱熹と李滉の学問方式を受け継ぐものであった。

李瀷は安鼎福など門下の弟子らと共に李滉の学問を整理し受け継ぐ一方で、郷村社会において士族らが世代を継いで安定的に種族を保全しながら生活していく方案を講究した。その学問的結実は前者の側面から『四七新編』、『李子粋語』、『李先生礼説類編』などが、そして後者の側面から『家礼疾書』、『星湖礼式』「宗議後説」などが産出された。李瀷は当時の家庭経済において家礼の遂行から発生する財政負担を緩和させるために、自身の家で行う礼式を大幅に簡素化した。また同時に種族の和合範囲を広げるために、士族が自主的に大宗を立てることができる経学論を提示し、自身の家に適用した。李瀷の礼式は死後に李炳休によって『星湖礼式』として整理され伝わったが、当時の理学者らから正統的方式ではないと批判を受けた。しかし朱熹の『家礼』体制から脱して、古礼にもとづいて家礼を士族の事情に合うように遂行することができる形態まで簡素にし再確立する一つの契機となったし、丁若鏞が新しい家礼体制を樹立するのに影響を与えた。

李瀷は西学書を全面的に読書しながら、知識として西学を取り入れ、儒教経典の内容を致用のための知識として研究し活用する学風を確立するのに先頭に立った。彼が経学と経世の両方面において成した学問的業績は、心法を優先視する理学（朱子学）の限界を越えて、経世致用の実学として当時朝鮮の学風を誘導するのに決定的な役割を果たした。

【参考文献】 姜世求『星湖学統研究』（慧眼、一九九九年）、姜秉樹「星湖李瀷と河浜愼後聃の西学談論――脳嚢に対する認識を中心に」（『韓国実学研究』八、韓国実学学会、二〇〇三年）、李俸珪「実学の礼論――星湖学派の礼論を中心に」（『韓国思想史学』二十四、韓国思想史学会、二〇〇五年）、崔錫起「星湖学派の『大学』解釈――星湖、貞山、茶山を中心に」（『韓国実学研究』十九、韓国実学学会、二〇一〇年）、鄭万祚『星湖李瀷研究』（共著、実是学舎実学研究叢書一、人模様、二〇一二年）

（李俸珪／渡邊裕馬訳）

柳寿垣《りゅうじゅえん》(一六九四〜一七五五)

英祖が前兵曹参判の沈鍔《がく》を直接鞫《きく》問したため彼が供述していう、〝臣は柳寿垣を死刑に処した理由が凶言であるとだけは分かりましたが、大逆であるとまでは分かりませんでした。臣は彼の逆節を国に向けた性情と考えましたが、彼の凶言を大逆と考えたことはなかったです〟沈鍔がまた〝柳寿垣と共に罪を受けたならば、死んでも嬉しいです〟と言うと、王は直ちに彼を法に基づいて死刑に処した。

(『英祖実録』英祖三十一年五月二十六日)

柳寿垣は十八世紀前半の朝鮮社会が抱いた最も大きな二つの病弊として、支配身分である士族の〝自閉的エリート〟への転換と門閥社会の形成を指摘した。彼の主著『迂《う》書』編纂の目的がここにあると断言できるほどに彼の立場は確固たるものであった。名色が仮にも支配層であったとしても、勉強以外に何もできなくなってしまった士族らは、支配層という虚勢のうちに両手両足がみな縛られてしまった〝自閉的存在〟に過ぎなかった。そのうえ少数の老論執権勢力が門閥集団を強固に形成した状況において、彼らは渇望した官職を得難かったのであり、別の職業を敢えて持つこともできないという苦しい境遇に駆り立てられていた。

柳寿垣が士族の生計用意のために提示した方案は、四民の間の平等と階層の移動を容認する四民分業であった。彼の改革案の独創性は士族の生計方案として商業に注目したという点にある。彼は士族が商業に身を投じるようになれば、それまで商業を賎業といって無視してきた雰囲気が一新され、経済全般が活性化される契機が準備されるものと信じた。

彼のこのような改革構想は、中国歴史に関する几《き》帳面な分析から出たものであった。彼は三代の時期から明清時代に至るまで中国の歴史全体に目を通したのち、朝鮮がモデルにしなければならない中国の王朝が、明清王朝であることを確信するようになった。彼は特に同時期の中国、すなわち清に対する愛好家であった。彼は清代の中国社会が成した社会経済的成就を高く評価したし、朝鮮ができるだけ早くそのような成就に追い着くことを切に希望した。そのような歴史的任務を遂行する新しい社会勢力が〝士族でありながら商人である〟士商層であった。

ところが当代の中国社会をモデルにした彼の独創的改革案は現実社会において実現し難かった。第一の原因は彼が老論と少論が政権争取のために一戦を交えた辛壬士禍（一七二一～一七二二）当時、老論側に対する攻勢の最先鋒として猛烈に活躍した少論の根本主義者であったためである。彼は一七一八年（粛宗四十四）の官職進出よりのち一七五五年（英祖三十一）に六十一歳を一期《いちご》として生を終えるまで、国王英祖と執権老論勢力から要注意人物と烙印を押され、彼らのしつこい監察の対象となった。第二の原因は清国をモデルにした彼の改革案が、崇明排清思想と小中華主義を旗印に掲げた英祖政府の執権イデオロギーと正面から衝突したためである。このような革新的主張が朝鮮の知識人らの間で再論議された時点は、それから五、六十余年が経過した正祖代（治世期間：一七七六～一八〇〇）であった。ソウルに居住する老論家門の子弟らの主導した北学運動がそれであった。一七三〇～四〇年代の失勢な一少論系改革家の主張が、北学派のそれと殆《ほとん》ど一致するという点から、彼の思想は革新的であったし、また時代に先んじたものであった。

老論・少論の連合政府が運営された時代、彼の卓越した才能を気の毒に思った趙顯命、朴文秀、李宗城のような少論系高位官僚らは、彼を何度か国王英祖に推薦したことがあった。彼は一七四一年（英祖十七）英祖と直接謁見し、彼の政治構想を力説することができる珍しい機会を持ったりした。そうであっても〝景宗の忠臣〟を自任した彼を、執権老論勢力は決して座視せず、彼はとても短い期間に司憲府と司諫院の下位官職を転々としただけであった。彼は一七五五年（英祖三十一）に逆心を抱いたというたった一つの疑いだけで〝乙亥獄事〟に連座し、恨み多く人生を終えてしまった。

少論の政治的没落と彼の死によって、彼が夢見た世界はもう朝鮮社会においてそれ以上推進する動力を喪失した。そして同時期の中国、すなわち清代社会をモデルにした国家中心の改革によって朝鮮社会を中国と対等な富国に作りあげようとした彼の雄渾なる夢は、永遠の未完として残された。

【参考文献】金盛祐「朝鮮時代社会構造の変化と聾《ろう》庵柳寿垣の身分制改革論」（『聾庵柳寿垣研究』人模様、二〇一四年）、李憲昶「《迂書》に現われた聾庵柳壽垣経済思想の基本構造」（『聾庵柳寿垣研究』人模様、二〇一四年）、鄭万祚「聾庵柳寿垣の生涯と政治改革論」（『聾庵柳寿垣研究』人模様、二〇一四年）、韓栄国「解題」（『（国訳）迂書』民族文化推進会、一九六七年）、韓永愚『柳寿垣――夢と反逆の実学者』（知識産業社、二〇〇七年）

（金盛祐／渡邊裕馬訳）

安鼎福《あんていふく》（一七一二～一七九一）

後世の学者は下学を卑賤なものと考えて退け、いつも天人性命と理気四七説に執着しすぎているが、その行実をみれば称賛するに値するものが全くないのに、ひたすら上達を知らないことだけを恥ずべきと考える。一生学問したとしても徳性はついに立てることができず、才器はついに成就することができず、依然として学問をしない人間の有様をしているので、果して何の有益さがあるのであろうか？　これは下学の勉強を知らないためにそのようであるのだ。

（『順菴集』巻十九、題後、題下學指南）

安鼎福が『下学指南』の序文で明らかにした文章である。学者らが性理学のため空理空談に陥って、一生勉強しても成就することができない姿を見て、有益なものがないと批判しながら下学に忠実であることを強調する内容である。もちろん『論語』憲問篇の〝下学而上達〟に基づいている。彼はまた『擬《ぎ》問』において四七理気を要約・整理したのち、末尾の部分で性理学は絡《から》まった毛や糸のコブのように解きにくいと言って、学者らはすべからく下学に力をつくすのみだと結論を下した。

彼がなぜこのように性理学を批判しながら下学を強調したのであろうか？　まず性理学は実体のな

い画であり虚空の説話である反面、下学は日常生活で受容されて実践することができる有用な学問であるものである。彼は〝下〟とは私達の周囲でよく見ることができる近くのものを言うとした。あらゆる儒学者がそうであったように、彼も上達の境地に至ろうとする徹底した儒学者であった。ただ幼い頃から難解な性理学にとらわれすぎる勉強を排除して、日常生活と関係の深い孔孟の教えを学び実践することによって自然と上達の境地に至るという信念を持っていた。彼が末年に〝遠くのことに力をつくして近くのことを疎《おろそ》かにした［務遠忽近］〟と自責しながら日常生活の事にもっと努力するのだと誓ったことも同じ脈絡である。ここで儒学者安鼎福の実学が下学に根源を置いたものであって、現実と実践が重視されているという事実を確認することができる。

　下学に土台を置いた彼の実学は柳馨《けい》遠を私淑し、李瀷の門下生になることでより輝きを放った。彼は柳馨遠の歴史理論を受容して『東史綱目』の著述に応用したし、『磻溪随録』を〝万世に太平を開いてくれる書［万世開太平之書］〟と感嘆しながら、政策に適用すれば大きな効験があるという見解を見せた。李瀷は安鼎福の実学に決定的な役目を果たした。元々実践躬行の下学に徹底し、柳馨遠の実学に早くから接した李瀷は、安鼎福に自得の学問方法、歴史考証と自主意識、そして現実改革の必要性と実践の重要性を強調した。李瀷の『星湖僿《し》説』を『星湖僿説類選』に再編するほど安鼎福は李瀷の実学に充分慣れ親しんだ。手紙を通じた質疑応答も数百通にいたる。従って十七―十八世紀の代表的な実学者である柳馨遠と李瀷の著述を渉猟して、直接李瀷の教えと援助のもとに著述された『東史綱目』は、十八世紀朝鮮後期の歴史学と実学思想の調和の中で成り立った歴史書であると言える。

彼の現実的な実践実学は現実矛盾の改革を主張する内容として拡大応用されて登場した。『東史綱目』と『臨官政要』によく現われている。彼は『東史綱目』の史論を通じて歴史的な典拠を提示しながら、当代各種の懸案に対する改善案を出した。たとえば時務策と経論中心の科挙試験の改善、拷問の禁止と連座制の廃止、還穀制度の廃止と社倉制の拡大、徹底した自主国防と海防辺禦の強化、奴婢賤籍の廃止等を挙げることができる。『臨官政要』では牧民官が民生のために取り揃えなければならない様々な条件を具体的に提示した。

一方リアルな証拠を重視する安鼎福の史学において、考証は非常に重要な学問研究の手段である。彼は『東史綱目』を執筆しながら、従来の歴史書の記録に多かった誤りを指摘して、文献考証を通じて修正した考証の過程と結果を『東史綱目』の付録につけた。彼が考証の過程で仏僧の記録と伝来する各種説話の内容を荒唐無稽といって排斥し受容しないようにしたのは、四七理気を実体のない影であると批評して下学に邁《まい》進することを強調した論理と大きく異なる所はない。彼は以上のように下学に土台を置いた学問観から出発して、民生のために現実の改革主張に至るまで拡大応用された実学的論理を展開した。彼が正統儒学を固守しながらも、朝鮮朝後期の代表的な歴史学者であり、考証学者であり、実学者である理由がここにある。

【参考文献】鄭求福「磻溪柳馨遠の社会改革思想」(『歴史学報』四十五集、一九七〇年)、韓㳓劤『星湖李瀷研究』(ソウル大学出版部、一九八〇年)、元在麟『朝鮮後期星湖学派の学風研究』(慧眼、二〇〇三年)(姜世求/渡邊裕馬訳)

申景濬《しんけいいえい》（一七一二〜一七八一）

大丈夫が世を渡ってゆくとき天下のあらゆる事が自らの職務となる。一つの事物であっても理を窮究できないことが恥ずかしく、一つの技芸であっても上手にできないことが懸念である。聖賢のようになるとすれば深く考え力を尽くして実践するだけである。学問は道に目覚めることが重要であるが、道は自得するほかない。（『耳渓集』巻二十八「左承旨旅庵申公募碣銘」）

これは申景濬が若い頃に師匠なしで独学した自身の学問観を明らかにして発した言葉である。これは彼が格物致知の伝統的学問観を越えて実生活に有用な技芸も学問的対象と重視して、その方法においては自得の精神を根本と考えたことを伝えてくれる。このように技術と実用を強調し自得の学問を重視した申景濬は、地理学、文字学、技術書等にあって卓越した成就を成し、十八世紀思想史において独特の位置を占める。

申景濬の一生は一七五四年、四十三歳という遅い年令で科挙に合格し、官僚生活に携わることを基点と考えて調べることができる。四十三歳以前に彼は故郷である全羅南道淳昌のほかソウル、江華、温陽、素沙、稷《しょく》山などの全国各地を遍歴して学問を磨いた。当代の代表的な博学の士として数えられる彼の学問は儒仏道の三教と九流を渉猟する開放的な面貌を持った。〝学ぶ者は互いに異なるところでは博学を成し、同じところではその要諦を守る〟（「四部節選序」）と言って、博学に通じた会通を追い求めた彼は、異端の学問であっても天下事物の理を窮究して士の職分を広げるうえで役に立つものと考えた。このような申景濬の学問思想は、博学を重視して三教会通的な思想を持った小北の家学伝統とソウルの学風を幅広く消化した土台のもとに形成されたし、利用厚生を目的とした非常に実用主義的なものであった。

博学に通じた会通の思想がよく現われた著述が、二〇代のころ素沙に居住したとき書いた「素沙問答」である。この文章は万物の形態と色相の差異を陰陽の調和と五行の原理より説明したもので、九流の各観点から現象を察する論理を展開し、それを一つ一つ批判的に分析することによって、現象と本質の差を論理的かつ明白に現わそうとしたものである。彼が若い頃から性理学だけを教条的に尊崇して異端を排斥したのではなく、多くの思想を幅広く受容していたことを見せてくれるものである。

彼が一七五〇年に書いた『韻解訓民正音』は独創的な観点からハングル分析を試みた。日本語に対する研究書に『日本証韻』があり、済州牧師を務めた時に済州人の中で安南国に漂流して帰って来た人を通じて、一〇〇余種のベトナム語発音を調査して記録しておいたりした。

申景濬は官界に進出してから二年後の一七五六年に『彊界志《きょう》』を完成して歴史地理学者の地位を確固にして以後、『山水考』、『四沿考』、『道路考』、『伽藍考』等の一連の地理書を編纂する。『四沿考』は鴨緑江、豆満江と八道の沿路および中国と日本への海路、潮汐干満の現象等を整理し、『道路考』

は全国各地域の陸路・水路交通および中国・日本との交通路を記録し、『伽藍考』は全国各所に散在した寺の名前と所在地などを明らかにした書である。

申景濬の国土地理観の中で特記に値する点は、海と海路に対する関心である。『山水考』において彼は国土を形成する山と川を相互補完的な存在として理解したのであるが、これは自然と国土地理の認識において川と海の意味が強調されるようになるものへと進んでゆく。このような考えによって編纂されたものが『四沿考』でこれはわが国の沿海地域に対する最初の専門著述であるという意義を持っている。申景濬は『四沿考』の序文において三面が海に囲まれていて大陸と通じる北側であっても鴨緑江と豆満江によって境界をなす韓半島の地形の特殊性に言及し、国家防備を堅固にするための意図からこの書を編纂したと明らかにした。

このような国防に対する関心から著述されたものが「論兵船火車諸備禦之具」であり、船舶、火器、水車等を図説を交えて詳しく分析して正しい活用法を提示した文章である。申景濬が時代の現実を錯覚したままで実質的内容がない形而上学にだけ没頭する当代の学問の風土を、たいへん批判的に認識していたことを知ることができる。

【参考文献】 申景濬『旅菴全書』(景仁文化社、一九七六年)、金錫得「実学と国語学の展開――崔錫鼎と申景濬の学問的距離」(『東方学誌』十六巻三号、一九七五年)、楊普景「旅菴申景濬の地理思想」(『国土』二一一巻、国土研究員、一九九九年)、高東煥「旅菴申景濬の学問と思想」(『地方史と地方文化』六巻二号、歴史文化学会、二〇〇三年)、申翼澈「申景濬の国土地理官と海路・船舶に対する認識」(『韓国漢文学研究』四十三集、韓国漢文学会、二〇〇九年)

(申翼澈／渡邊裕馬訳)

徐命膺《じょめいよう》（一七一六～一七八七）

城郭と住宅、手車と器物は何一つ自然の数法が無い場合がない。この数法をきちんと整えると堅固かつ完全であって長続きするだろうが、そうでなければ朝作ったものがもう夕方には駄目になり、百姓や国に及ぼす弊害が少なくない。

（朴斉家『北学議』序文）

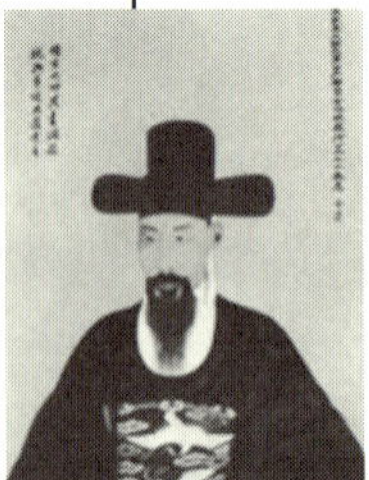

右は朝鮮実学の代表的な著述である朴齊家の『北学議』に書いた徐命膺の序文の一部である。この文で彼は、城を築くことや家を建てること、手車や道具を作ることなど、全てのことには「自然の数法」が入っていると言った。ここで言った自然の数法とはすなわち宇宙万物に内在する数学的法則を指すもので、この法則を探究する学問として東洋では「象数學」という分野があった。徐命膺の学問は正にこの象数学に基づいて天文・暦算・樂律研究をする所に特徴を持っていた。象数学は河図《かと》と洛書に現れた象と数をもとに宇宙と現象の生成発展を数理的に演繹する学問である。それは中国宋代の邵雍によって体系化され、朝鮮では徐敬徳を鼻祖としている。つまり徐命膺が朱子学や陽明学ではない象数学を家学としている点に最も大きい特徴がある。一般的に朝鮮の哲学思想は性理学が絶対的な多数を占め、一部の学者の間で陽明学の伝統が続いてきたと説明される。ところが、これとは違う象

数学という分野が徐命膺家を中心に継承されてきたのである。

象数学は河図と洛書を主要原理にする側面から、よく「先天易」と呼ばれた。このような次元から徐命膺は易学的理論を動員して西洋の天文学を含めた天文・暦法の知識全般を解釈した。例えば、地が丸いという事実、天と星は左に回って太陽と月は右に回るという事実、緯度によって気候に差が出るという事実などの原理を先天方円図から求めることがそれである。さらには中国の梅文鼎や阮元のように周の末期に天文、暦算、樂律を担当した疇人《ちゅう》たちが外国へ逃げて、結局それが西洋科学の源流になったという、いわゆる「西器中国源流説」を主張した。

それでは「象数学」と朝鮮朝後期の実学はどのように関連するのか。宇宙と万物についての象数学的解釈は、俗に世相と人間の運勢を占う一種の術数のようにも思われてきたが、徐命膺の場合は次第に自然科学の領域へ発展している。例えば、徐命膺は従来の理と氣に数を加えて太極が理であり、陰陽五行が氣であり、一三五七九と二四六八十が数であると説明した。また、易理を象と数をもって解き明かすように、天地万物に内在した理を氣と数をもって明かすしかないと言った。上の引用文に言及された城郭と住宅、手車と器物を造る数法とは、結局その具体的な適用であるといえる。

一方、徐命膺の学問観は息子の徐浩修、孫の徐有榘に継承され、天文、数学、農学などの分野に専門化される。彼らは文光道、柳琴、金泳といった当代の算学者を師匠として幾何学を学んだが、その師弟関係は明の末期のマテオ・リッチ（Matteo Ricci）と徐光啓の関係に比べられている。このような点から、この家の学問はその行跡と著述において徐光啓のそれと非常に似た軌跡を見せている。つまり、中国の邵雍を淵源に朝鮮の徐敬徳を経てマテオ・リッチと徐光啓から直接的な影響を受けているといえる。

このような展開過程を経て徐命膺の学問は朝鮮学術史で稀な自然科学的伝統の一つを形成するようになる。それは普通の士大夫のように国家体制や制度などに対する品格ある談論ではなく、ただ中人の技術と見なされていた実用知識に重点を置いたものであった。この傾向は、教養的な知識を実用的な知識より上に置いていた前近代的な学問観をある程度超えたものとして評価できる。また、それが近代科学の基礎となる数学に基づいている点から、一つの家の学問的特徴に止まらず、韓国の科学史ないしは実学史において、とても独特な一つの系統を見せてくれるものといえる。

【参考文献】 任侑炅《けい》「徐命膺の文学観及び詩経論」（『韓国漢文学研究』九、一九九三年）、金文植「徐命膺の著述の種類と特徴」（『韓国の経学と漢文学』太学社、一九九六年）、朴権寿「徐命膺、徐浩修父子の科学活動と思想」（『韓国実学研究』十一、韓国実学学会、二〇〇六年）、韓芪燮「徐命膺一家の博学と叢書・類書編纂に関する研究」（高麗大學校博士論文、二〇一〇年）、李奉鎬『正祖の師、徐命膺の哲學』（東と西、二〇一三年）

（書蒼録／金東熙訳）

元重挙《げんじゅうきょ》（一七一九〜一七九〇）

日本には聡明で優秀な人が多く、真情を吐露して心襟《きん》を明白にした。詩文と筆語もすべて貴重に考えるべきで捨てられない。ところが、我が国の人は（日本人を）夷といって無視し、ちょっと見ては咎《とが》めて貶《けな》すことを好む。

（李徳懋『清脾錄』「蒹葭堂」）

元重挙の言葉を李徳懋《ぼう》が自身の『清脾《ひ》錄』巻一「蒹葭堂」において引用した文である。彼は元々忠実な朱子学者として華夷観を持っていたが、通信使行を通して日本人と直に接した後、それが持つ閉鎖性と非現実性を自覚して日本夷狄観を清算しようとした。

元重挙が最近の学界で注目される理由は『和国志』という著述にある。彼は一七六三年（英祖三十九）の癸未《きび》通信使行に書記として随行しながら日本で文名をあげ、帰国した後『乗槎録』、『和国志』、『日東藻雅』という日本使行録を残した。『乗槎録』は四巻四冊で使行の全過程を記述した使行日記である。『和国志』は「見聞録」のような性格を帯びたものであるが、別途の本に著述された。天・地・人の三巻で構成されており、七十六項の膨大な項目にかけて日本社会の様々な側面を紹介している。『日東藻雅』は現在伝わらないが、日本で唱和した詩を集めた唱和録と推定される。

特に『和国志』はその内容が総合的な「日本国志」の性格を持っており、元重挙の日本理解が朝鮮時代の知識人の中で最も深みがあって、当代に及ぼした影響が大きかったという事実が確認された。元重挙の交友関係を見ると、燕巖朴趾源を中心にする一群の知識人との交流が大部分を占める。とりわけ李徳懋・朴斉家・柳得恭・成大中と親しくつきあった。彼らは主に北学論を提唱して利用厚生の実学や考証学的な学風を強調した。元重挙の学問的性向には、朱子学に関する明瞭な立場とともに「名物度数之学」あるいは利用厚生学についての深い関心が見つけられる。特にこのような面は『和国志』に躍如としている。

元重挙が随行した一七六三年（英祖三十九）の癸未通信使行は朝鮮後期の十一番目の通信使で、江戸まで行った最後の使節だった。使行のなかで文化交流は活発であり、使行の後に残した日本使行録は全十編で最も多く、質の面でも優秀であった。これは「朝鮮の日本理解の成熟」と考えられる側面である。元重挙は使行の際に日本の文士たちと唱和した詩が約一〇〇〇首に達し、この使行をきっかけに、彼の名が日本はもちろん国内でも知られるようになった。

『和国志』と『乗槎録』に現れている元重挙の日本認識の特徴と意義をまとめると次の通りである。第一、元重挙の日本理解の水準が高いという点である。特に『和国志』は朝鮮後期の通信使行員の日本認識の最高峰として、一五〇〇年間にかける日本理解の蓄積の結果であるといっても良いだろう。形式と内容の面で最も整斉して豊かな日本国志である。日本の『武鑑』を利用して幕藩体制の構造と運営方式を詳細に明かした点と、使行の時に手に入れた日本側の資料を使って記述しての朝日関係史記録などは史料的な価値が高い。もちろんここには本人の格別な努力が裏付けられている。彼は使行の時に以前の使行録を集めて「信行便覧」を作るなど緻密な準備をした。また使行の時に護行文士を始めとした日本側の人士との筆談を通して見聞を広めることができた。帰国後『和国志』を著述する時は、日本や中国および朝鮮の書籍と比較検討して李徳懋らと討論するなど、心血を傾けた。その結果、『和国志』は従来の使行日記が持つ「主観性」と「間接性」という限界を克服した。

第二、元重挙の日本民族観と政治・社会認識には新しく独特な要素が多く提示されている。また、日本の国内情勢に関する診断や展望、対馬対策と通信使制度の改革案など対日政策の面での提案も先駆的で注目すべきところがあった。なお、『和国志』という名称も注目すべきである。日本を「倭」ではなく「和国」と呼んで書名を『和国志』にしたのは朝鮮時代唯一の事例である。元重挙が日本使行の後に文化相対主義の立場から日本を客観的に認識しようとしたことが見られる事例である。

彼は朝鮮朝後期「日本学」の基礎を均《なら》した人物として評価される。

【参考文献】 河宇鳳「元重挙の日本認識」（『李基白先生古稀紀念韓国史学論叢』一潮閣、一九九四年）、呉寿京「18世紀ソウル文人知識層の性向――燕巖グループに関する研究の一端」（成均館大学博士学位論文、一九九〇年）、林熒《けい》沢「癸未通信使と実学者たちの日本観」（『創作と批評』八十五、一九九四年）、朴在錦「元重挙の〝和国志〟に表れた日本認識」（『我が漢文學史の海外体験』集文堂、二〇〇六年）、朴熙秉「朝鮮の日本学成立――元重挙と李徳懋」（『韓国文化』六十一、二〇一三年）

（河宇鳳／金東熙訳）

魏《ぎ》伯《はく》珪《けい》（一七二七〜一七九八）

『論語』の文末には語調を示す虚字（置き字）が他の本に比べて多い。これは、聖人が不人情に語ることはできないが、その意は切実だからである。そのため、言外之意は全て語助詞から出るので、読む者は当《まさ》に玩味すべきである。

（『在斎先生文集』巻一、『論語箚義』）

平凡に見られる上記の叙述は、問題意識と接近方法、そしてその結果から見て経学史の側面で画期的な口弁である。版本によって若干の差はあるが、『論語』で「也」は約五三〇回、「而」は約三三〇回、「矣」は約一八〇回、「於」は約一七〇回、「乎」は約一五〇回、「則」は約一二〇回が出て、その外の虚字の出現頻度も少なくない。およそ一万二七〇〇字ほどの『論語』の全体で「言う」の意の「曰く」（約七五〇回）、否定を表す「不」（約五七〇回）、孔子を指す「子」（約四五〇回）などを除けば、さすが語録体の鼻祖といえるほど『論語』には虚字が大きい比重を占めている。

『論語』のように虚字が多く書かれた文献は極めて稀であるが、『論語』で虚字の重要性は統計数値の側面にだけあるのではない。虚字によって文章の表現が多様になって生動感にあふれ、人物の感情や性格が如実に現れる文学性を持つようになるからである。しかし、現代以前に『論語』の虚字についての文辞的な接近を試みた専門著書は殆ど無く、中国清代の牛運震（一七〇六―一七五八）の『論語随筆』程度が学界の注目を浴びた。『論語』だけでなく『孟子』の場合も同じである。過去の経学者たちが注目したのは思想や典章や名物なので、だいたい哲学、政治、経済および考証の方面で研究しただけで、『孟子』の散文芸術と文章技巧まで扱ったのは牛運震の『孟子論文』がほぼ唯一の文献として報告された。

牛運震と影響関係がなかった魏伯珪は経学著作の『四書箚義《さつ》』で一貫して『四書』の文章の特徴的な面貌に関する把握を重視し、特に『論語箚義』、『孟子箚義』で『論語』、『孟子』の文辞的特徴による分析を具体的に進めた。『論語』の場合、語基・感情表現としての虚字を重視しつつ連用された虚字と文章の辞気についての考察も行った。『孟子』の場合は、抑揚、比喩、例話法などの各種修辞的な技巧と論弁効果について語った。『論語』と『孟子』の接近方法が異なるのは、魏伯珪がそれほど各経典の文辞的特徴を正確に捉えていたという反証ともいえる。

魏伯珪がこのように著述した根底は大きく二つの面から捉えられる。第一は、朝鮮後期の文学、社会思想と緊密な関連があることで、科挙合格のために科文を事としたり、稗官《はい》小品文体に堕ちた当時の文風を正すという面である。経典文章の価値を明かすことで、経典の含意をきちんと理解して、究極的には実践・躬《きゅう》行できるようにするためであった。これを道文一致という巨大な談論のなかに入れることもできるだろう。しかし「道」がそうであるように、「文」にも多層的な側面が存在し得るので、多角的分析が必要であることが魏伯珪の著作を通して分かる。第二は、魏伯珪の特有の思索だという側面である。魏伯珪はいわゆる「生活詩」と名づけられる一連の漢詩と国文詩歌を通して、郷村の生と文学を生き生きと表現した。これは自分の現実的な立場とそこから始まる自我と世界に対する省察の表出で、朝鮮後期の文学の変貌や革新の様相が窺《うかが》える肝心な資料として評価されている。文学での生動感に対する探究が経学著作のそれと連続線の上にあるわけである。

学界の一部では性理学と実学を対立概念として使用し、魏伯珪をどちらかの一方に帰属させようとする言述が時々あった。しかし、少なくとも魏伯珪の思想と学問を捉えることにおいては、そういった二分法的な接近だけでは足りなく、あるいは適切ではないと思われる。それよりも性理学であれ実学であれ、それとともに魏伯珪特有の思索と学問の共存を念頭において、連続性のなかで考察すべきであると考えられる。

【参考文献】金碩会『存斎魏伯珪文学研究』(以会文化社、一九九五年)、金聖中「魏伯珪の『論語剳義』研究」(『韓國実学研究』十四号、韓国実学学会、二〇〇七年)、魏洪煥「存斎魏伯珪の詩文学研究」(朝鮮大学校博士學位論文、二〇〇五年)、李東歓「道学と実学その二分法の克服」(『韓国実学研究』八号、韓国実学学会、二〇〇四年)

(金聖中／金東熙訳)

黄胤錫《こういんしゃく》（一七二九～一七九一）

私は幼い時から家庭で学問を学んだので、気でもちがったのか昔のことを学ぶ所に意味を置いて、先ず『周易』を始めとする色々な経書に順序を踏んで熟達し、これによって『性理大全』一帙に進んで、勉強に一層励んだ。或いは私の所見を記録し、或いは先輩たちの論義を活用して、微辞奥義と疑文闕字に対して一々註釈を付け、上は易範・性命・理気の根源から律暦算家に至るまで、ほとんど論じ尽した。〔『頤斎乱藁』巻十一、戊子（一七八八年）八月二一日〕

これは黄胤錫が自分の学問の過程を縮約した発言である。黄胤錫は十八世紀後半朝鮮で申景濬（一七一二～一七八一）と共に湖南を代表する学者として挙論された人物である。彼は文科及第に失敗したが、薦挙を通して官僚に登用され、中央政府の下位職と地方官を歴任した。黄胤錫は老論―洛論系の代表的学者である金元行（一七〇二～一七七二）の門下で受学し、ソウルの生活を通して当代の著名な学者たちと学問的に交流した。

黄胤錫の知的遍歴は途轍もなく、彼の叙述も浩澣であった。「私は小さい時から文を読み、文字を使う頃から星を観察し、月を占い、高い所に升り、遠い所を観測し、灯をともし、夜明かしをして、あらゆる努力を傾けた。経史子集、心性理気、声音、篆隷、図画、医薬、象数と一切の九流百家がすべて思索の対象であった。早くから頭と目が目まいする病気で苦しんだ」と言う程、彼は幼い頃から多様な学問分野に関心を傾け、からだを酷使する程に勉強に熱情的であった。

黄胤錫の学問的志向と関連して二つの著述に注目する必要がある。一つは黄胤錫が自分の一生の精力を投与した著述だと言った『理藪新編』である。その書名からわかるように、『理藪新編』は天地万物の理を総合しようとしたものである。黄胤錫はこの本で『性理大全』を参照して門目を構成し、「太極理気之説」と「洪範経世之学」から「啓蒙暦閏之法」に及ぶ理と関係した内容を「古人の至論」を中心に新しく編集した。

『理藪新編』の延長線上で構想した著述が『性理大全註解』であった。たとえ未完に終ったとしても黄胤錫の究極的目標は『性理大全』に対する完璧な註釈作業であった。彼は性理学の代表的テキストである『性理大全』を当代の新しい知識を土台として修正・補完することによって名実共に「大全」を作ろうと計画した。黄胤錫はこの作業を自分の「一生の家計」と考えた。実際彼は一〇代後半から『性理大全』を究明するために労心焦思し、このような彼の努力は生涯持続した。

『性理大全』を正しく理解するためには多様な学問分野に対する広範囲な知識が必要である。黄胤錫の学問が博学的傾向を追求したこともこのためであった。これにより彼の学問的関心は伝統的学問の範囲を超え、西学にまで拡張された。黄胤錫は西洋の天主教に対しては極めて批判的であったが、暦算と水法等に対しては高く評価した。「聖賢たちの性理学問の学説は濂《れん》洛関閩《びん》より高尚なものはなく、暦算の色々な方法は西洋よりすぐれたものはない」ということが彼の基本的な考えであった。彼は西学を「道（天主教）」と「数（暦学）」に区分し、「数」だけを選択的に受用しようとした。特に西学の律・暦・数（律呂・暦象・算数）分野に注目した。

黄胤錫にとって「律暦算数之学」は「天地間の大文字」としてなくてはならないものであった。これは「易範」（周易と洪範）と表裏をなし「天地を経緯するもの」であって、程子・朱子のような大学者たちも重視したものであったし、国家を経営し天下を治めるのに必ず必要な「儒者大全之学」であった。このように「律暦算数之学」を重視する観点で黄胤錫は当時この分野の最高の書籍と言うことのできる『律暦淵源』（『暦象考成』四十二巻、『律呂正義』五巻、『数理精蘊』五十三巻）を探究した。

要するに黄胤錫は『性理大全』の律呂・暦象・算数部分に不十分な点があると見て、この分野で当時最高の水準と見た西学を受用してその問題を解決しようとした。黄胤錫が企画した『性理大全註解』は『性理大全』というテキスト内部の論理的矛盾を学問的に解決し、西学の流入のような時代的変化を反映して性理学の学的体系を新しく構築するための至難の努力であった。

【参考文献】 崔サムリョン他『頤《い》斎黄胤錫――英正時代の湖南実学』（民音社、一九九四年）、姜信沆《ハン》他『頤斎乱藁から見る朝鮮知識人の生活史』（韓国学中央研究院、二〇〇七年）、頤斎研究所編『頤斎黄胤錫の学問と思想』（景仁文化社、二〇〇九年）、具万玉「朝鮮後期天文暦算学の主要争点：黄胤錫（1729～1791）の『頤斎乱藁』を中心に」（『韓国科学史学会誌』第三十一巻第一号、韓国科学史学会、二〇〇九年）、具万玉「頤斎黄胤錫（1729―1791）の算学研究」（『韓国思想史学』三十三、韓国思想史学会、二〇〇九年）

（具萬玉／小川晴久訳）

洪大容《こうたいよう》（一七三一〜一七八三）

人の観点から物（事物、動物）を見れば、人は貴く物は賤しい。物の観点から人を見れば、物が貴く人は賤しい。天から見れば、人と物は均等である。……今君はどうして天の観点から物を見（以天視物）ず、人の観点から物を見るのか？

（『毉山問答』）

この一文は洪大容の『毉山問答《いざんもんどう》』を貫通する核心的な主張の中の一つである。彼は「天の観点」即ち主・客の対立を超えた客観的な観点から万物を見ることを主張した。彼によれば、人は一身を五臓六腑と四肢で、一家を自分と妻子で、一家（族）門を兄弟と宗党で、一国を隣里と辺境で、全世界を中華と夷狄で……、このように果てしなく内と外または物と我を区分して互いに争い、略奪行為をする。「天の観点」はこのような観点と態度から脱し、あらゆる層位で自己中心性を否定する内外無分の世界像、万物の間に貴賤の差等を拒否する万物平等の価値観を樹立できるようにしてくれた。内外無分論を中心にして、洪大容の思想は次のような三つの背景から形成される。

一、老論洛論系の影響と人物無分論。彼は当時老論洛論系の宗長であり、自分の堂姑母夫（父のいとこの夫）である金元行の門下で修学した。洛論系は人性と物性の同異をめぐる論争で、万物の本然の性を強調する人物性相同論を宗旨としていた。人とそれ以外の万物が価値の上で差がないという洪大容の人物無分論は、道徳原理である仁義礼智を生命原理に拡張し、その無差異性の根拠として活用した点で、はっきりと洛論系の人物性相同論と連続性を持つ。しかし人物無分論は内外無分論一般として拡張されるものであった点で、両者の間には連続性に劣らない断絶性も強く存在した。

二、北京旅行経験と華夷無分論。三十五歳のときの一七六五年、彼は燕行使書状官となった叔父に従って中国の北京に旅行した。繁栄した北京の文物を見、杭州出身の三人の挙業人と出会って天涯の知己の交りをする等、色々な人と交流しつつ、相対的に開放的な中国の知的風土から刺戟を受けた。彼が交流した人物にはイエズス会宣教士でもあり欽天監正であったA・ハレンシュタイン（劉松齢）と副正A・ゴガイスル（鮑友管）も含まれていた。北京旅行は彼に朝鮮の朱子学および崇明排清の風土に対する批判的眼目を養ってくれた。彼は帰国後北京旅行記（漢文本『燕記』とハングル本『乙丙燕行録』）を編纂したが、その中の杭州人たちとの筆談を整理した『乾淨洞会友録』は都城（ソウル）の知識人たちの間に讃嘆と誹謗の両方の強い反響を呼び起した。これを巡って始まった金鍾厚との論争は、従来の華夷論に対する批判的問題意識を分明にし、進んでは文化又は文明の相対性を主張する華夷無分論を樹立する契機となった。

三、新しい天文、宇宙知識と地界また星論。彼は早くから天文、暦算学に関心を傾け、三十歳頃には匠人羅景績の助けを得て渾天儀の制作もした。北京から帰国するとき、『数理精蘊』など天文暦算書籍を購入して来て読んだ。「難解な所にくると、しばしば一晩中眠らずに心を苦しめた」と言う。

彼は『数理精蘊』以外に『暦象考成』、『暦象考成後編』、『天学初函』、F・フェルビースト（南懐仁）の『泰西坤輿全図』などを所蔵していて、一種の応用数学書である『籌《ちゅう》解需用』を叙述もした。『毉山問答』には伝統的な気論的宇宙発生論と併行して、地球説、地球自転説、宇宙無限説などの新しい宇宙構造論が盛られている。そのうちの地球自転説はJ・ロー（羅雅谷）の『五緯暦指』などに否定的に紹介されたティコ・ブラーへの太陽系構造論を気論を通して肯定的に再解釈したものである。我々が注目するのは、このような宇宙構造論が内外無分論を正当化する論拠として活用されている点である。彼は地球説を華夷無分論の地理的根拠として積極的に活用したかと思うと、地球自転説と宇宙無限説をパターンとして地球もまた多くの星の中の一つにすぎず、宇宙の確固不動の中心となることはできないことを明らかにした。

洪大容は三〇代に科挙を放棄し、古学と実学に邁進し、のちに蔭叙で司憲府監察と県監・郡守等を歴任したが、五十三歳に突然病死した。彼は「均田」とか両班層の遊衣遊食批判などを含んだ四民平等指向の社会改革論『林下経論』を披露もした。しかし断片的な水準に止まった。

【参考文献】 朴星来「洪大容の科学思想」（『韓国学報』二十三集、一志社、一九八一年）、ユボンハク「18—19世紀燕巖一派北学思想の研究」（ソウル大学博士学位論文）、小川晴久「湛軒洪大容実学思想の近代精神——実心の要件と機能」（『儒学研究』一集、忠南大学儒学研究所、一九九三年十二月）、金文鎔『洪大容の実学と18世紀北学思想』（芸文書院、二〇〇五年）、実是学舎編『湛軒洪大容研究』（人模様、二〇一二年）

（金文鎔／小川晴久訳）

徐浩修《じょこうしゅう》（一七三六〜一七九九）

漢の太初暦は黄鐘から数を起こし、唐の大衍《えん》暦は大衍の数即ち蓍《き》策から数を起こしたので、周易から暦法の原理を見つけようとしたのである。（中略）大体楽律と暦法、周易と暦法の道理は一貫しないわけではないが、暦法はとても異なったものであるため、決して無理に道理があるとして、皆を眩惑させて作ってはだめであろう。

（『燕行紀』巻3、八月二五日癸酉条）

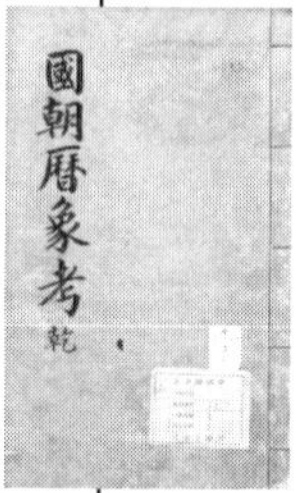

一七九〇年謝恩副使として北京に行った徐浩修が当時『四庫全書』編纂事業の纂修官として参与していた中国の大学者翁方綱（一七三三〜一八一八）と交わした対話の要所である。徐浩修が大衍暦のような中国古代の暦法は周易の体系から始まる象数学の数概念に原理的土台を置いた暦法で、牽強附会に眩惑させた正しくない暦法だと酷評しているのがわかる。中国最初の暦法である漢の太初暦が成立以来、数千年間楽律と暦法の原理的土台を周易の象数学でさがした古代の東アジア儒学者たちの支配的パラダイムからの脱出であった。徐浩修が判断する一番模範的な暦法は、周易の理論的土台とは関係なく、極めて定量的な数の計算だけで暦法の原理を整理した西洋式暦法であった。しかしこのような逸脱的暦法観を共有した儒学者たちは多くなかった。中国の江永と朝鮮の李家煥、南秉哲など少数にすぎなかった。

徐浩修は十八世紀中後期の朝鮮を代表する天文暦算家であった。彼の天文暦法に関する知識は、士大夫としては珍しく観象監の天文官員の水準を越えているのであった。彼は清の康熙帝の時編纂された楽律分野の叢書『律呂正義』に対する補解書である『律呂通義』、数学分野の叢書である『数理正蘊』に対する補解書『比例約説』と『数理正蘊補解』、暦法分野の叢書『暦象考成』と『暦象考成後編』の補解書『暦象考成補解』と『暦象考成後編補解』を執筆した。残念なことに『数理正蘊補解』だけが残り伝わっているが、このように清で実現した偉大な天文暦法の尨大な成就を完全に消化して補解書を残した人は、徐浩修以外にはいなかった。

十八世紀中後期英祖と正祖代に実現した朝鮮朝政府の天文学関連プロジェクトは、このような徐浩修を除いては不可能だった。

第一に、徐浩修は国家的事業として進められていた一七七〇年『東国文献備考』の天文学編である「象緯考」を責任執筆した。「象緯考」は古代以来朝鮮での天文学関連国家事業の沿革、宇宙の形体と構造に対する歴代の諸理論、天体運行に対する基本的な天文学諸理論と歴代の天文機具を一目瞭然に紹介整理しておいた著書である。一七九六年には彼の主導で実現した正祖代天文学分野の成就の内容を『国朝暦象考』に整理し編纂した。彼の死後一八一八年に編纂された『書雲観志』と共にこれらの文献は韓国天文学史の一番重要な文献である。

第二に、徐浩修は一七六五年二十九歳で出仕して以後朝鮮政府内のほとんどすべての天文学関連のプロジェクトを引き受けて行った。英祖代末年の一七七〇年前後に実現した測雨器制度の復権、斉政閣に所蔵してあった渾天儀の重修のような一連のプロジェクトは、その間忘れていた過去の天文学関連の先王たちの偉大な業績が「象緯考」編纂過程で徐浩修によって新しく知られるようになって推進されたものであった。一七八九年には徐浩修の主導で国家の標準時間体制が整備された。この時天文観測器具の赤道経緯儀と地平日晷が制作され、中星の度数と水時計(漏刻)の標準物差しを正し、『新法中星記』と『新法漏籌通義』が編纂された。これによって一六四〇年代時憲暦体制への改暦作業が推進されて以後、時憲暦体制による更漏法が一五〇余年ぶりに完成された。一七九一年には政府内天文学関連制度の大々的な整備が観象監提調であった彼の主導で実現した。その間放漫に運用されていた測雨器測定と報告の体系を定式化し、全国八道監営での北極高度と東西偏度を算定した。又天文学部署の観象監の運用と制度の整備が全幅的に実現した。大統推歩官のような時憲暦以後必要なかった官員を一五〇年ぶりに大端に廃止し、観象監官員選抜試験テクストを時憲暦施行以後にも変えなかったことを改め、『数理正蘊』と『暦象考成』に変えた。

徐浩修主導のこのような天文暦法事業の結果、十八世紀末朝鮮は時憲暦体制の完璧な実現を達成することができた。

【参考文献】朴権寿「徐命膺・徐浩修父子の科学活動と思想――天文暦算分野を中心に」(『韓国実学研究』第十一号、韓国実学学会、二〇〇六年六月)、青蒼録「鶴山徐浩修と『熱河紀遊』――18世紀西学史の水準と指向――」(『東方学志』第一三五集、延世大学国学研究院、二〇〇六年九月)、文重亮「18世紀末天文暦算天文家の科学活動と談論の歴史的性格――徐浩修と李家煥を中心に――」(『東方学志』一二一集、延世大学国学研究院、二〇〇三年九月)(文重亮/小川晴久訳)

朴趾源《ぼくしげん》（一七三七〜一八〇五）

道の理解は難しくない。…道はひとえにあの岸にあるよ。…この江水こそあの中国と我が朝鮮の境界をなす所（彼我交界処）として、岸でなければ水であって、およそ天下の人々の道理と事物の法則は江水が両側の岸と境界を接するように、道を別な所に求めるのではなく、まさにこの境界（際）にあるのだ（道不他求、即在其際）。…人心は危うく、道心は微《かす》かだと言う。西洋人は幾何学で一つの画を弁証し、一つの線で悟らせるが、それだけでその微かなものを明らかにできなくなるや、光がある所とない所の境（有光無光之際）だと言った。加えて仏教ではこれに対して「くっつきもせず離れもしないもの」（不即不離）と言った。それゆえその境界（際）によく対処すること（善処其際）はひとえに道を知る人だけが可能である。（『熱河日記』「渡江録」）

引用文は『熱河日記』「渡江録」の冒頭の文。この「境界」の意で使われた「際」という言葉は、燕巌の燕行に対する姿勢及び『熱河日記』の叙述原理とその内容と主題を貫通する核心語であるだけでなく、燕巌の哲学と文学全体を究明することのできる哲学的用語である。

〝境界〟（際）の意味をより明白に説明するために、東洋の『書経』から人心と道心の「中」を、西学書の『幾何原本』から「有光（見えるもの）と無光（見えないもの）の中間」を、仏教の『円覚経』から「くっついてもなく離れてもいない中道」を順番に引用したのであるが、互いに異質な性格の三つの本の引用文を総合すれば、境界の意味とは、全ての対立する両極端を排除して両者の中間に位置するものであると言った。両極端の間を不断に運動しつつ自分を位置付ける境界の哲学は、丁度振子が左右を限りなく往来しつつ運動するように、過去と未来或いは理想と現実、善と悪或いは美と醜、有用と無用等々のすべての両極を往来しつつ、両極端を排除してその間に位置するもののようだ。道は両極端に位置するとか両極端を主張するものではなく、両極端の間で限りなく両極端を止揚して新しいものを発見する所にある。儒教と仏教、東洋学と西洋学は互いに異質的で両極端にあるが、燕巖はどの一つの側の理論だけに固執せず、色々な思想に出入りし、自由にこれを引用した。自分の思想を儒家にだけ閉じ込めて置かず、異端である西学と仏教にまで開放し拡張したのであり、同時に両極端の思想を認定しようとする多様性或は相対主義に基いたのである。

燕巖が提示した「際」という文字は元々『荘子』の「知北遊」篇に出典しているが、これを燕巖自身の哲学にまで意味網を拡張したのには、いくつかの背景がある。

一、広範囲な読書の土台の上に摘出された。「ソンビの読書は天下を文明化する」と言った燕巖は、主流である性理学の書籍に限ることなく、天下の文明と関係する数多くの書籍に渉猟し、これによってより柔軟で開放的な姿勢をもつようになった。

二、燕巖グループと分類される人物たちとの持続的な討論の過程から形成された。朴斉家、李徳懋の文からも「際」がひんぱんに見出せることは偶然の一致ではない。

三、何よりも朝鮮の後れた現実からこれを克服する哲学を模索した。経済、文化、政治的に後れた朝鮮の現実を克服し改善するために、「際」の意味即ち境界人の身の処し方が必要であった。従って『熱河日記』の内容と主題を正確に読むためには燕厳のこのような苦心を把握しなければならない。北伐と北学の両極端の観点を止揚し、この境界に立って清の現実を正しく見なければならないというのが、燕厳の対清意識の姿勢である。先入見と偏見にとらわれず、現実を正しく見ようとする主体的な姿勢であり、まさに清に入国するに先だって自分の姿勢を確かめたのである。

境界の哲学を追求した燕巖は彼自身境界人であったという点で、私たちにより親近感を与える。『熱河日記』から生まれた燕巖はそれこそ境界人の観点に立っている。彼は固陋な学者、浅薄な遊行客、両極端の人物のどこにも属さず、その間を自由に往き来して、時には想像力が豊かで好気心一杯の姿或いは民族精神が卓越したソンビ、堂々とした雄弁家、感性が豊かな文人、朝鮮と世界の未来を苦悩し展望して、存在する世界を通してあるべき世界を模索する知識人等の多種多様な姿の人物として自分を形成した。ここに我々は一人の天才文人学者としての燕厳ではなく、誰にも近しく往き来する境界人としての燕厳を発見させられる。

【参考文献】金血祚「燕厳散文での文字運用のいくつかの特徴」(『大東漢文学』二十一、二〇〇四年)、同『熱河日記』(トルペゲ、二〇〇八年)、金明昊『燕厳の実学思想に及ぼした西学の影響』(『燕巖文学の深層探究』トルペゲ、二〇一三年)

(金血祚/小川晴久訳)

李《り》徳《とく》懋《ぼう》（一七四一～一七九三）

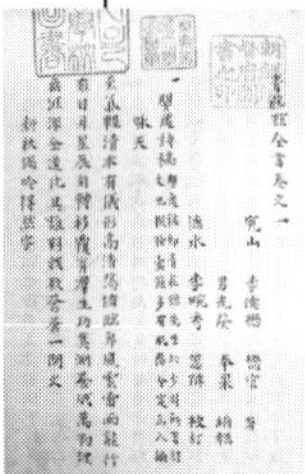

幸いであり妙であるなぁ、今日のわたしという存在は！　わたしより先に生まれた人であってもわたしではなく、わたしより後に生まれた人であってもわたしではない。わたしと共に同じ天を頂き、わたしと共に同じく呼吸する人のすべてがそれぞれ〝私〟ではあるが、〝わたしを指した私〟ではない。（…）この「蜋《りょう》丸集序」でこんな風に赤字の批評を加えながら無数の〝私〟という文字を書き入れている者、この人物が〝真のわたし〟である。昨日は昨日の今日であり、明日は明日の今日であるが、あらゆる今日の今日が目の前にあってわたしが本当に享受していることだけはできない。わたしが今日この評を書くことは幸いであり妙であり、思いがけないなぁ。これは大きな因縁であり大きな邂逅である。

（『鐘北小選』中「蜋丸集序」批評）

『鐘北小選』は朴趾源の散文作品中李徳懋が十篇抜粋して評点・批評を加えたものである。

李徳懋は朝鮮後期のすぐれた批評家である。庶孽《げつ》出身の彼はいわゆる〝燕巌一派〟の一員である。

これまで学界において李徳懋は主に個別研究者らの問題意識と学的関心によって詩人、散文家、小品作家、批評家、考証学者、博物学者、日本に対する学知を構築した知識人等と評価されてきた。

それならば実学的見地から特に注目される面貌とは何であるか？〝他者〟との文学的・思想的関係方式に留意する必要があるようである。

彼の批評作業は作家および読者との対話的関係にもとづく。対話的関係とは他者に対する尊重心、紐帯感、共感能力を土台として形成される。それによって彼の批評は単なる文芸美学的次元に止まらずに思想的・存在論的な深度を獲得する。

そのうち「蜋《りょう》丸集序」に対する批評を見れば、いまこの瞬間の〝私〟は唯一無二である。文学批評とはそのような〝私〟がいまこの瞬間を本当に享受するという生の喜びと幸いを享受する行為である。

この点において李徳懋の文芸批評は〝個我の覚醒〟を見せてくれる。そのようであるからといって彼の批評的思考が自斃《へい》的状態に止まるというものではない。彼において批評とは〝因縁〟ないし〝大きな邂逅〟の所産である。他者との深い関係の中で〝批評=生の幸い〟が成り立つものである。このような〝個我の覚醒〟が〝他者に対する愛〟と表裏を成すことによって〝相互主体性〟が具現される。

その他者の範囲は一国的フレームを超えて東アジア全般に拡張される。李徳懋は明清代の文学全般に対して幅広い知識と高い識見を持っており、日本知識人の文学と芸術に対してこの上なく大きな関心を持っていた。彼の詩話批評書である『清脾録』のうち「日本蘭亭集」、「蒹葭《けんか》堂」、「倭詩之始」等がその例である。それだけでなく彼は日本に対する総合的研究書『蜻蛉国志』を叙述したりもした。それならばそのような他者認識の中でどのような世界観が形成されたのだろうか？　彼の多様な知的作業を通じても、整合的であり体系的である世界観が構築されたようではないが、連作詩「奉贈朴憨寮李荘菴建永之燕」中、次の二編が注目される。

中原をこきおろしたところで何が毀損されて／中原をほめたたえたところで何が高くなろう。／東人の眼目が豆程に小さいからか／中原はありのままの中原であるよ。

朝鮮もまた自分なりに良いのであって／中原だからといってどうしてすべてが立派であろう。都会と田舎の差はあるが／みな平等に見なければね。

李徳懋は中国に対する両極端の態度、すなわち中国を無条件に蔑視する態度と過度に賞讃する態度を止揚する視点を提示する。崇明排清論と北学論の全てに狙いをつけた発言と考えられる。中国に対する認識態度は朝鮮的自己認識と連動されて主体の過度な肯定あるいは否定を生んだ。この詩において李徳懋は主体と他者の相互尊重と相互承認を土台とした世界認識の道を模索している。

【参考文献】河宇鳳『朝鮮後期実学者の日本観研究』（一志社、一九八九年）、朴熙秉『燕巖と蟬橘堂の対話』（トルペゲ、二〇一〇年）、李鉉祐「雅亭李徳懋の経済実用思想と創新・真境の文学」（実是学舎編『実学派文学研究』人模様、二〇一二年）、金大中「〝内部＝外部〟に対する二つの視線――李徳懋と朴齊家」（『韓国史研究』一六二、韓国史研究会、二〇一三年）

（金大中／渡邊裕馬訳）

李家煥《りがかん》（一七四二〜一八〇一）

水が昼夜なく流れながらもいまだ途切れたことがないのは、根源があって継続して水が出てくるからであります。財物もやはり喩えるならば水のようであります。日頃用いても枯渇しないのは生産されるものが消費されることを継続して続けさせてくれるからであります。

（『錦帯殿策』「地勢論」）

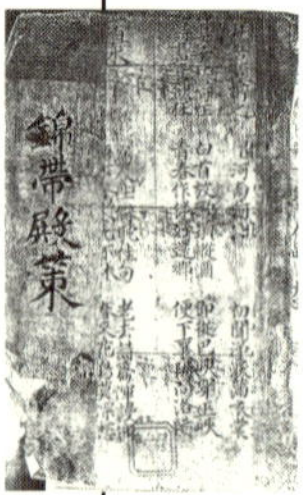

右の言葉は地理に関する正祖の問いに対して李家煥が返事した「地勢論」の一部である。「地勢論」に見える李家煥の経済観は朴齊家が『北學議』で〝財貨は井戸のようであるから、しきりに汲んで使えば溢れるが、ほったらかしておけば枯渇する〟といって消費と流通が生産を促進するという立場に類似した面を持っている。抑制と勤倹節約を経済の安定策と考えた従来の見解を批判したという点からその類似点を伺《うかが》うことができる。李家煥は地理が政治の根本であることを前提としながら、民生を安定させ潤沢にするために、山林の開発および塩田開発の拡大を主張した。同時に生産を主とする経済観にもとづいて、国家財政の収入を増大させ、民生を安定させるための方案の一つとして鉱業資源の開発を促したりした。

李家煥の実学的学問世界の一端を伺わせる資料の一つが『錦帯殿策』である。現在『錦帯殿策』は筆写本形態として伝えられ、全六篇から構成されている。「天体論」と「地勢論」および「文体論」は純祖の策問に対する李家煥の対策形態から成り立った文である。そして「不渡烏江論」、「不受維州論」、「蕭河大起未央宮論」は過去の歴史事件に対する史論形態の文である。

『錦帯殿策』に収録されたもう一つの「天体論」は李家煥の近代的科学思想の面貌を伺うことができる資料である。彼は天体が一定の法則によって運行されるものと認識した。天体の運行を法則的に把握することによって、その原理を糾明することができるというものであり、彼の科学的天体認識は数学論により明白に現われている。李家煥は幾何学的方法を援用することによって、天体の構造的理解に接近した。これを土台にして彼は天文学を昔の先王時代の優先的である施政要目として把握した。李家煥は〝聖王が暦象を優先的に考えた原因は他でもなく民事を重要と考えたからである〟といって民生の安定に焦点を合わせて済民の方策を建議した。彼は数学、特に幾何学の知識を土台として天体変化と宇宙構造を体系的に把握する一方で、これにもとづいた論理を展開して天文学の窮極的、実用的目的が民生の安定にあることを力説した。

一方『貞軒瑣《さ》録』と「雑説」は李家煥の該博な知識と精緻で専門的な識見をよく見せてくれる著述である。『貞軒瑣録』は歴史、風俗、詩文、書画など学術文化の多様な方面にかけて著者自身の見解を雑記の形態で書いておいた書物である。十八世紀の歴史・学術史および文学・芸術史の研究に参照されるに値する。この書物で李家煥は文献に関する厳密な考証と批判を通じて自らの学術的見解を明らかにしており、朝鮮の衣食住、科挙制度、風俗、言語、地理などに関する多様な知識と情報を記録しておいた。自国文化および物名に関する積極的な関心を反映している。文集に収録された「雑説」は草木、果物、花卉《き》、日常用品に関する漢字語の語源と意味などを取り扱った。関連文献に関する幅広い理解に基づいて物名に関する既存の誤りを修正して正確な理解を追究した。李家煥のこれらの著述は、後に丁若鏞の『竹欄物名考』、李学逵《き》の『物命類解』、柳僖の『物名攷』などに影響を与えた。

李家煥は星湖李瀷より後の経世致用の学問性向を土台としながら、同時に燕巌朴趾源に代表される利用厚生の学問性向を幅広く受容したものと評価される。彼は新しい人材抜擢の方法を提起した。

李家煥は〝超絶古今〟の秀でた才と〝無書不覧〟の広範囲な読書を通じて博物学的学問世界を構築した。茶山丁若鏞はかつて彼を〝九経、四書、二十四史に至るまで、詩賦雑文、叢書、稗《はい》官、暦象、数理、獣医学、悪瘡の処方法などおよそ文字として名のあるものに関して一様に専門家のようであった。尋ねた者が驚いて彼が鬼神でないか疑った〟と評したほどに経学、歴史、文学、天文学、数学、医学などの諸分野にかけて幅広い学的世界を構築していた。李家煥はかつてみずから歎息して〝自分が死んだのちに我が国の幾何学の種子は絶たれるだろう〟と述べたとされる（黄嗣永、『帛書』）。星湖の家学を土台として西欧の科学文明を積極的に取り入れた李家煥の学問性向は、茶山丁若鏞に影響を及ぼしたものであり、星湖李瀷と茶山丁若鏞の架橋的役割を果した。

【参考文献】李用休・李家煥『私をかえしてくれ』（安大会訳、太学社、二〇〇三年）、李家煥『李家煥詩全集』（趙南権・朴東昱訳、召命出版、二〇〇九年）、李家煥『錦帯殿策』（鄭善溶訳、国立中央図書館、二〇一一年）、李家煥『錦帯集』（朴東昱《いく》訳、韓国古典翻訳院、二〇一四年）

（鄭雨峰、渡邊裕馬訳）

朴斉家《ぼくせいか》（一七五〇〜一八〇五）

財物を比喩すれば、井戸のようなものである。井戸から水を汲みだせば、水がいっぱいになるが、汲みださなければ、水が枯渇してしまう。

（『北学議』内篇「市井」）

朴斉家は、消費が財物を循環させ、市場を活性化させ、技術の発展を促進する順機能があることを明らかにし、消費と市場の拡大を通じて、個人の福利と国家の富強を計ろうとした。その主張を広めた著書が、まさに『北学議』である。この本は、北学を標榜しているが、ここで北側とは直接的には清の先進文物である。しかし、これは単純な国家概念ではなく、国力が強く、文化が発達した文明世界を指し示している。北学は朴斉家実学思想の核心キーワードである。

北学論は富国を志向する論理に見えるが、実際には一般人の幸福で潤沢な生の完成を志向している。朴斉家は、それを利用厚生という言葉で表現した。ここで、利用は日常生活を便利に営為することを指し、厚生は生を豊かに享受することを示している。着て食べて居住する基礎生活を潤沢で便利に営為する民生を意味する。衣食住を解決せずに倫理道徳をいうことは見かけのよい理想にすぎないとみて、豊かな生活を追求する権利と方法を提示した。物質的豊かさを積極的追求の対象に転換したことを道徳優位の学問が権威を行使していた学問土壌に反旗を翻したのである。朝鮮朝学問の伝統の中で『北学議』は異端である。

朴斉家は北学と利用厚生という二つのキーワードで朝鮮の革新を唱えた。その一次的目標は、落伍した経済の復興を推進し、個々人は豊かな生活を謳歌し、国家は富国強兵を実現することである。最終目標は、多数の国民が高度の文明を享有し、国家は外国の侵略を受けない強い国になることである。具体的には、庶民は「花と木を植え、鳥と獣を育て、音楽を演奏し、骨董品を所有する」文化を享有し、国家は日本と清に侵略された恥辱を復讐する国力を所有することである。彼が掲げた改革の目標は、一次的には効率性の再考、技術発達、物質の享有にあったが、最終の目標は芸術活動や教養ある品位を通じて、人間らしい生活を享有する文明生活に置かれていた。

その目標を実現するため、彼が提示した北学の論理と方法は、おおよそ五つに整理することができる。一つ目は、清を女真族が支配する野蛮の国と見る迷妄から覚め、彼らの発達した文化と技術を学び、富国強兵を成し遂げようとする論理である。朝鮮は女真族に敗戦した丙子胡乱の恥辱を経験した後、清国を野蛮人だと見下し、朝鮮こそが唯一の文明国である小中華だと威張る態度があった。その態度は、実体のない虚構であり、小児病的姿勢で一種の精神的勝利に過ぎないと批判した。真の恥辱の克服は、国力と文明の実状を冷徹に認識し、外国が保有する先進技術と文明を学び、富国強兵を成し遂げた次にこそ実現することができると見た。

二つ目は、問題は経済と通商にあるという論理である。富国強兵を成し遂げ、民が潤沢に生活するためには、経済を活かし、外国との通商が促進されなければならないとみた。国家政策で、経済優先主義を掲げ、外国と活発に通商し、積極的に先進的技術を学んでくることで文明開化する方案を最優先においた。

三つ目は、不合理な制度と風俗の改革を促すことである。軍事と官僚、教育、行政など多様な分野で不合理な制度と考え方を革新しようと主張した。改革にも、彼は経済中心的方向と合理主義的論理を優先させた。

四つ目は、三篇の科挙論を通じて、科挙制度の腐敗状況と問題点を分析し、教育制度と人材選抜制度の改革案を提示した。彼は、科挙制度を最も至急に改革すべき対象と見た。どこにも使いようがない学問内容、腐敗した選抜過程、選抜された人材の深刻な無能などを教育と科挙制度の問題点と把握し、改革なくしては社会発展を担当する人材を育て、選抜することはできないと診断した。

五つ目は、外国の先進文物を速かに受け入れるために、中国語をはじめとした外国語教育の必要性を提起した。外国語を習得せずに、孤立を自ら招いたとみて、より速い文物輸入のため、中国語を公用語として使用しようという急進的主張まで出した。

朴斉家の北学論は多様な主題を含んでいるが、庶民が生活しやすい富強の国を作るため、古く腐敗した国家を改造する方法と方向を提示することに目標を置いた。

【参考文献】 安大會訳註『完訳定本北学議』（トルペゲ、二〇一三年）、鄭珉・李勝洙・朴寿密他訳『貞蕤《ずい》閣集』（トルペゲ、二〇一〇年）、安大會・李憲昶・韓栄奎・金炫栄・宮嶋博史『楚亭朴斉家研究』（人模様、二〇一三年）、李憲昶『朴斉家』（民俗苑、二〇一一年）

（安大會／大沼巧訳）

正祖《せいそ》（一七五二〜一八〇〇）

私は上帝に対して民に恵みを与えようという考えで困難で大きなことを継承した。民を保護するのに怠らずに務め、人材を求めるのに汲々としながら、仁ではない家にはおらず、義でない道には踏み込まなかった。たとえ、道統を伝授したことに突然比肩することはできないとしても、経書を緯線に史書を経線にした。伏羲・神農・堯・舜・禹・湯・文・武と孔・孟・程・朱の端緒を体得したので、万川明月の主人翁であることは問わなくともわかるだろう。

（『弘斎全書』巻五十三「弘于一人斎全書欌銘」）

これは、正祖が一八〇〇年に自身の文集である『弘斎全書』一八四巻を保管する本棚の銘として作成した文である。正祖は晩年に自身の生涯を顧みながら、天命を受け、民を治める国王として民を保護し、官職に適合する人材を求め、儒学の最高の価値である仁義を実践するため、最善を尽くしたと評価した。正祖は儒学者のいう三代の理想的君主像である君師、すなわち学問的能力を備えた君主であることを自負し、臣下を督励し、自身が構想する政治の場へと引き込んだ。

正祖が執権初期に最も力を注いだ機構は昌徳宮のなかに設置した奎章閣である。奎章閣は当時中国や日本から輸入された最新書籍を所蔵する王室図書館であって、国立出版所に該当する校書館を付属機関として置き、各種書籍を刊行した。正祖はここに六名の閣臣をはじめとして一〇〇名以上の官僚を配置し、奎章閣の運営を担当させ、文科に合格した初級官僚を抄啓文臣として選抜し、再教育させることで、自身の親衛勢力を養成した。

正祖は国王として在位している間、計一三八名の抄啓文臣を選抜し、奎章閣に所属させ、経書と史書を学習させ、四〇〇〇巻に至る膨大な書籍を編纂させた。正祖は抄啓文臣に策問（政治に関する政策を問う科挙の文科試問の一つ）を下し、当面の問題を解決する方案を質問し、抄啓文臣らの答弁を通じて、政策的代案を作成した。正祖の策問には、宋学と漢学の論争、文体反正のような学問的問題もあったが、全国の人材を平等に選抜する方案、農業生産性を高める方案、軍役や還穀の合理的運営方案を質問する場合もあった。奎章閣に所属する丁若鏞、徐有榘、朴斉家、柳得恭のような学者は正祖の指導を受け、実用的で改革的な性向を有するようになった。

正祖が執権後期に精力を注いだところは、華城であった。正祖は一七八九年に水原府に自身の生父である思悼世子の廟所（顕隆園）を造成した後、水原一帯を集中的に育成した。正祖は現在の水原市の場所に新しい邑治を造成し、邑治を囲む邑城として華城を造成した。華城の城壁には、清からの製造技術を導入した煉瓦を使用し、火砲攻撃を効果的に防御することのできる施設を配置した。正祖は華城に国王の親衛部隊である壮勇営の外営を設置し、五〇〇〇名の兵馬を駐屯させ、ソウルの南を防御する軍事的拠点にした。

正祖は華城を商業と農業がともに発展する新都市として育成した。華城の内部には全国の富商を移住させ、流通の中心地として成長させ、華城の外郭には水利施設を整え、国営農場である屯田を設置し、農業の生産性を高めた。正祖が華城に設置した水利施設としては万石渠、祝万提、万年堤、万安堤があり、屯田としては大有屯と西屯がある。正祖は外国から新しい農具や農業品種を導入すれば、華城の屯田で先に試験をし、効果があれば全国に拡散させようとした。後に、丁若鏞、徐有榘、禹夏永のような学者が提示した農業改革案を見れば、正祖のこのような構想が反映されている。

正祖は朝鮮社会の転換期に君主になり、既存秩序を維持しながらも、変化する社会的要求に応じなければならないという時代的課題を抱えていた。正祖は朝鮮が以前の時代に実現した文化的価値を重視し、朱子学を学問的基盤とした。しかし、彼は清の考証学や西洋から伝来した科学技術の有用性を認め、これを積極的に導入した。正祖は朝鮮の既存価値を体として守り、新たな学問や科学技術の長所を用として活用し、王朝体制を強化しようとした学者君主だった。

【参考文献】正祖(『弘斎全書』)、劉奉学『夢の文化遺産華城』(新丘文化社、一九九六年)、鄭玉子「正祖」(『63人の歴史学者が書いた韓国史人物列伝』二、トルペゲ、二〇〇三年)、金文植『正祖の帝王学』(太学社、二〇〇七年)、金文植・延甲洙・金泰雄・姜文植・申炳周『奎章閣、その歴史と文化の再発見』(ソウル大学校出版文化院、二〇〇九年)

(金文植/大沼巧訳)

憑虚閣李氏《ひょうきょかくりし》（一七五九～一八二四）

この全てが養生する先務であり、家を治める要法である。実に日常生活に無くてはならないものであり、婦女が正に講究しなければならないものである。

（『閨閤叢書』序）

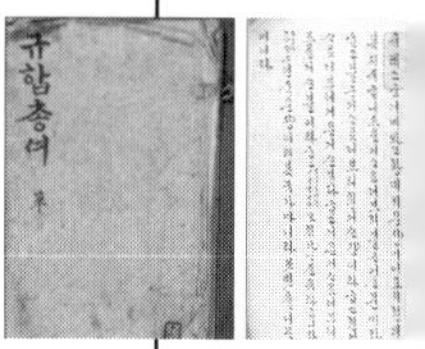

十八世紀末から十九世紀初を生きた憑虚閣李氏は五十年の人生を通して経験し、実証し、そして思惟した結果を世の中に出した。『閨閤《けいこう》叢書』（一八〇九）がそれであるが、本の名は友であり夫であった徐有本（一七六二～一八二二）が書いた。彼女の夫は本の要点を次のように語った。「山に住む日用の生活に緊要なものは全てあり、特に草木、鳥獣の性質や気性に関してはとても詳しい」と。憑虚閣は治家の主体である女性が持っていなければならない情報と知識、知恵を、既存の文献と現実の生活の中から収拾して分類した。そこに自分の独自の説明と解釈を付け加え、日常生活に使用できるものにしようとした。

憑虚閣個人の成果であるだけでなく、朝鮮後期女性実学の総決算であると言える『閨閤叢書』は〈酒食議〉、〈縫紝《じん》則〉、〈山家楽〉、〈青嚢《のう》訣〉、〈術数略〉の五巻から構成されている。〈酒食議〉は醤油や味噌と酒、ご飯と餅、おかずなど、食事の調理に対する知識を綜合したものである。既存の知識の単純な伝達ではなく、直接実験するなどの考証学的方法に基礎を置いた著述態度を見せた。〈縫紝則〉は衣服を作る方法、染める法、機織り、刺繍、養蚕などと、容器を修繕する法や明かりをともす法などあらゆる雑法を収録した。ここでもまた観察と実験を通して既存の知識を修正するか補完した。〈山家楽〉には畑を耕し培う法、馬、牛、鶏などの家畜を育てる法、そして農業生活に必要な多様な内容が盛り込まれている。〈青嚢訣〉は胎教および出産に対する知識と育児の要領と応急措置、そして薬物に対する知識を盛り込んでいた。最後に〈術数略〉は卜居と家屋を浄める法、護符を使う法、呪術で悪鬼を追い払う一切の俗方を載せている。

朝鮮朝後期の実学の台頭は女性たちに活動と思惟の拡張を可能にさせた。即ち理論び原理中心の朱子学的学風が、「実事求是」的関心に転換しつつあったので、女性の経験が重要な意味を持つようになったのである。その上に憑虚閣李氏の学問を誕生させた重要な背景として家族を指摘することが出来る。彼女は朝鮮後期実学の核心集団であった徐氏家門の構成員であった。義祖父徐命膺（『攷事新書』一七七一）、舅徐浩修（『海東農書』一七九八）、義弟徐有榘《ぐ》（『林園経済志』）らの実学の諸成果は、彼女を実学者に導いた動因であった。

朝鮮朝後期には、治産と治家の学が積極的に論議され、衛生と食事など養生の知識が新たに生み出されたが、経験と考証を通した女性学者らの参加により、専門化され、深化した。憑虚閣李氏の思想と作業は、実学の普遍的脈絡の中で定義されることが出来る。進んで憑虚閣は女性が持つ経験と知識を通して、「普遍の中の特殊」を構成して見せた。即ち彼女は男性たちが注目しなかった「女性性の追求」と関連した多様な知識を体系化している。装身具や外貌など女性美に対する関心から、自然に材料を抽出し、実験をして一つの知識にしたのである。『閨閤叢書』のある部分は義弟徐有榘の『林園経済志』の主題と重なるが、観点や叙述で差異を見せた。例として「藍《あい》色」に対する説明を見ると、女性的感受性と男性的感受性がそのまま出ている。『林園経済志』の「藍色」は、形式的説明と簡略な表現に終わっているが、『閨閤叢書』の「藍色」は、藍色を作る過程からくる経験が丁度写真を見ているような錯覚を覚える程である。詳細で、分量も五倍以上である。

憑虚閣李氏を「女性実学者」と呼ぶ重要な根拠は、自分の女性総体性を実験と観察を含む日常研究の一つの方法論としている点にある。知性史の脈絡で、実用知識の脈絡で、衣服、飲食、農業などの生活科学と経済史の脈絡で、憑虚閣李氏の実学的成果は、われわれの知的、歴史的次元で非常に重要な意味を持っているのである。

【参考文献】憑虚閣李氏『閨閤叢書』（普斎晋、一九七五年）、徐有榘『林園経済志』（ポギョン文化社、一九八三年）、李ヘスン『朝鮮朝後期女性知性史』（梨花女子大出版部、二〇〇七年）、趙慧蘭・金キョンミ等『18世紀女性生活史資料集』（一～八巻、報告社、二〇一〇年）、朴玉珠「憑虚閣李氏の閨閤叢書に対する文献学的研究」（『古典女性文学研究』一、二〇〇〇年）

（李淑仁／小川晴久訳）

丁若鏞《ていじゃくよう》（一七六二〜一八三六）

法を直して官職を整理することを春秋の筆法で大切にしたので、必ず王安石のことだからといって叱るのは庸劣な人の俗な言葉であり、賢明な君主が関心を持つところではない…すべての官職が具備されなくて正士（正規の官員）に俸禄がなく、貪欲の風習が大きく起きて百姓が苦しめられる。個人的に思うに、（朝鮮社会は）だいたい毛の先一つも病んでいないものがないから、今になって直さなければきっと国を滅ぼしてしまうであろう。これがどうして忠臣と志士が腕組みをして傍観できることであろうか！

（「邦礼艸本序」）

十八世紀の朝鮮の病んでいた社会を告発するこの一文は、丁若鏞の代表著作の一つである『経世遺表』の序文に〈邦礼艸本序〉として載っている。茶山の約五〇〇巻を上回る浩瀚な著作物はすべてこの病んだ朝鮮社会を救済しようとした熱望の所産である。

朝鮮が生んだ最も偉大な学者の一人である彼は〈自撰墓誌銘〉で「六経四書をもって脩己し、一表二書をもって天下国家を治め、本と末を備えるのである」と自身の著述活動を自評した。茶山の学問は修己のための経学研究と治人のための経世学研究が有機的に良く繋がっている。彼は儒学の経典である六経と四書についての独自的な再解釈を通して、朱子学的な解釈の限界を克服しようとした。また『経世遺表』、『牧民心書』、『欽欽新書』といった一表二書をもって間違った国家制度や運営体系を根本的に改革させ、苦痛に堕ちた民の人生を治癒しようとした。

彼の改革的な学風は、前代の性理学を発展的に再解釈し、当時噴出していた多様な学説と思想を総合したことから始まった。彼は成長期に近畿実学の門戸を開いた星湖李瀷（一六八一～一七六三）の遺稿に接して博学に基づいた新たな学問方法論に目覚めるようになった。なお、彼は同じ南人界の学者である李承薫（一七五六～一八〇一）、李蘗《げつ》（一七五四～一七八六）などとの交流を通して西学の教理に接する機会を持った。彼が成均館の儒生だった時代に李蘗を通して読んだ『天主実義』、『七克』などの西学書は、彼をして儒学についての独自な再解釈を可能にした理論的土台となった。一七八九年の式年文科に合格した後、彼は正祖の特別な寵愛を受けて、奎章閣の抄啓文臣などに抜擢され儒学に関する奥深い研究に邁進した。彼はこの時期に国家的な編纂事業にも参加し、正祖の質問に答える『大学講義』や『詩経講義』などの著作を残した。また新都市の華城の建設に参加し、舟橋と起重機の製作にも加わって、天然痘の予防のため『麻科会通』を作成するなど、科学者としての面貌を見せた。

正祖が崩御した後、天主教徒として追い込まれて長鬐《き》と康津で十八年間という長い配流の生活を経験することになる。この時期の彼はたとえ政治的には没落したが、思想的や学問的には完熟した境地に至る。彼は疲弊した農民に対する愛情と憐憫《れんびん》を込めた文学作品を書いたり、六経と四書についての研究に邁進した。彼はこの期間に先秦時代の原始儒学に関して集中的に研究し、性理学の持つ観念論的な限界を突破しようとした。

丁若鏞は配流から釈放された一八一八年（五十七歳）以降も郷里に隠居しながら『尙書』などの研究を続けた。彼は三代の民本主義の精神が入っている六経を特に重視し、六経の中でも『尙書』の価値を高く評した。彼は『尙書』の中で知人と安民の民本主義を見つけようとした。この時期に彼は草衣禅師を始めとする僧侶たちと活発に交流し、故郷近くにいる党色が異なっていた申綽《しゃく》（一七六〇～一八二八）、洪奭《せき》周（一七七四～一八四二）、金正喜（一七八六～一八五六）などと幅広い交流をして学問の地平を拡張させた。

丁若鏞の政治哲学は、道徳的な正当性を持つ強力な王権を確立し、これを通して新たに王道政治の理想を実現することにあった。

彼は呂田制や井田論などを通して土地の私的所有を否定し、耕者有田の原則にしたがって農民だけに土地を与えることで農業の専門化を試みた。

詩経や書経または易に対する彼の解釈で、共通に貫流している存在者は人格神としての上帝である。彼の周易体系の頂点にも人格的な主宰者としての上帝がいる。茶山の哲学はこの上帝を呼び出しつつ、個別的な人間を各々の独立した主体と把握し、人間の平等性が確保できるようになった。

【参考文献】李乙浩外『丁茶山の経学』（民音社、一九八九年）、洪以燮《しょう》『丁若鏞の政治経済思想研究』（韓国研究院、一九五九年）、韓沽劤外『丁茶山研究の現況』（民音社、一九八五年）、琴章泰『茶山評伝：百姓を愛した知性』（知識と教養、二〇一一年）、琴章泰「茶山における天と上帝」（『茶山学』第九号、二〇〇六年）（丁淳佑／金東熙訳）

徐有榘《じょゆうぐ》（一七六四〜一八四五）

田舎で暮らすために必要な内容を採録して部に分け標題語を立てた後、様々な本を調査して詰め込んだ。『林園』という題目をつけた理由は、この本が官職について世の中を救済する方法ではないことを明らかにするためである。

（『林園経済志』序文）

朝鮮最大の実用百科事典と知られた徐有榘の代表作『林園経済志』の序文の一部である。ここで彼は四十年間（一八〇六〜一八四五）にかけて体系化しようとした「林園経済学」の範囲を明示することによって、朝鮮の知識人の大半が一生探究した経学や経世学の領域を取り扱わないと宣言した。『林園経済志』は士大夫が官職につかない時に郷村（つまり林園）で生計をたてて、さらに遠大な志を養うために必要な日用の知識を総十六本の独立した著作で構成した書物である。

徐有榘は朝鮮後期の代表的な家門の一つである大邱徐氏の一員で、高位官職をあまねく経てきたもののの、却って政界から疎外された知識人が関心を持ちそうな日常生活と密接した知識をまとめた。

家学の伝統を受け継いだ徐有榘（この本で紹介する徐命膺、徐浩修、憑虚閣李氏は一家内の人である）は、士・農・工・商の四つの職分が実行できる内容を士大夫も知るべきで、必要な時はこれを実践しなくてはならないと強調した。

二五三万字（一一三巻五十四冊）に至る『林園経済志』で扱った分野をざっというと、農業（穀物・蔬菜・木・園芸・服地・農業気象・畜産の分野がそれぞれ独立した著述）、飲食、工業（建築・日用品）、養生、医学、儀礼、技芸（読書・弓道・数学・書道・絵画・房中楽）、趣味（造景・余暇・娯楽）、卜居、商業などである。この十六の分野の殆どは分野別に朝鮮の著述のなかで最も包括的かつ体系的で深みのある作品として評価されている。『林園経済志』のように多様な専門分野が郷村での自立的な生のための知識体系を整えて有機的に組み合わさった事例は見つかっていない。

例えば『林園経済志』の医学分野（「仁済志」・「葆養志」）では朝鮮を代表する医書『東医宝鑑』（一六一〇年）より約三十万字多い上に、『東医宝鑑』は勿論それ以後に出た中国と韓国の医書・養生書まで反映して予防医学と治療医学の体系を立てた。飲食分野（「鼎俎志」）では、朝鮮の飲食調理書の中で最も多い一千種余りの飲食を紹介した。その上、士大夫が殆ど関心を持たなかった工業分野（「贍《せん》用志」）では、細密な説明と描写によって建築物や品物を制作できるようにし、やはり士大夫が蔑視した商業分野（「倪圭志」）では、財産を増やして管理する方法を実質的な情報に基いて詳しく提示した。

徐有榘の林園経済学は「実用学」であり、実用学の目標は「利用厚生」であった。しかし、取り扱った内容の幅や深みから見て、朝鮮後期に利用厚生を強調した学者たちとは圧倒的にちがう。徐有榘ほど利用厚生の方面を膨大で深く、緻密で体系的にまとめた学者は見つけられない。これが、彼の学問体系を「利用厚生学」ではなく「林園経済学」として位置付けるしかない理由である。

徐有榘がこのように特異な『林園経済志』を著述した理由は朝鮮人の劣悪な暮らしを改善するためであった。彼は十八～十九世紀の朝鮮を農業・工業技術が極めて立ち後れた国と認識し、産業に対する士大夫の無関心と無知がその理由であると示した。朝鮮の知識人の大部分は官職の独占と定員の制限のために自宅で読書や著述を事としただけで、経済的な生産活動は殆どしなかった。徐有榘は非生産的な知識人が自身の日常を生産的に転換することを促した。当時社会的に大きな病理現象だった遊食者の増加について、それを一般の百姓ではなく士大夫の責任にしつつ、彼らの安易な意識の中に入り込んで日常を改造しようとしたのである。こういう立場から徐有榘は外国の先進技術を積極的に導入すべきであるという実用主義な信念を堅持した。しかし、内容の膨大さと難解さのため当代に『林園経済志』の活用度は極めて低いものだった。むしろ都市化が加速化した今日、学界はもちろん伝統農法を適用し伝統飲食を再現するなど伝統文化に目を向ける大衆の注目を浴びている。経学の探究は旧説に蛇足を加えるだけであり、経世学の追究は「士の羹《あつもの》」や「紙の餅」を作ることのように空理空談を生むだけだという徐有榘の一喝《かつ》は、朝鮮時代のみならず今の知識人にも警鐘を鳴らす。

【参考文献】 曺蒼錄『楓石徐有榘に対する一研究』（成均館大学博士学位論文、二〇〇二年）、金大中『楓石徐有榘散文研究』（ソウル大学博士学位論文、二〇一一年）、徐有榘著、鄭明炫・閔喆基・鄭炡基・全鐘頊外訳『林園經濟志：朝鮮最大の實用百科事典』（種蒔く人、二〇一二年）、文聖姫復元および解説、林園経済研究所（鄭炡基）翻訳及び解説『楓石徐有榘先生の生命食膳』（種蒔く人、二〇一四年）

（鄭明炫／金東熙訳）

柳僖《りゅうき》（一七七三〜一八三七）

文章は本来の名は立言である。味は辛く苦く、気は冷たい。陽中の陽として毒はない。あるテクストでは小毒ありと言う。心経に入って行き、また肝胆経になった。薬として飲めば主に丈夫の全ての病を治療することが出来、また幼児を育て、婦人（妻）を調えることが出来る。一切の濁っている気分を治療し、胸が一杯になれば、心をすっかり開き、耳目をとても明るくし、知恵も寄り付き、肝を長大にし、気格を長じ、声を潤沢にし、穢《きたな》い垢《あか》をなくし、神明を爽快にさせる。

（「戯補本草二条」）

この一文は柳僖が本草学の一文の形式を借りて、通宝（お金）と文章の使用に対して論じた「戯補本草」第二条の解説部で、ここで文章の本質を規定した。

ところで柳僖が具現した立言は世間に轟く経国のそれではない。人を苦痛にし破滅させるものでありながら、習癖のために抜け出すことのできない魔性を持ったものであった。柳僖は続いて、文章の機能と害悪に対し、文章の害悪にも拘らず、癖のために語ろうとしても語ることのできない創作の矛盾を自嘲的ながらも諧謔的に提示した。柳僖のこの文章癖は、当時の京華巨族や余裕のある文人層のそれとは異なる。その「魔鬼」の振る舞いで、正統の文学世界を形成した極点からの離脱を招来した。柳僖（号は方便子）が遺した『方便子句録』『方便子文録』『方便子書牘』には、文字生活に関連した資料、地方行政資料など生活文化史資料がとても豊富である。頂点の知識人たちの文字活動とは違って、中下層民の「生活の場」を生きていった寒士の歩みがはっきりと刻印されている。柳僖は正統文学の世界では重視されなかった通文（通知文）と科文（科挙文）に注目し、正統文学の主要様式なども利用して、寒士の放浪的思惟と中下層人民の生に対する通俗的な関心を表した。彼は篇章字句の整斉に効力を注がず、各人物の生が持つ日常性を記録して、通俗世界に根を置いた悲しみの感情を率直に表現した。また民間の職人や商人、甚だしくは従僕の生を素材にして寓言を作成したり、彼らの生から教訓的な要素をさがし、逸話を収録して「盗俠叙」（一八一二年）を書いた。柳僖は書芸、絵画、音楽にも深い関心を示し、時調の歌唱構造に注目して、それにかなう韓訳（国訳）体を開発した。

一方で柳僖は当時の主流の学問に対して絶えず関心を向け、当代の難題を自分の課題にした。柳僖は父の親友の尹光顔（一七五七〜一八一五）から経学を学び、鄭東愈（一七四四〜一八〇八）から正音学を学んだ。為堂鄭寅普は柳僖の学問が程朱学の緒言を宗主としつつも、特に慎独の工夫を重視した事実に注目した反面、彼の学問方法が博記の面では恵棟父子と同じく、形名綜覈《かく》の面では戴震に近いと評したことがある。柳僖は家学的伝統と江華学派の学者・文人たちとの交流を通して、陽明学に対して関心を持つようになったであろうと推測される。

柳僖は小学（文字学）を重視した。即ち柳僖は『物名攷』と『諺文志』などを叙述した。柳僖は李晩永が自著『才物譜』の叱正を自分に求めてきたのを契機に、物名に対して長い研鑽をした末に、『物名攷』（一八二〇年）を実現した。李晩永の『才物譜』は天地人三才と事物の名を類書の形式で分類したが、柳僖は事物を「経験の光」と観察して分析し、考証的形式の物名語彙集成集を編成した。また柳僖は五十二歳になった一八二四年に訓民正音研究書である『諺文志』を完成させた。柳僖は鄭東愈と訓民正音に対して数か月講学した後に、この本を叙述し始め、十五・六年たったのちに『四声通解』を読み、意見を補充して完成した。柳僖は申叔舟・崔世珍・朴性源・鄭東愈らの学説を取りあげ、自分の見解を付け加える方式を採用したが、朴性源の『華東正音通釈文考』を特に沢山引用した。

柳僖は、朝鮮は孟子の国であるので明国の中華主義を受け継ぐ国であると認識しつつも、世界の変化を感知して西洋天文学など新しい知識によって過去の知識は否定されうると見た。また「私の内部からくる」思想と「私の本分を尽す」主体的実践を強調して、学問と思想の権力化に抵抗した。

為堂鄭寅普は『朝鮮古書解題』の「憨書」に対する解題で朝鮮後期の進歩的学問の新潮流を論じて、朝鮮の政治・経済・暦算・水地・民俗・語文を中心とする「求是求真」の傾向であると言及したことがある。柳僖の詩文と学問叙述は、朝鮮後期の「求是求真」の知的傾向を例示的に示している。

【参考文献】『晋州柳氏西陂柳僖全書』I—II（韓国学中央研究院、二〇〇七—八年）、柳僖『文通』（韓国学中央研究院所蔵）、沈慶昊「柳僖の文学と学問に表れた〝求是求真〟傾向」（『震檀《たん》学報』第一一八号、震檀学会、二〇一三年）

（沈慶昊／小川晴久訳）

洪吉周《こうきつしゅう》（一七八六〜一八四一）

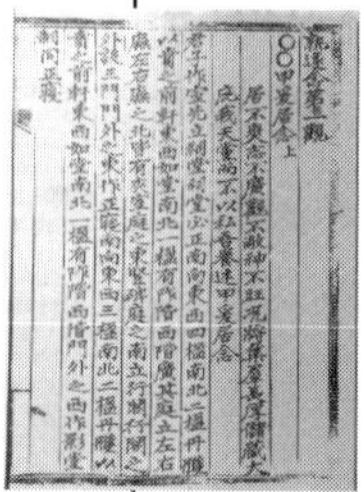

本は実に天地と共に生まれ、将来天地と共になくなるであろうに、どうして火に燃やして亡くすことが出来ようか。倉頡《けつ》と朱襄《じょう》がまだ生まれる前、天地に最初から本があった。朝の雲海の中を一度でも見たら（そこに）いつでも数億万巻の文字がある。秦の始皇帝が一万名いたとしても、これを燃やすことが出来るだろうか。

（『睡余瀾筆（続）』）

秦の始皇帝は〝焚書坑儒〟を恣《し》行したことで、東洋伝統社会では「人文の敵」——特に儒家の敵とされている人物だ。しかし洪吉周は始皇帝の焚書を愚かな事だけで、本と言うものは焼いて亡くすことは出来ないものだと言った。常識を覆すこの不埒《らち》な言葉が洪吉周の専売特許である。彼の文章は、奇抜な想像力と遊戯的な実験精神で一杯であり、読者の自動化された読書を妨害する巧妙な叙述を駆使した。

洪吉周は朝鮮後期最高の門閥の出身でありながら、早くから科挙を通過した挙身を放棄し、文章を自分の事業と選択していた人物である。同時代にすでに卓越した文章家として評価され、現代では燕巌朴趾源の文芸的継承者として探索される人物でもある。洪吉周の散文は、単純な遊戯の文ではない。「本」に対する洪吉周の信頼は無限である。彼は文字を天地創造の第四元素と挙論する。即ち天・地・人が成立してできても、第四元素である文字が登場して始めて、天地創造の過程が完結すると主張した。森羅万象の存在は、捕捉されるとき、始めてその意味が始まり、存在が始まるのである。それ故彼は時折この世は一冊の本であり、人間の認識行為は「読書」だと表現した。「この世の最初から最後まで、雲海の中にいつでもある数億万巻の文字」を読み抜く読書行為が人間の認識行為である。そしてそのような読書が文字に定着された時、それは「まだ書かれない本」を実現させる叙述となる。この世が終わる時まで進行する人文の歴史であるのだ。

洪吉周が叙述家として身を立てた理由は、この天地に溢れる、絶えず新しく書かなければならぬ本を書くためである。洪吉周が企画した本は新しく書かれる「六経」である。洪吉周によれば、六経とは、各時代に必要な企画の産物に過ぎなかった。だからあらゆる時代には、その時代の要請に応じる新しい企画が実現されなければならない。六経を叙述した「聖人が聖人である理由は、時代に応じて能く変化した（因時而善変）ため」であるのだ。これが始皇帝が焚書した六経が復元できなくても、大して関係のない理由である。彼がこの世の始めから最後まで天地に溢れるものが本であり、「全天下の学者たちがともに努力しなければならぬ」ものだと主張するとき、それは具体的にはこのような意味でもある。

『峴《けん》首甲編』・『縹礲《ろう》乙韱《せん》』・『沆瀣《こうかい》丙函』等洪吉周の三部作の文集に載せられた各種の散文群は、このような問題意識の産物である。特に洪吉周の代表的著作である『孰遂念《スクスニョム》』は自分の時代の要請に対する総体的な回答である。『孰遂念』は著作の題名でもあるが、同時に「書架の狭い隙間から抜け出してゆけばその向こうに開かれる」仮想空間の名前でもある。この仮想空間の居住空間は、洪吉周自身の居住を中心として、救恤施設と医療施設、出版施設まで持つ、儒家の拡大家族の自足的空間である。ここにはこの空間に対する物理的構想だけでなく、その中で実現する生の細部――教育と儀礼、宴会と旅行に至るまでの細部が、詳細に記録されている。この企画は表面的には儒家の拡大家族共同体の生を企画しているが、内面的には一つの国家企画でもある。この世界を貫通する理想の一つは、「三事」の理想である。特に民を率いて正徳に到達する土台として、利用厚生を強調するのである。

『孰遂念』は地理的形態の空間であるばかりでなく、観念的幻想空間でもある。洪吉周の哲学的思惟が本や本の序文の形態で、あちこちに提示される場所でもあり、仮想―自然の姿で顕現する場所でもある。ここには本と世界の区分が無くなり、現実と幻想がやたらと入り混じり、観念と実際の境界が溶けてしまっている。これが可能なのは、「孰遂念」と言う空間が、東洋伝来の理想郷モチーフを借用しつつも、独特な概念の空間を再構成したためである。洪吉周の文章の奇抜な想像力と潑剌とした実験精神が思惟の転覆とどのように結合しているかを示している。

【参考文献】金哲範「19世紀古文家の文学論に対する研究：洪奭周・金邁淳・洪吉周を中心にして」（成均館大学博士学位、一九九三年）、崔植「沆瀣洪吉周散文研究」（成均館大学博士学位論文、二〇〇六年）、李ホンシク「沆瀣洪吉周の世界認識と文学的具現様相研究」（漢陽大学、博士学位論文、二〇〇七年）、崔嫄炅「沆瀣洪吉周の『孰遂念』：知識と空間の認識」（成均館大学博士学位論文、二〇〇八年）

（朴茂瑛／小川晴久訳）

金正喜《きんせいき》（一七八六〜一八五六）

『漢書』の「河間献王伝」で「実事求是」を述べているが、この語は学問をすることにおいて最も重要な道理である。もし不実を事とし、ただ実を持たない形だけの方法を使い続けたり、真理を求めずにただ先入観を主としたりする、それらすべては聖賢の道に背馳するであろう。

（『阮堂全集』巻一、「実事求是説」）

今の韓国の学術史や文化史のなかで金正喜が占める位相はかなり高い。韓国の実学派は一般的に「経世致用学派」、「利用厚生学派」、「実事求是学派」に分けられ、金正喜は「実事求是学派」を代表する学者として公認されており、彼が遺した豊富な書画芸術作品は多くの人から深く尊敬され、愛されている。しかし、彼が本当に「実学者」であるのかに対して異論がないのではない。

まず、彼が遺した学術的な著作が余り多くない。もちろん彼が当時、第一の学者であったことは朝鮮の学者たちは言うまでもなく、翁方綱や阮元など清国の巨儒たちの証言も豊富に残っている。しかし、金正喜は眼目が非常に高くて、自分の気に入らない著述はわざと世に遺さなかったと伝えられている。そして彼の学術的な成果は主に書画芸術、金石文の蒐《しゅう》集、文献考証に集中している。

「実学」は十六世紀以来東アジアで壬辰倭乱が勃発し、以後明・清が交代するなどの内部的な激動と西洋の学術と勢力が外部から差し迫る危機的な状況に直面し、東アジアの儒学がこのような状況に主体的に対応するために、抜本的な自己革新の努力を尽くした学術運動であった。ならば、「実事求是学派」が求めた「学問的厳正性」は単に「科学的」学問の方法論で止まることではなく、儒教の経典を相対化してみて、根本的に再構成するための学術的な企画であったと理解できる。

そして、金正喜が遺した学術的な成果の量はあまり多くはないが、思想界に及ぼした貢献は少なくないということができる。冒頭で紹介した「実事求是説」は金正喜が若い頃書いたもので、主に文献考証に関する「実事求是」とすることができる。しかし、十九世紀半ば、西洋勢力に対する「海防」の必要性が至急の課題として台頭したとき、彼は「『海国図志』は必ず必要な本で、私にとっては宝のようであります……大概、魏源の学問は今日の漢学のなかで別途に一門を開いて、詁訓や空言を守らずにもっぱら実事求是を主とします」(「与権彝斎」)と自身の友であり領議政であった権敦仁に書簡を送ったことがあった。周知の通り、魏源の『海国図志』は西洋勢力の侵奪に立ち向かうため西洋に対する広範な知識を集成し、多様な軍事的対応策を具体的に模索した著述で、金正喜は魏源のこのような著述態度を「実事求是」と説明しているので、この時期、金正喜に「実事求是」は現実との緊張感を失わず内的な蘊蓄をなしていたとみることができるが、その可視的な成果は彼の門下の弟子たちによって実現できたとみることができる。

例えば、南秉《へい》吉(一八二〇~一八六九)は金正喜の文集を整理して序文も書いた弟子であるが、彼は

『時憲紀要』『推歩捷例』などの専門的な天文数学の著述を遺し、彼の兄である南秉哲とともに科学史に大きい業績を遺した人物である。この兄弟がこのような成果を上げられるようになったのは、金正喜が江永などのような清国の学者たちの学術をあまねく渉猟した背景があったからであるとみるべきであろう。また、訳官でありまた金石学で一家を成した呉慶錫（一八三一〜一八七九）は金正喜の晩年の愛弟子であったが、彼は後に朴珪寿と共に金玉均・兪吉濬《しゅん》などの「開化派人士」たちを育てるなど、歴史の全面で活動した人物である。呉慶錫がそのような学術的な基盤を築いて国際情勢をみる眼目を備えることができたのも、金正喜の指導があったから可能であったとみるべきである。

このような点などからみると、金正喜を「実学者」と規定するのには躊躇する必要がないことが明らかになったと言える。名実共に「実事求是学派」の代表的な学者とすることができるだろう。

【参考文献】李佑成「実学研究序説」（『李佑成著作集一：韓國の歴史像』創批、二〇一〇年）、林熒沢「韓国実学史における秋史金正喜とその美意識」（『21世紀に実学を読む』ハンギル社、二〇一四年）、全海宗「清代学術と阮堂」（『大東文化研究』一、成均館大学校大東文化研究院、一九六四年）、沈慶昊「秋史金正喜と考証学」（『秋史研究』五、秋史研究会、二〇〇七年）、朴徹庠『歳寒図』（文学の里、二〇一〇年）、兪弘濬『阮堂評伝』（学古斎、二〇〇二年）、金萬鎰「秋史金正喜の尚書今古文論と僞書考証」（『泰東古典研究』二十八、大東古典研究所、二〇一二年）、藤塚鄰著・尹チョルグ外訳『秋史金正喜研究』（果川文化院、二〇〇八年）、崔完秀『秋史集』（玄岩社、二〇一四年）

（金龍泰／崔戴国訳）

李圭景《りけいけい》（一七八八～一八五〇）

世界の論客たちが言うには、名物度数の学問は漢代以降で既に断絶していたという。……徐光啓、王徴のような学者が、断たれた学問の後に、すくっと聳え立ち、たくさんの開発をし、象数学を創始したので、名物度数の学問が燦然と世間に再び明らかとなり、これより専門名家が少しずつ現れてきた。名物度数の学術がたとえ性命義理の学問には及ばなくても、まるで異端のように排斥されて研究されないことは正しくない。

（『五洲衍文長箋散稿』「序」）

李圭景は純祖～哲宗年間にわたって活動した学者で、実学者であり、博物学者である。李圭景は、十八世紀の傑出した学者たちが編み出した実学的成果を受け継いで、十九世紀に百科全書的学風が流行したが、彼は十九世紀における学術を代表する知識人である。

李圭景の祖父は正祖年間に活躍した実学者で北学者でもある李徳懋（一七四一～一七九三）であり、父親は李光葵（一七六五～一八一七）で、共に奎章閣検書官を務めた。李圭景は、ソウルで生まれ、学者家系の伝統を受け継いで二十一歳（一八〇八）に検書官の取才試験を受験したが不合格であった。十九世紀は、検書官のような小さな官職でも勢道家が独占しており、この過程で李圭景のような寒微な（貧しく身分の低い）学者家系の知識人たちは、自然に没落の道を歩んだ。このとき、没落した知識人たちは、十八世紀と比べて世界を改革しようとする経世意識は弱化したが、その反面、これまでに蓄積された多くの知識情報を活用して、大規模著述の創作を行った。徐有榘の『林園経済志』、趙在三の『松南雜識』、崔漢綺の『明南楼叢書』などがその事例である。李圭景また忠清道定山、鳳巖、維鳩などを放浪し、忠州の徳山に定着して生を終えたが、『五洲衍文長箋散稿』は、孤独な知識人が生涯にわたり、東アジアの知識情報を集めて編纂した力作である。彼の学術は次のように要約できる。

実用と博学　李圭景は、人間が他の事物よりも優れているという考えを持っており、生活の質を向上させることができればどのような財貨でも積極的に活用すべきだと主張した。李圭景の学問における最大の特徴は、実用を志向したものであり、実用の方向が国富と民生に帰結した。李圭景は祖父李徳懋を引き続き北学派の伝統を継承したが、重農主義を基本としながらも、市場を活性化して、資源を流通させ、国家間の交易も積極的に実施しなければならないと強調した。新たな農機具や種子にも関心があり、朝鮮の根幹である農業の改良、自然鉱物の採取と製錬などを介して、民の生活が豊かになることを念願した。

名物度数の追求と博物考証学の展開　李圭景はいつも好奇心が旺盛であり、士大夫が現実に役立つ学問を捨て性命義理の高い学問だけに追従する世相に憤慨した。彼は博学多識を君子が胆に銘ずべき姿勢であると認識し、自らも科挙の落第以降、性理学より名物度数の学問に専念した。そして物事の名称、活用方案、歴代記録の誤謬に至るまでの引用可能な資料（データ）のすべてを用いて分析・考証を行い、併せて現実に見聞きした事実も積極的に採録して、検証（弁証）に活用した。「五洲衍文長箋散稿」は百科事典というより弁証に主眼がある博物考証書の性格を持つ。

箚記《さっき》と弁証　李圭景は『五洲衍文長箋散稿』を執筆する過程で抄書を積極的に活用した。これは、朝鮮朝時代に永遠の伝統を持つ読書箚記に基づいたもので、資料を必要に応じて選録することを指す。李圭景は祖父・李徳懋が抄書に非常に熱中し、一〇〇〇冊以上の書籍を筆写したことを回想しながら、これを家の伝統として、誇りとした。朝鮮朝後期に東アジア知識情報が広く流通したことは、多くの蔵書家の出現と本を借り選録する過程を介して（情報の範囲が）拡張されたことに注目しなければならない。『五洲衍文長箋散稿』はすべて、六十巻で合計一四一六編の「弁証説」で構成されているが、李圭景の弁証説は清代考証の影響を受けたものである。

学術の集大成　李圭景は自身の生涯を通じて、できるだけ多くの資料（データ）を収集したが、彼はこの材料はすぐに使わなくても、後世において誰かが検証し直すことを念願とした。『五洲衍文長箋散稿』に引用された書籍の総数は約六六〇点が確認され、韓・中・日本の書籍はもちろん、漢訳西学書に至るまで広範囲に引用した。李圭景の著述は、長い間埋没していたが、近一世紀が過ぎた後に世に広く知られるようになり、彼の望み通り、現代の学者たちに有用な資料として活用されている。

【参考文献】 尹絲淳「李圭景実学における伝統思想」（『実学思想の探究』玄岩社、一九七四年）、安大会「李睟光の芝峯類説と朝鮮後期名物考証学の伝統」（震檀学報、九十八、二〇〇四年）

（金菜植／畑山智史訳）

崔漢綺《さいかんき》（一八〇三～一八七七）

国の制度や風俗は古今でそれぞれ異なっており、暦算と物理は後世になるほどより明らかとなったから、周公と孔子が到達した大道を学ぼうとする者は周公と孔子がのこしてくれた痕跡だけを固執するように守り変通しなくてもよいのだろうか、それとも将来に周公と孔子が到達した大道を模範として従うものには従い、変革するものは変革しなければならないのだろうか。…周公と孔子の学問は実理にしたがって知識を拡充するものであり、これによって国を治め天下を平和にさせることに進むよう願うものであるから、気は実理の根本であり、推測は知識を拡充する要法である。

（『気測体義』序文）

右の文章は崔漢綺が一八三六年に書いた『氣測体義』の序文の一部で儒学の学習における実理と変通の重要性を説破している。彼は実理と変通を追究するために、実理の根本である神気と知識を拡充する要法である推測という新しい概念を定立した。彼は神気は前代の心学や理学でいう心体や心を指し示すが、その意味は大きく異なるといった。神気とはまさに知覚の根基であり、知覚とは神気が感覚器官を通じて外部の対象世界を経験する過程において生ずると考えた。彼は世界各国の人物は神気が互いに通じると考えて窮極的には社会の変通と世界各国の周通を力説した。

神気とともに彼が提唱した独特の学問方法である推測とは従来は理学における工夫の方法であった窮理に対応して提示したもので、大きく五つに分けて説明している。すなわち（1）気を通して理をはかり（推気測理）（2）情を通して性をはかり（推情測性）（3）動を通して静をはかり（推動測静）（4）自己を通して相手をはかり（推己測人）（5）物を通して事をはかる（推物測事）方法である。このように彼は一八三〇年代に神気と推測を提示して世界各国の人と物の相互疎通を主張した。

崔漢綺は一八五〇年代の後半には従来の気に対する認識をより分析的かつ体系的に完成させ、自身の学問を気学であると闡《せん》明した。彼は気を新たに解釈し〝気の性〟で活動運化を提示した。活とは生命性、動とは運動性、運とは循環性、化とは変化性を意味する。彼は人間はもちろん社会と自然など宇宙の一切の万象はこの運化を承順しなければならないといいながら、自然・社会・人間の関係を大気運化、統民運化、一身運化の三つの等級で提示して、一統の体系の中で理解しようとした。

ところでこのような彼の気学には西洋スコラ哲学の認識論をはじめとするTycho Braheの大気説などをあまねく受容した痕跡が現われている。彼は天文学・地理学・機械学などの自然科学の知識を通じて気を認識することができると考えた。特に天文学の発達と地円説に対する理解、そして地球の自転・公転に対する解明は彼の気学形成にこの上なく大きい影響を与えた。彼は天文学が自身の提唱した気学の方向を提示してくれたし、地球の自転・公転説が気学の入門の役割を果したといった。彼はJuan Sebastian del Cano（嘉奴）が地球を一周した事実を天地の開闢であると表現し、地球の一周を通じて千古の疑惑が消えたと言った。それと共に地球の自転・公転説はMichel Benoit（蔣友仁）が著した『地球図説』を通じて受け入れた。崔漢綺は一八五〇年代に魏源の『海國図志』と徐継畬《よ》の『瀛《えい》環志略』を精密に比較・分析・探究して『地球典要』を編纂し、世界各国の実状を詳しく朝鮮に紹介した。彼は気化という範疇を設定して各国の風土と物産、政教、世俗的嗜好などを採録して、まず第一に世界に対する認識の大綱を提供しようと考えた。このような世界認識を通じて彼は中華と蛮夷という華夷観もすっきり洗い流した。彼は地球上に存在するあらゆる人間を同じ種族と考えて蛮族（夷）という単語を彼の著書では一切用いなかった。そうして朝鮮朝において長い間持続されてきた華夷的世界観が彼によって完全に崩壊し、地球上に存在する各国の人物が互いに疏通することができる思想的土台が用意された。

世界をみる視覚が大きく広められながら、彼は人道を通した地球村人類の協和までも構想していた。彼は五倫を積極的に拡大解釈して、人類を和合させる倫理綱領として普遍化させようと考えた。彼は五倫の五つの綱領に〝兆民有和（人類に和合することがあるということ）〟という新しい綱領を一つ加えて、人間個人が社会の構成員であるだけでなく世界の構成員として相互に必要な関係であることを力説し、人道に基づいて世界各国の人民が互いに疏通して和合する文明世界に進むことを希望した。

【参考文献】 李佑成「崔漢綺の家系と年表」（『柳洪烈博士華甲紀念論叢』惠庵柳洪烈博士華甲紀念事業委員会編輯、探求堂、一九七一年）、権五栄『崔漢綺の學問と思想研究』（集文堂、一九九九年）、権五栄ほか『惠岡崔漢綺』（清溪、二〇〇〇年）、崔英辰ほか著『崔漢綺の哲学と思想』（哲学と現実社、二〇〇〇年）、金容憲編著『崔漢綺』（芸文書院、二〇〇五年）

（権五栄／渡邊裕馬訳）

朴珪寿《ぼくけいじゅ》（一八〇七〜一八七七）

私の祖父燕岩公と足下の祖父湛軒公は生涯道義で互いに勉励した間柄で、前後して北京に遊覧し、海内の名士と広く交わり、大国を観察するにおいて奥の奥まで意見が一致しました。…足下が今回の旅行で珍奇な骨董品や書画と小説などに関心を注がず、天下の大勢と学問及び制度の変遷と同異に関して卓越した悟りを得て、自身の抱負を大きくし、帰国して意をともにする友に公開し、彼らの見聞を広めることができれば、湛軒公が抱いていた当時の意に近くなるでしょう。（与洪良厚書）

朴趾源（号・燕岩）の孫である朴珪寿が一八二六年洪大容（号・湛軒）の孫である洪良厚に送った手紙の一部である。当時、洪良厚は彼の祖父である洪大容と親交を結んでいた潘庭筠ら中国文士の後孫を探しだし、先代の交わりを受け継ごうとする目的で冬至使行に参与した。この手紙は十八世紀北学派の実学が、その後裔《えい》によって十九世紀にも綿々と受け継がれていたことを証言している。

修学時代に朴珪寿は彼の父・朴宗采、外従祖・柳訸、叔父・李正履、李正観兄弟らの学問的指導を受けた。彼は、朴趾源の死後に生まれたとはいえ、彼らを通じて祖父の実学を、着実にその伝授を受けることができた。

純祖末年である成均館儒生時代に朴珪寿は初の著作となる『尚古図会文義例』を完成させた。ここで彼は「士」とは特定の身分ではなく、「人民の大本」として「孝悌忠順の徳」を帯びた人は皆「士」だという朴趾源の士論を継承した。また、彼は朴趾源と同様に地円地動説を主張し、洪大容の「毉《い》山問答」を有力な根拠の一つとして引用した。

一八三〇年、孝明世子（翼宗）が急逝すると、彼の知遇を得ていた朴珪寿は、以後十八年間も隠遁し、学問に専念した。隠遁時代に、朴珪寿は両班士大夫の衣冠制度改革法案を論じた『居家雑服攷』を完成させた。ここで、彼は元国モンゴルの「胡俗」を踏襲している婦人服と児童の弁髪などを中華の制度に従って変えなければならないと力説した。これは、宋時烈が尊明排清の義理を実践する方途の一つとして提唱して以来、老論系の学脈を通じて北学派にまで受けつがれてきた衣冠制度改革論を継承したものである。

一八四〇年代以後、朴珪寿は叔父・李正履兄弟の中国旅行（一八三九～一八四〇）を契機に、第一次アヘン戦争期の海外情勢を知るようになり、海防策に関心を持つようになった。その上、李正履が購入してきた『皇朝経世文編』を通じて顧炎武を始祖とする清朝経世学の成果に接することで、隠遁初期の復古的な礼学研究から西勢東漸の世界史的激変に対処するための経世学に転換するようになった。

「闢衛新編評語」（一八四八）で朴珪寿は主に魏源の『海国図志』に依拠して、西洋の天主教を批判し、対策を提示した。ここで、彼は天主教を未開の宗教と見下し、西洋の優秀な天文暦法も実は古代中国に起源をもつとする清・梅文鼎の「西学中源説」を支持した。それだけではなく、西洋の改新教宣教師らがシンガポールやマラッカで儒教書籍を翻訳・学習しているという『海国図志』の情報に根拠して、このような東西交渉の結果、次第に西洋人が東洋の「道」に感化される日が来るだろうという楽観的な展望を披歴した。東洋の文化的優越性に対する自信の上に、西洋との交渉に進んで対処しようとしたのである。

その後、「地勢儀銘」でも朴珪寿は西洋の地円説の源流は古代中国の天文学説や宋代性理学者の天文学説から探すことができると主張し、長期間の東西交渉を通じて西洋人が東洋文化に感化される日が来るだろうという楽観的展望を繰り返し表明した。このような彼の思想的対応から「東道西器論」の萌芽を発見することができる。

第一次アヘン戦争が勃発した一八四〇年代は東アジアが、西洋列強が主導する資本主義世界体制に包摂されていく分岐点だった。その時から中国と日本では対外危機意識が高調し開放策と内政改革を追求し始めたが、朴珪寿は同時期の朝鮮でそれに相応する思想的模索を見せた先覚者だった。彼は、北学派の後裔として十八世紀実学の成果を誰より忠実に継承しただけでなく、十九世紀の新たな時代的与件の中で前代の実学を越え、開化思想の萌芽として評価することのできる思想的発展を見せたといえる。

【参考文献】 朴珪寿『瓛斎叢書』(成均館大大東文化研究院、一九九六年)、孫炯富『朴珪寿の開化思想研究』(一潮閣、一九九七年)、李完宰『朴珪寿研究』(民族文化社、一九九九年)、金明昊『瓛斎朴珪寿研究』(創批、二〇〇八年)、金明昊「実学と開化思想」(『韓国史市民講座』第四十八輯、一潮閣、二〇一一年二月)

(金明昊／大沼巧訳)

崔瑆煥《さいせいかん》（一八一三～一八九一）

その弊端がどこから来たのかを問うてみると、それは実に公人を使って公役を行い、公銭で費用を支払いするからである。現状況でその弊端を直すためには、公を私に変えて百姓たちに各々自らするように任せるべきである。

（『顧問備略』）

崔瑆煥は十九世紀中・後期に活動した中人実学者である。武科に及第し武官職に務めたが、委巷文人としても名が高く、時務と経世に卓越した識見を持った学者でもあった。彼の学者としての名声は国王である憲宗にまで知られ、王命で『顧問備略』という経世書の著述を始める。著述が終わる前に憲宗が昇遐したために、惜しいことに実行することはできなかったが、この本には制度改革を中心とした彼の経世致用の思想が集約されている。上の引用文は『顧問備略』を貫く最も重要な思想を示しているが、国家社会が円滑に運営され発展するためには、民の積極的な参与と自律意識が何よりも重要であるとする主張である。

当時の朝鮮は不合理な行政組織、腐敗、無能な官吏の横暴、複雑で一貫性のない財政・経済制度、激甚な身分と地域の差別などにより国家財政は枯渇し、行政機能はほとんどが麻痺状況に至り、百姓は酷吏の収奪と各種の弊端に苦しめられて生の意欲を失っている所であった。一言でいうと、国家社会の全般にわたる大手術が切実な状況であった。これに対して崔瑆煥は全国地方制度の再編成と行政体系の確立、軍制革新、還政・田政と租税制度改革、人材登用の公平性と官吏の昇進及び給料体系の現実化を網羅する国家全体のシステムを再整備するべきという処方を出しておくのである。そのなかでも特に注目すべきことが民の役割強化、身分制約を打破した新しい職業観、特権層の社会的な費用負担要求などで、近代市民社会へ接近する思考を見せてくれるという点である。

彼は全国すべての地方に五家を一つの単位とする統甲を組織し、この統甲を通して官で行われた賦税、軍丁徴発と訓練、糶糴などの諸般の業務を百姓の自律に任せて、官では最小限の監督と支援だけすることがいいことであると主張している。また、濬川や漕転のような公共部門の事業も官で主管し百姓を赴役させる方式から免れて、朝廷が財源を出資する貢契をつくり、民間にその責任を任せることが効率的であるとした。もちろんそのためには、社会構成員として民の責任もまた見過ごすことができない。彼は『顧問備略』の多くの条目で以下に生じる弊端を浮刻して、民の成熟した意識を求める。

さらに身分を問わず全ての百姓に教育の機会を均等に提供する一方で、全ての職業が全ての階層の百姓に開放されるべきだと主張する。即ち士は官職へ進出する外には他の職業を得ることができなく、農・工・商民もまた身分によって定められた仕事しかできないようになっていた制度から免れ、誰でも能力があれば官吏として採用し、そうではない人は農業、商業、工業など能力に相応しい職業を選択して恒産を維持できるようにするべきということであった。

また、当時は租税、賦役、軍役など国家社会を維持するのに必要な費用は、平民以下の階層が全て負担し、両班層は何も負担しないまま各種の特権だけを享受してきた。これに対して崔瑆煥は両班も租税と賦役、軍役を負担し、賦役や軍役の遂行ができない場合は、その分の費用を払うことで、特権を享受するほど義務も遂行すべきであると求めるのである。

十九世紀中葉に至り両班士大夫層の専有物のようになっていた思想界で、中人学者たちの活躍が台頭する。彼らの思想は実学的な性格を示し、十九世紀後半には開化思想を志向してゆく。崔瑆煥はそのような中人実学者の代表的な人物として『顧問備略』を通じて脱性理学的、脱中世的な改革を示してくれた。

しかし、彼は国家社会が目指すべきである大原則や大理想の提示まではできなく、現実問題に対して行政技術的に接近して方便的に解決しようとするところで止まった。それにも拘わらず明晰で合理的な論調がもっている実効性と即事性、中世的思性から脱して近代市民精神の萌芽を示してくれた点に対しては、一定の評価をしなければならない。

【参考文献】李佑成「李朝末葉中人層の実学思想とその開化思想への指向」(李佑成著作集巻八『高陽漫錄』創批、二〇一〇年)、白賢淑「崔瑆煥の顧問備略」解題(國學資料第四輯『顧問備略』西江大学校人文学研究所、一九八四年)、チョンウボン「19世紀性霊論の再照明――崔瑆煥の性霊論を中心に」(『韓国漢文学研究』三十五集、韓国漢文学会、二〇〇五年)

(金聖才／崔戴国訳)

南秉哲《なんへいてつ》（一八一七～一八六三）

天は何を語っているのだろうか？　宇宙は静かで、複数の星が広がる。中国か西洋かを問わずに、ただ正確に測定をして巧みに計算することが肝心である。その日・月・五星がどうして人間世界に尊華攘夷の意味があることを理解できるであろうか？　したがって、西洋暦では検証できることは多いが、中国暦では検証できないことが多く、これは実に恨めしいことである。だから天の検証を論じるだけでよく、人の華夷は論じない方がいい。（「書推歩続解後」）

一八六二年（哲宗十三）頃に書いた「書推歩続解後」のうち、南秉哲の実学思想を意味している文の一部である。ここから南秉哲は、西洋の科学技術の源流が中国にあるとする「中国源流説」を正面から批判している。中国源流説は本来、明末中国で作られたもので、朝鮮においても紹介され、十八世紀北学論者の間で西学受容の正当性を裏付ける論理で言及されていた。中国源流説は、その根拠が希薄なものだったが、西洋の科学技術に対する反感を減らすには、重要な役割を果たした。しかし、南秉哲は、西洋の科学技術の源流がたとえ中国にあったとしても、西洋人が研究して明らかにしたものなので、西洋人の成果として認めなければならないと言いながら、上記のように主張した。

南秉哲が提起した新たな視点は、中国の学術史を検討する過程で持つようになったのである。彼は王錫闡・梅文鼎・江永など中国の学者たちの天文・力学理論を幅広く渉猟し、そのような過程で江永に注目するようになった。王錫闡や梅文鼎が中国源流説を受容していたのに対し、江永は西洋人の成果をそのまま認めなければならないという立場だったが、南秉哲は、そのような江永を天文・力学分野の最高の学者として賞賛しながら、江永の主張を受け入れた。

南秉哲が中国源流説の問題点を取り上げたのは、現実的な理由もあった。彼は、中国が第二次中英戦争を経験した重大な要因が、中国源流説であるとみた。つまり西洋人の成果を横取りする中国源流説のために、西洋人が中国人に良くない感情を持つようになり、最終的に中国侵略につながったと判断したのである。したがって、西洋との関係を改善するためには、そのような誤った態度を是正しなければならないと考えて「書推歩続解後」を書くようになった。

南秉哲の中国源流説批判は、基本的に西洋に対する防御論の性格を有するものであるが、西学受用の新たな方向性を提示したという点で重要な意味がある。南秉哲は華夷観を堅持していた篤実な儒学者であったが、天文・力学に華夷観を投影してはならないと主張した。華夷観が適用される領域とそうでない領域を区分したのは、非常に特色のある思考であった。当時在野には崔漢綺（一八〇三～一八七七年）の場合のように、少しばかり型破りな主張を展開した人物たちがいたが、南秉哲は中央政界の核心勢力だった。保守的な雰囲気が強かった中央での華夷観の影響力を縮小させる内容の発言をすることは容易ではないことだった。

天文・力学に華夷観を投影してはならないという南秉哲の主張は、器の領域を道の領域から分離することにより、西器受容の可能性に努めていた東道西器論と脈を通じている。南秉哲自身は西洋が中国よりも先に進んでいることは、天文学・力学だけだと明らかにしている。彼の思考自体は、東道西器論の段階に進入できなかったが、南秉哲式の思考が進展すると、華夷観の干渉を受けない分野が拡張されるのは当然である。後の時期に東道西器論段階で西器のカテゴリに含まれている農業・機械技術・医学などはすべて華夷観が浸透する余地がないものであった。南秉哲の言及を利用しようとすれば、効用性の検証が可能な分野である。結論として、南秉哲は北学論で東道西器論に移る中間の役割をしたと評価することができる。

【参考文献】 金明昊・南ムンヒョン・金ジイン「南秉哲と朴珪寿の天文儀器製作――『儀器輯説』を中心にして」(『朝鮮時代史学報』十二号、二〇〇〇年)、文ジュンヤン「朝鮮後期の士大夫科学者南秉哲」(『科学思想』三十三号、二〇〇〇年)、韓栄奎「南秉哲の懐人詩研究」(『漢文教育研究』三十一号、二〇〇八年)、盧大煥「19世紀中半南秉哲の学問と現実認識」(『梨花史学研究』四十号、二〇一〇年)、チョンヨンフン「南秉哲の『推歩続解』と朝鮮後期西洋天文学」(『奎章閣』三十八号、二〇一一年)

(盧大煥/畑山智史訳)

あとがき

本書は東アジア三国の十七世紀から十九世紀中頃までの、日本で言う近世の実学思想家を紹介するものである。しかし中国実学研究会が選んだ三十三人は、十五世紀から二十世紀にかかる人まであって、前後が長い。二つの理由が考えられる。一つは中国実学研究会の実学思潮の時代区分が他の二国よりも長くて、十一世紀の朱子学の時代からカウントしていること、二つ目は二年前に本書の企画に合意したとき、東アジア世界に影響を及ぼした実学思想家と中国側が解したようなのである。近代の部に入ってもおかしくない康有為、梁啓超、孫中山、章太炎などが入っているのは、この「影響」の二文字による。他の二国に影響を及ぼすという点では、十七~十九世紀の東アジアでは、朝鮮（韓国）や日本に条件はない。だからこのような合意はなかったのであるが、中国側は自然にこのように考えたようだ。この点本書の構成は若干不整合であるが、校正をして見て、マイナスばかりではなかった。これら近代の部に入れてもおかしくない人々の当時の生き方を見ると、主体性を保ちながら、西洋を通して普遍的な価値を学ぼうとしていたことが、よくわかるのである。康有為の評価は日本では低いが、本書の解説を読むと、とても立派な人であったことがわかる。章太炎は文字学（小学）の大家であって、とても難解な思想家というイメージが強い。しかし本書の解説を読むと、そのイメージは一変し、彼の作品が読みたくなる。〝菩薩行〟とは何か調べたくなる。厳復や譚嗣同の項も含めて、現代の大陸の中国の人々に読んでほしい内容であることがわかる。実際の彼ら（康有為ら）の営みがそうであったのであろう。中国側のこの〝はみ出し〟は結果的にとても意味のあるものとなった。

十七世紀〜十九世紀中頃までの朝鮮王朝（李朝）後期が輩出した三十三人の実学思想家を知ることは、他の二国にとってとても啓蒙的意義は大きい。韓国実学研究会の実学理解は、日本の私たちのそれと差異があるが、それが却って私たちの朝鮮理解を大きく変える契機になる。実際の歴史的経緯から言って、実学思想家ばかりを集めた本書から出来るイメージは、実際とは違うのではないかという批評はあろうが、しかしこのような実学者たちがいたのは事実である。韓国の現在の発展に直結すると言う意味で、新しい朝鮮・韓国像をこれらの人物たちによって形成していくべきではないか。少なくとも停滞史観は少しずつ是正されていかなければならない。

最後に三国実学研究会共同企画に伴う問題である。他の二か国の原稿を日本語に翻訳しなければならない。外国人に訳してもらった場合、読み易い日本語にする（潤色）必要がある。日本実学研究会のメンバーで、日本側執筆者の一人である、元新聞記者の大橋健二氏がその役を買って出て下さった。深くお礼を申し上げたい。翻訳していただいたものは、本書の編集上三頁に収める必要から、はみ出るものがかなりあった。本来なら執筆者、そして翻訳者にも了承を得なければいけない所であるが、時間の制約上、三頁内に本文（訳文）を収める調整は編者（小川）の責任で行なった。ご理解を得たい。

三国実学研究会の力で本書が出来た。良い本が出来たと言うのが校正を終えての実感である。三国の力で出来たからである。三国の執筆者の人々に感謝したい。同時に、本書の生みの親と言ってよく、二年間と言う限られた時間内に本書を刊行して下さった勉誠出版の岡田林太郎社長に厚くお礼を申し上げる。

（小川晴久）

執筆者・翻訳者一覧（掲載順）

【編者】

小川晴久

最終学歴：東京大学大学院、東洋史（修士）、中国哲学（博士課程単位取得退学）／現職：東京大学名誉教授／専門分野：東アジア思想史／主な著作・論文：『三浦梅園の世界』（花伝社、一九八九年）、『朝鮮実学と日本』（花伝社、一九九四年）、『実心実学の発見』（編著、論創社、二〇〇六年）

張践

最終学歴：中国人民大学哲学院本科卒、学士／現職：中国人民大学継続教育学院教授／主な著作・論文：『中国宗教通史』『中国古代政教関係史』『儒学と中国宗教』

金彦鍾

最終学歴：中華民国、台湾、国立師範大学／現職：高麗大学漢文学科教授／専門分野：経学／主な著作・論文：『丁茶山論語古今註原義総括考徴』（台湾、学海書局、一九八七年）、『漢字の根』（二冊、韓国、文学村、二〇〇一年）

【日本側執筆者】

大橋健二

最終学歴：早稲田大学政経学部政治学科卒／現職：鈴鹿医療科学大学非常勤講師／主な著作・論文：『反近代の精

神――熊沢蕃山』（勉誠出版、二〇〇二年）、『神話の壊滅――大塩平八郎と天道思想』（勉誠出版、二〇〇五年）、『新生の気学――団藤重光「主体性理論」の探求』（勉誠出版、二〇一二年）

黄用性
最終学歴：東京大学大学院総合文化研究科博士課程修了、学術博士／現職：「農哲学院」代表／専門分野：心農学／主な著作・論文：「〝西欧近代の原理〟と土着思想――相生農法の再発見」（『自然と実学』創刊号、二〇〇〇年六月）、「〝朝鮮心農学〟の〝農〟の哲学と貨幣観」（『自然と実学』第二号、二〇〇二年三月）、「朝鮮心農学の生命観――特に〝食養論〟を中心として」（『自然と実学』第三号、二〇〇三年十一月）

小島康敬
最終学歴：学習院大学大学院人文科学研究科博士課程退学、文学修士／現職：国際基督教大学特任教授／専門分野：日本思想史／主な著作・論文：『増補版　徂徠学と反徂徠』（ぺりかん社、一九九四年）、『鏡のなかの日本と韓国』（編著、ぺりかん社、二〇〇〇年）、『「礼楽」文化――東アジアの教養』（編著、ぺりかん社、二〇一三年）

中尾友香梨
最終学歴：九州大学大学院比較社会文化研究科博士（比較社会文化）／現職：佐賀大学准教授／専門分野：比較文化／主な著作・論文：『江戸――文人と明清楽』（汲古書院、二〇一〇年）、「日本における明楽の受容」（小島康敬編『「礼楽」文化――東アジアの教養』ぺりかん社、二〇一三年）、「日本近世の琴学受容に見る『知』の動向」（小島康敬編『東アジア世界の「知」と学問――伝統の継承と未来への展望』勉誠出版、二〇一四年）

古藤友子
最終学歴：東京大学大学院中国哲学（修士・博士課程単位取得退学）／現職：国際基督教大学教授／専門分野：中

国哲学・東アジア思想史／主な著作・論文：『五行大義』（共著、明治書院、一九九八年）、『漢字音』（朝日出版社、一九八六年）、『はじめての易占』（青土社、二〇一二年）

新谷正道
最終学歴：広島大学大学院博士課程単位取得退学／現職：東京都立高校教諭定年退職／専門分野：日本近世史／主な著作・論文：『安藤昌益全集』全二十一巻（二十二分冊）別巻一、増補篇全三巻（共著、農山漁村文化協会）、「反封建・反儒学の立場――安藤昌益」（『日本の近世13――儒学・国学・洋学』（共著、中央公論社）、「安藤昌益における環境思想をめぐって」（『環境歴史学の視座』共著、岩田書院）、『素問運気論奥』注解・解説――運気論と安藤昌益の自然論」（『安藤昌益研究』第四・五号）

港就太
最終学歴：国際基督教大学大学院博士前期課程／現職：国際基督教大学大学院博士後期課程／専門分野：近世日本思想史・徂徠学とその展開

別所興一
最終学歴：名古屋大学文学部国史科卒／現職：前愛知大学教授／専門分野：日本思想史／主な著作・論文：『江戸期の開明思想』（共編、社会評論社、一九九〇年）、『渡辺崋山――郷国と世界へのまなざし』（あるむ、二〇〇四年）、『渡辺崋山の手紙』（現代語訳・註・解説）

森野榮一
最終学歴：國學院大學大学院経済学研究科博士課程単位取得退学／現職：経済評論家／専門分野：金融経済／主な著作・論文：『自立経済と貨幣改革論の視点』（ぱる出版、二〇一四年）、『消費税完璧マニュアル』（ぱる出版、一

九八九年)、『エンデの遺言――根源からお金を問うこと』(共著、講談社、二〇一一年)

濱野靖一郎

最終学歴:法政大学大学院政治学研究科政治学専攻博士後期課程修了/現職:日本学術振興会特別研究員PD/専門分野:日本政治思想史/主な著作・論文:『頼山陽の思想――日本における政治学の誕生』(東京大学出版会、二〇一四年)

郭連友

最終学歴:東北大学大学院文学研究科博士後期課程修了(文学)/現職:北京外国語大学日本学研究センター副センター長、教授/専門分野:日本思想史/主な著作・論文:『吉田松陰と近代中国』(二〇〇七年)、「太平天国と吉田松陰の思想形成」(日本思想史学会編『日本思想史学』三十一号)、「梁啓超と吉田松陰」(『季刊日本思想史』第六十号)

鈴木規夫

最終学歴:成蹊大学大学院博士(政治学)/現職:愛知大学国際コミュニケーション学部教授/専門分野:政治哲学・イスラーム研究/主な著作・論文:『現代イスラーム現象』(国際書院、二〇〇九年)、『光の政治哲学』(国際書院、二〇〇八年)、『日本人にとってイスラームとは何か』(筑摩書房、一九九八年)

【日本側翻訳者】

芦暁博

最終学歴:宇都宮大学大学院国際学博士/現職:浙江理工大学専任講師/専門分野:日本語教育/主な著作・論文:『中国人日本語学習者の聴解学習に関するビリーフ研究――中国の大学における日本語を主専攻とする大学生を対象に』(博士論文)

張麗山
最終学歴：関西大学大学院文化交渉学博士／現職：浙江理工大学専任講師／専門分野：東アジアにおける民間信仰及び中日文化交流／主な著作・論文：「中国古代土公信仰考」（『宗教学研究』二〇一四年六月）、「日本京都大将軍八神社与中国文化的淵源」（『浙江外国語学院学報』二〇一四年第四期）、「日本五龍祭与中国的文化関係」（『日語学習与研究』二〇一五年第五期）

尹芷汐
最終学歴：名古屋大学大学院文学研究科博士課程単位取得退学／現職：名古屋大学大学院文学研究科博士研究員／専門分野：日中比較文化論・大衆文学・大衆文化／主な著作・論文：『週刊朝日』と清張ミステリー──小説「失踪」の語りから考える」（『日本近代文学』第八十八集）、「名探偵の「死」とその後──日本の社会派推理小説と中国の法制文学」（『跨境／日本語文学研究』第二号）、「「内幕もの」の時代と松本清張『日本の黒い霧』」（『日本研究』第五十二集）

徐青
最終学歴：名古屋大学大学院学術博士／現職：浙江理工大学外国語学院日本学研究所副所長／専門分野：近現代日中文化交流史／主な著作・論文：『近代日本の上海認識』（上海人民出版社、二〇一二年）、「近代日本の『古典復興』──正岡子規の『古代発見』を中心として」（『浙江理工大学学報』二〇一五年第三期）、「日本占領期における上海租界への『改造』」（『外国問題研究』二〇一五年第二期）

渡邊裕馬
在籍：埼玉大学大学院文化科学研究科日本・アジア文化研究専攻博士後期課程／専門分野：韓国思想史・漢文学史

金東煕
最終学歴：東京大学大学院人文社会系研究科韓国朝鮮文化研究専攻博士課程修了、博士（文学）／現職：忠南大学校研究員／専門分野：韓国儒家哲学・栗谷学／主な著作・論文：「栗谷李珥の〝理気之妙〟思惟に対する再考察」（『儒学研究』三十二、忠南大学校儒学研究所、二〇一五年）、「栗谷李珥思想研究——そのTrilogy思想」（博士学位論文（東京大学）、二〇一四年）

大沼巧
在籍：東京大学大学院人文社会系研究科韓国朝鮮文化研究専攻博士課程／専門分野：朝鮮時代・大韓帝国期の社会経済史

崔載国
在籍：埼玉大学大学院人文社会科学研究科日本・アジア文化研究専攻博士後期課程／専門分野：韓国日本近世史・比較文化史

畑山智史
在籍：埼玉大学大学院文化科学研究科日本・アジア文化研究専攻博士後期課程／専門分野：自然人類学・食文化史

【中国側執筆者】

朱康有
最終学歴：中国人民大学哲学院哲学博士／現職：国防大学マルクス主義教研部哲学教研室副主任、教授。中国実学研究会秘書長／専門分野：中国伝統哲学・マルクス主義哲学・軍事哲学／主な著作・論文：『老子』（中華書局、二〇〇〇年）、『人道真理的追尋——李二曲心性実学研究』（中国文聯出版社、二〇〇三年）、「〝実学〟研究方法述評」

（『孔子研究』二〇〇七年第二期）

董曄
最終学歴：国防大学マルクス主義教研部哲学博士／現職：軍事経済学院襄登樊分院基礎部副教授／専門分野：中国伝統哲学・軍事思想／主な著作・論文：「市場経済行為の善悪原則と伝統道徳によるその証明」（『法制と社会』二〇〇九年第三期）、「中国軍事教育近代化の歴史経験」（『世紀橋』二〇一〇年第七期）、「中国古代兵家の将帥修養観」（『黄海学術論壇』第二十一輯、上海三聯書店、二〇一四年）

【韓国側執筆者】

河宇鳳
最終学歴：西江大学文学博士／現職：全北大学史学科教授／専門分野：朝鮮時代韓日関係史・実学思想史／主な著作・論文：『朝鮮後期実学者の日本観研究』（一志社、一九八九年）、『韓国と日本――相互認識の歴史と未来』（サルリム、二〇〇五年）、『朝鮮時代――海洋国家との交流史』（景仁文化社、二〇一四年）

李廷喆
最終学歴：高麗大学文学博士／現職：韓国国学振興院責任研究委員／専門分野：朝鮮時代政策史／主な著作・論文：『大同法：朝鮮最高の改革――民は食を天とした』（歴史批評社、二〇一〇年）、『いつも民生を思いやるか』（歴史批評社、二〇一三年）、「朝鮮時代貢物分定方式の変化と大同の語義」（『韓国史学報』三十四号、高麗史学会、二〇〇九年）

安秉杰
最終学歴：成均館大学大学院東洋哲学科哲学博士／現職：国立安東大学東洋哲学科教授／専門分野：儒学（朝鮮後

期経学）／主な著作・論文：「十七世紀朝鮮朝儒学の経伝解釈に関する研究――朱子学と反朱子学的解釈の葛藤を中心に」（成均館大学東洋哲学科大学院博士学位論文、一九九〇年）、『順庵安鼎福の日常と麗澤斎蔵書』（共著、順庵安鼎福先生記念事業会、二〇一三年）、『蒼狗客日研究――密庵李栽の流配侍従日記を通して見た十七世紀の朝鮮』（共著、ソウル大学出版部、二〇一四年）

鄭豪薫
最終学歴：延世大学文学博士／現職：ソウル大学奎章閣韓国学研究院副教授／専門分野：朝鮮思想史／主な著作・論文：『朝鮮後期政治思想研究』（慧眼、二〇〇四年）、「韓国近現代の実学研究とその問題意識」（『茶山と現代』延世大学国学研究院、二〇〇九年）、『朝鮮の小学――注釈と翻訳』（召命出版、二〇一四年）

姜智恩
最終学歴：東京大学人文社会系研究科博士／現職：台湾大学国家発展研究所助理教授／専門分野：東アジア思想文化学／主な著作・論文：「『朱子言論同異攷』を通して見た十七世紀朝鮮儒学史の新しい理解」（『退渓学報』一三五集、退渓学研究院、二〇一四年六月）、「東アジア学術史観の殖民地的歪曲と再塑――韓国の〝朝鮮儒学創見モデル〟の経学論述を核心にして」（『中国文哲研究集刊』四十四集、台北中央研究院中国文哲研究所、二〇一五年三月）

趙成山
最終学歴：高麗大学大学院史学科文学博士／現職：成均館大学史学科助教授／専門分野：朝鮮時代史／主な著作・論文：『朝鮮後期洛論系学風の形成と展開』（知識産業社、二〇〇七年）、「十八世紀後半～十九世紀前半の対清認識の変化と新しい中華観念の形成」（『韓国史研究』一四五、二〇〇九年）、「朝鮮後期少論系の古代史研究と中華主義の併用」（『歴史学報』二〇一、二〇〇九年）

韓睿嫄
最終学歴：日本東京大学大学院人文科学研究科文学博士（何心隠研究）／現職：朝鮮大学漢文学科教授／専門分野：東アジア教育思想・漢文教育／主な著作・論文：『漢文教育論』「霞谷鄭斉斗の貨幣観を通して見た経世思想」「何心隠の学問と講学」

李俸珪
最終学歴：ソウル大学哲学博士／現職：仁荷大学哲学科教授／専門分野：韓国哲学・儒教／主な著作・論文：『茶山丁若鏞研究』（共著、人模様、二〇一二年）、「人倫――争奪性解消のための儒教的構想」（『泰東古典研究』三十一、翰林大学泰東古典研究所、二〇一三年）、「明清交替期――思想変動から見た茶山学の性格」（『茶山学』二十五、茶山学術文化財団、二〇一四年）

金盛祐
最終学歴：高麗大学文学博士／現職：大邱韓医大学ホテル観光学科教授／専門分野：朝鮮時代社会経済史／主な著作・論文：『朝鮮時代慶尚道の権力中心移動――嶺南農法と韓国型地域開発』（太学社、二〇一二年）、『朝鮮中期――国家と士族』（歴史批評社、二〇〇一年）、「戦争と繁栄――十七世紀朝鮮を見るもう一つの別な観点」（『歴史批評』一〇七、歴史批評社、二〇一四年）

姜世求
最終学歴：西江大学文学博士／専門分野：韓国史（実学）／主な著作・論文：『星湖學統研究』（慧眼、一九九九年）、『順庵安鼎福の東史綱目研究』（成均館大学出版部、二〇一二年）、『順庵安鼎福の思想と学問世界』（成均館大学出版部、二〇一二年）

申翼澈
最終学歴：成均館大学文学博士／現職：韓国学中央研究院韓国学大学院人文学部教授／専門分野：韓国漢文学／主な著作・論文：『柳夢寅文学研究』（宝庫社、一九九八年）、『燕行使と北京天主堂』（宝庫社、二〇一三年）、『於于野譚』（共訳書、トルペゲ、二〇〇六年）

曹蒼録
最終学歴：成均館大学文学博士／現職：成均館大学大東文化研究院、首席研究員／専門分野：朝鮮後期漢文学／主な著作・論文：「楓石徐有榘に対する一研究」（成均館大学博士論文、二〇〇三年）、「朝鮮朝開城の学風と徐命膺家の学問」（『大東文化研究』四十七、成均館大学大東文化研究院、二〇〇四年）、「鶴山徐浩修と『熱河紀遊』」（『東方学志』一三五、延世大学国学研究院、二〇〇六年）

金聖中
最終学歴：中国人民大学文学博士／現職：啓明大学漢文教育科助教授／専門分野：漢文教育／主な著作・論文：「漢文教科書での儒経、諸子書の題材選定水準と範囲」（『漢文教育研究』三十六号、韓国漢文教育学会、二〇一一年六月）、「漢文に於ける文章の世界」（『漢文教育研究』三十八号、韓国漢文教育学会、二〇一二年六月）、「学習要素としての多義語漢字選定及びその意味項目と漢文用例」（『漢字漢文教育』三十一輯、韓国漢字漢文教育学会、二〇一三年五月）

具萬玉
最終学歴：延世大学文学博士／現職：慶熙大学史学科教授／専門分野：朝鮮後期科学思想史／主な著作・論文：『朝鮮後期科学思想史研究――朱子学的宇宙論の変動』（慧眼、二〇〇四年）、「頤斎黄胤錫（１７２９～１７９１）の算学研究」（『韓国思想史学』三十三、韓国思想史学会、二〇〇九年）、「マテオ・リッチ（利瑪竇）以後西洋数学

に対する朝鮮知識人の反応」（『韓国実学研究』二十、韓国実学学会、二〇一〇年）

金文鎔

最終学歴：高麗大学哲学博士／現職：高麗大学民族文化研究院副教授／専門分野：朝鮮時代思想史／主な著作・論文：『洪大容の実学と十八世紀北学思想』（芸文書院、二〇〇五年）、『朝鮮後期自然学の動向』（高麗大民族文化研究院、二〇一二年）、「沈大胤の福利思想と儒学の世俗化」（『時代と哲学』二十一—三号、韓国哲学思想研究会、二〇一〇年九月）

文重亮

最終学歴：ソウル大学理学博士／現職：ソウル大学国史学科教授／専門分野：韓国科学史／主な著作・論文：『朝鮮後期水利学と水利談論』（集文社、二〇〇〇年）、『我が歴史科学紀行』（東アジア、二〇〇六年）、「〝郷暦〟から〝東暦〟へ——朝鮮後期自国暦を持とうという熱望」（『歴史学報』二一八集、歴史学会、二〇一三年六月）

金血祚

最終学歴：成均館大学文学博士／現職：嶺南大学漢文教育科教授／専門分野：韓国漢文学（散文文学）／主な著作・論文：『朴趾源の散文文学』（成均館大学大東文化研究院、二〇〇二年）、「燕巌散文に於ける文字運用のいくつかの特徴」（『大東漢文学』二十一、二〇〇四年）、『熱河日記』（トルペゲ、二〇〇八年）

金大中

最終学歴：ソウル大学文学博士／現職：西江大学国語国文学科教授／専門分野：漢文学／主な著作・論文：「星湖李瀷——冷静な友好の政治学」（『韓国実学研究』十八、二〇〇九年）、「『倪圭志』の家政経済学」（『韓国漢文学研究』五十一、二〇一三年）

鄭雨峰
最終学歴：高麗大学文学博士／現職：高麗大学国文学科教授／専門分野：韓国漢文学／主な著作・論文：『朝はいつ来るか』（太学社、二〇〇六年）、「朝鮮後期遊記の書き方と享有方式の変化」（『韓国漢文学研究』四十九集、韓国漢文学会、二〇一二年）、「沈魯崇の自伝文学に現れた書き方と自我形相（形象）」（『民族文化研究』六十二号、高麗大民俗文化研究院、二〇一四年）

安大會
最終学歴：延世大学文学博士／現職：成均館大学漢文学科教授／専門分野：朝鮮後期漢文学／主な著作・論文：『十八世紀韓国漢詩史研究』（召命出版、一九九九年）、『正祖の秘密の手紙』（文学村、二〇一〇年）、『究極の詩学』（文学村、二〇一三年）

金文植
最終学歴：ソウル大学文学博士／現職：檀国大学史学科教授／専門分野：朝鮮時代史／主な著作・論文：『朝鮮後期経学思想研究』（一潮閣、一九九六年）、『正祖の経学と朱子学』（文献と解釈社、二〇〇〇年）、『朝鮮後期知識人の対外認識』（セムン社、二〇〇九年）

李淑仁
最終学歴：成均館大学哲学博士／現職：ソウル大学奎章閣韓国学研究院、責任研究員／専門分野：東洋哲学／主な著作・論文：『貞節の歴史』（プルンヨックサ、二〇一四年）、『東アジア古代の女性思想』（図書出版ヨイヨン、二〇〇三年）、「朝鮮後期家政論の性格――養生と治産」（『韓国思想史学』四十五輯、韓国思想史学会、二〇一三年）

丁淳佑
最終学歴：韓国精神文化研究院付設韓国学大学院（文学博士）／現職：韓国学大学院教授／専門分野：韓国教育史・知性史／主な著作・論文：『工夫の発見』（玄岩社、二〇〇七年）、『書堂の社会史』（太学社、二〇一四年）、『書院の社会史』（太学社、二〇一四年）

鄭明炫
最終学歴：ソウル大学理学博士／現職：林園経済研究所共同所長／専門分野：韓国伝統科学技術史／主な著作・論文：『林園経済志――本利志』一～三（共訳、小瓦当、二〇〇九年）、『林園経済志――朝鮮最大の実用百科事典』（共著、種蒔く人、二〇一二年）、『徐有榘の先進農法制度化による国富創出論――「擬上経界策」の解題と訳注』（ソウル大学博士学位論文、二〇一四年）

沈慶昊
最終学歴：京都大学文学博士／現職：高麗大学漢文学科教授／専門分野：韓国経学・漢文散文／主な著作・論文：『江華学派の文学と思想　一～四』（韓国精神文化研究院、一九九三～一九九九年）、『朝鮮時代漢文学と詩経論』（一志社、一九九九年）、『金時習評伝』（トルぺゲ、二〇〇三年）

朴茂瑛
最終学歴：梨花女子大学文学博士／現職：延世大学国語国文学科教授／専門分野：韓国漢文学／主な著作・論文：『丁若鏞の詩と思惟方式』（太学社、二〇〇二年）、『峴首甲稿』、『縹礱乙巘』『沆瀣丙函』（共訳、太学社、二〇〇六年）

金龍泰
最終学歴：成均館大学文学博士／現職：成均館大学漢文学科副教授／専門分野：韓国漢文学／主な著作・論文：

「玉垂趙冕縞を通して見た秋史金正喜」（『大東漢文学』二十三、二〇〇五年）、『十九世紀朝鮮漢詩史の探索』（トルペゲ、二〇〇八年）

金菜植

最終学歴：成均館大学文学博士／現職：成均館大学大東文化研究院、責任研究員／専門分野：朝鮮後期散文／主な著作・論文：「李圭景の五洲衍文長箋散稿研究」（博士学位論文（成均館大）、二〇〇八年）、「星湖僿説と五洲衍文長箋散稿の著述性向比較検討」（『東アジア古代学』二十六、二〇一一年十二月）、「二十世紀初朝鮮名人簡札帖研究」（『大東漢文学』三十六、二〇一二年六月）

権五栄

最終学歴：韓国学中欧研究院韓国学大学院文学博士／現職：韓国学大学院人文学部教授／専門分野：朝鮮時代思想史／主な著作・論文：『崔漢綺の学問と思想研究』（集文堂、一九九九年）、『朝鮮性理学の意味と様相』（一志社、二〇一一年）、『近代移行期の儒林』（トルペゲ、二〇一二年）

金明昊

最終学歴：ソウル大学文学博士／現職：ソウル大学国語国文学科教授／専門分野：韓国古典文学／主な著作・論文：『初期韓米関係の再照明』（歴史批評社、二〇〇五年）、『瓛斎朴珪寿研究』（創批、二〇〇八年）、『燕巌文学の深層探究』（トルペゲ、二〇一三年）

金聖才

最終学歴：高麗大学博士課程修了／現職：韓国古典翻訳院翻訳委員／専門分野：漢文古典翻訳／主な著作・論文：『浦渚趙翼の論語浅説訳注』（修士学位論文（高麗大学）、二〇〇八年）、『顧問備略』（訳書、人模様、二〇一四年）

盧大煥

最終学歴：ソウル大学文学博士／現職：東国大学史学科教授／専門分野：朝鮮時代思想史／主な著作・論文：『東道西器論形成過程研究』（一志社、二〇〇五年）、『文明』（小花、二〇一〇年）

日中韓思想家《にっちゅうかんしそうか》ハンドブック
実心実学《じっしんじつがく》を築《きず》いた99人《にん》

2015年11月30日　初版発行

編　者　小川晴久・張践・金彦鍾
発行者　池嶋洋次
発行所　勉誠出版 株式会社
〒101-0051　東京都千代田区神田神保町3-10-2
TEL：(03)5215-9021(代)　FAX：(03)5215-9025
〈出版詳細情報〉http://bensei.jp

印刷・製本　DIG
装　　丁　足立友幸（パラスタイル）

ISBN978-4-585-20037-6　C1000

アジア遊学179
朝鮮朝後期の社会と思想
川原秀城　編

一五九二年の豊臣秀吉による朝鮮出兵、一六二七年、一六三六年の二度にわたる後金（清）軍の朝鮮侵攻。この倭乱・胡乱の戦禍は大きく、朝鮮社会に変容を迫るものであった。朝鮮史・東アジア史の画期たる朝鮮朝後期を多角的に検証し、政治・経済・対外関係などの動向、それらの変容と展開の底流に流れる思想的背景を探る。

A5判並製・208頁
本体2000円＋税

日中韓マナー・慣習基本事典
プライベートからビジネスまで　知っておきたい11章
佐藤貢悦・斎藤智文・嚴錫仁　著

日常生活からビジネスシーンまで、日本・中国・韓国のマナー・しきたりの違いを場面ごとに解説。互いにすれ違う文化・慣習を理解し、円滑なコミュニケーションを取るために、ビジネスパーソン、留学生はもちろん、日本・中国・韓国・台湾など、東アジア世界を行き来する方々にとって必携の一冊！

四六判並製・256頁
本体1700円＋税

日中韓同字異義小辞典
佐藤貢悦・嚴錫仁　著

同じ漢字でも、日本・中国・韓国で意味が違う。日常的に使われる約三〇〇の熟語・漢字の意味の違いを詳述し、各国語の用例を付す。歴史・風土・風習の違いによって生じた意味の違いを知る、漢字文化圏の誤解解消に必携の事典。日中韓同時刊行。

A5判上製・256頁
本体4500円＋税

新生の気学
団藤重光「主体性理論」の探求
大橋健二　著

国家による生命の否定＝〈死刑制度〉に反対した団藤重光の理論の根底には、人間ひとりひとりの主体性を根源とし、他者との共生・連帯を目指す〈気学〉＝陽明学がある。近代文明の見直しという大きな問題を突きつけた3・11とフクシマに直面する現代世界に対し、団藤「主体性理論」の真義を、気学を軸として多角的な視座から明らかにする。

A5判上製・344頁
本体5000円＋税